得一见机

抱一的原则性意义

Die prinzipielle Bedeutung der Einheitlichkeit

曹则贤 著

外语教学与研究出版社
北京

献　给

愿意严谨思考的灵魂

Physics is such a field of knowledge that **anyone** who does not understand it must understand, because if not he has understood nothing of the world.

物理学是这样的学问，不懂者必须懂，因为如果不懂那就嘛都不懂。

ἔστι γὰρ ἕν.

—Ἡράκλειτος

They are one and the same.

—Heraclitus

它们（白日与黑夜）是同一个存在。

——赫拉克利特

The **universality** of physics is not uniformity or monotonicity; rather, it is **unity** with diversity.

物理学的**普适性**不是一致性或单调性，而是囊括多样性的**一体性**。

此中有真意，欲辩已忘言。

——[东晋]陶渊明《饮酒·其五》

乐器中有一弦琴，独弦而趣足，抚之地祇皆升。感而慨之，因歌曰：

妙音多繁复，
出自一弦琴。
莫论音繁简，
在一不在琴。

——2023年8月12日

目录

序
001

第 1 章 **为一** Oneness
引子　麦克斯韦画蛋　基尔霍夫定律
洛伦兹变换　克劳修斯熵　维恩位移定律
一对二　E Pluribus Unum　整体与部分
多余的话
008

第 2 章 **单位** Unit
量与单位　单位与单位制
光速与普朗克常数作为单位　基本物理单位
单位圆上　单位元素两例　多余的话
032

第 3 章 **一体** Unity
unity的意义　自然一体性　爱奥尼亚之魅
康德的理性一体性　Desire for Unity
隐藏的自然一体性　Unity versus Diversity
数理一体性　多余的话
058

第 4 章 **唯一性** Uniqueness
为什么在意唯一性?
几个简单的唯一性案例　函数展开的唯一性
热力学里的唯一性　静电学的唯一性定理
微分方程解的唯一性与非唯一性
留有余地的唯一性　薛定谔算符的唯一性
不唯一的高境界——规范场论　多余的话
076

第 5 章 守一 Unitarity
unitarity是一种必然　几点预备知识
几个unitary概念
群$U(1)$, $SU(2)$, $SU(3)$的表示
群$U(1)$, $SU(2)$, $SU(3)$的初级物理应用
统一场论　别样的unitarity　多余的话
104

第 6 章 统一 Unification
统一的愿望　地上与天上的统一
电-磁-光的统一　统一引力与电磁场的努力
弱电统一与大统一理论　终极理论
多余的话
138

第 7 章 普适性 Universality
引子　圆锥曲线　万有引力　万物皆流
临界点的普适性　临界现象的普适类
多余的话
192

第 8 章 完备性 Completeness
引子　电磁学的完备性问题
矢量空间的完备性
非完备洛伦兹变换的笑话
爱因斯坦与量子力学非完备性
量子力学非完备性之我见
哥德尔的算术不完备性定理　多余的话
216

跋
265

序

猛虎不看几上肉，洪炉不铸囊中锥。

——[唐]李白《笑歌行》

一机一境，一言一句，且图有个入处。

——[宋]释圆悟《碧岩录》

不悟玄机，殊昧妙理。

——[唐]吕纯阳《指玄篇》

余生也有幸，青少年时期反复读过金庸先生的全部武侠小说。我必须说，我阅读金庸武侠小说是沉迷式的，称得上废寝忘食不上厕所的那种。任何人若能以这种热情读专业，三年内必成大器。金庸先生学问大，他把人生哲理、社会评论都隐藏在扣人心弦的胡编乱造中。在诸多金庸武侠小说人物中，四大恶人尤其令我印象深刻，盖因此四位的江湖名号分别为恶贯满盈、无恶不作、凶神恶煞和穷凶极恶，四个成语将“恶”字嵌在不同位置上，

“恶”字在成语中的位置标识该人在此团伙中的地位。这个“恶”字正应了exponential function（指数函数）中的exponent之意，乃为指示性存在。这个创意，在我等没文化的人看来，不由得拍案叫绝。

笔者于2013年开始撰写《一念非凡》，当时除了想写本小册子介绍科学史上的发现时刻（the Eureka moments in the history of science），绝无它念。及至写了《惊艳一击》，就动了仿照四大恶人的命名模式写够四本的小心思，将“一”字嵌在不同位置上；起了这个念头的另一个动机是想让拙著《物理学咬文嚼字》（四卷本）也有个伴儿。第三本的取名没费什么工夫，庄子的“旁礴万物以为一”可轻松改造成“磅礴为一”，加上我一直对学问气势磅礴的学问家有一份发自内心的膜拜。可是，这第四本，光是取名就难为死我了。想到一串“一”字在第二位的四字短语，稍加思索就都放弃了。

“一”字在第二位的成语，以“挂一漏万”最为人们所熟悉，可惜作书名不合适，因为不知其所指。那就让它作为全部“一”字系列四本书的特征写照吧，若论这套书的缺点，因为学问本就博大精深而作者也确实见识不足，说它挂一漏万总是不冤枉的。至于具体的小错误，不一而足，不说也罢。

《道德经》有“是以圣人抱一为天下式”“载营魄抱一，能无离乎？”等句。仿抱残守缺造个“抱一如何如何”的四字短语作题目不难，但不知道如何才能阐述“抱一”的思想成一本书。及至读到“昔之得一者：天得一以清；地得一以宁；神得一以灵……”，这里的“得一”引起了我的注意。“得一”好啊，得一可以见机。清人有假托亚圣孟夫子者为《指玄篇》序云：“夫道一而已矣。一者何也，理也。”或可谓理论得一而知如何表述。而所谓的君子见机，意思应该是有理解力的人能够洞察宇宙运行的机理。对，得一见机，就是它了。

机和機原本是两个字，后来“機”字简化成了机。本书中的“机”都是取的“機”的意思。機，弓弩上的发射装置，机关也。机栝、机构、机杼、枢机，大约都是这个意思。机械，对应西语的mechanic（Mechanik, μηχανική）。有机者，可见机心、关窍。自然界机巧若神，咱们老祖宗见机的态度令人不胜感慨。试读《庄子·天地》篇中的一段故事：

> 子贡南游于楚，反于晋，过汉阴，见一丈人方将为圃畦，凿隧而入井，抱瓮而出灌，搰搰然用力甚多而见功寡。子贡曰：“有械于此，一日浸百畦，用力甚寡而见功多，夫子不欲乎？”为圃者仰而视之曰：“奈何？”曰：“凿木为机，后重前轻，挈水若抽，数如泆汤，其名为槔。”为圃者忿然作色而笑曰：“吾闻之吾师，有机械者必有机事，有机事者必有机心。机心存于胸中则纯白不备。纯白不备则神生不定，神生不定者，道之所不载也。吾非不知，羞而不为也。”子贡瞒然惭，俯而不对。

看了这一段，你可能忽然就明白了科学为什么在农业如此发达的这地圈儿却未发展起来。对机械的厌恶，对，我们管它叫奇淫技巧，它就不是近现代才有的情绪。与此相应，这个槔，桔槔，汲水的简单机械，在亚里士多德那里发展出了“大自然厌恶真空（horror vacui）”的哲学，在18世纪初的英国用于从矿井中抽水而发展出了热力学，开启了第一次工业革命。德国人盖里克（Otto von Guericke，1602—1686）约在1650年发明了真空泵，立刻就验证了大气压的威力。后人接着研究真空放电进而发现了X光、电子，获得了氢气、氦气的光谱因此打开了通向量子力学的大门。没有机，哪有对机制（mechanism）的理解？哪里会有力学（mechanics）这门学问（当然啦，把mechanics理解为力学属于谬误，误人不浅）？又哪里会有统计力学

（statistical mechanics）、量子力学（quantum mechanics）？mechanics乃自然科学之发轫，天然也。欲原天地之美、达万物之理，知机为先。

自然科学中与“一”有关的概念太多了，那其中隐含着理解数学、物理的关键。得一者，或可见机。见机，to perceive the mechanism，这是探究自然者梦寐以求的境界。本书拟从多方面讨论这个在人类知识体系中，尤其是在哲学、数学和物理中时时需要面对的“一”字之博大内涵。“得一见机”中的“一”指向哲学、数学、物理英文文献中与oneness, unit, unity, uniqueness, unitarity, unification, universality等概念相关的内容，这比“磅礴为一”中的“一”要庞杂得多。实际上，本书就是按照“一”字在数学、物理中的诸多面目组织内容的，分为8章，分别为第1章的为一（Oneness）、第2章的单位（Unit）、第3章的一体（Unity）、第4章的唯一性（Uniqueness）、第5章的守一（Unitarity）、第6章的统一（Unification）、第7章的普适性（Universality）和第8章的完备性（Completeness）。注意，其间有些部分同“一”的具体关联，要在其西语的表述或者数学公式中体现。

客观说来，本书的选题绝对有意义，然而阐述却显得左支右绌、捉襟见肘。没办法，笔者力有不逮，徒呼奈何。《碧岩录》有句云：“问曾不知……答还不会。”我都觉得古人这样说是专门来讽刺我的，想来着实尴尬。虽然明知对“一”的理解未曾到见机的境界，我还是仓促着手撰写了这本《得一见机》。撰写的过程，就是学习的过程，是查缺补漏的过程。“……千劫学佛威仪，万劫学佛细行，然后成佛。”吾谓学问不归一未见其妙，故而草撰此书，或可作振臂一呼观也，为的是与后来学者分享多年问学积攒的带着悔意的经验。修学善士莫痴迷，于此宜当早见机。毕竟，于己于世，求学总得有所识见才好，“不可总作野狐精见解”。

本书谈论“一”相关的数学、物理问题，会遇到诸多uni-, ein-开头的西语词汇。“一”乃诸事之始，不管西文还是中文中的“一”字都承载着太多的不同侧面的内容，且同一个西文中的“一”字也无法在翻译中保持一致（uniformly translated），故而本书会在诸多场合给出对应的西文词或引文原文，以期最大限度地减少误解，读者朋友务必不可将之视为蛇足。我必须承认，本书会给人以“深一脚、浅一脚”的感觉，为此我感到抱歉。我希望把这些知识、感悟都传达出去，但确实我自己还理解得不够到位。所幸的是，读者遇到一时不易理解之处，径直跳跃过去即可，丝毫不影响阅读体验。就读书的态度而言，我的观点是：读书若遇水，无论深浅，皆须渡之。古人云：“就其深矣，方之舟之。就其浅矣，泳之游之。（《诗经·国风·邶风·谷风》）”，这态度与方法学简直太酷了。本书在文中紧要处和每章之后都会给出一些比较有价值的参考文献，供有兴趣的读者深入学习。特别地，那些学术巨擘的著作尤其值得我们于庸庸碌碌中抽空膜拜一回。对于这些改变人类认知的经典，我提倡“叹为观始”的态度，感叹一声后即开始研读。为什么要读名家经典？因为它眼界高，因为它举重若轻，因为它轻车熟路，因为它有能力直击本质。那些历史上的学术巨擘，我辈无缘承教门下，私淑诸人怕是学问进阶的唯一捷径了。孟子云“予未得为孔子徒也，予私淑诸人也”（见《孟子·离娄下》），诚为真学人也。

必须承认，本书涉及的很多内容，特别是最后一章关于（非）完备性的问题，笔者本人也是不懂。因为作者本人不懂，那阐述可能对读者来说就更难懂了。读书遇到读不懂的地方，原也是读书的常态。我的态度是，遇到读不懂的地方就干脆跳过去，读完再说。一本书的好处不是在于它其中的内容有多么好懂、多大的比例容易懂，而是在于你读了之后是否有收获、是否觉得受到启发。一本书拿到手，且一路迤逦不论生熟只管读下去，读完了，若欣然发现有可取处需要细品的，那就返回头来再读；若没有，扔了就是。我恳请读者用这种态度对待我的书。

到此书出版，笔者的“科学教育‘一’字系列”算是功成圆满了。该系列共四册，依次为《一念非凡：科学巨擘是怎样炼成的》《得一见机：抱一的原则性意义》《惊艳一击：数理史上的绝妙证明》《磅礴为一：通才型学者的风范》。总结一下，可谓“四册文理不通，十载辛苦堪怜”。蒲松龄《罗刹海市》云：“数卷书，饥不可煮，寒不可衣。”诚哉斯言。不才者立言，意在供人入门时踏脚，“苟使学者以为可览”，诚个人之幸也哉。

是为序。

曹则贤

2023年10月29日于北京

1

第1章　为一 Oneness

1是数字之始、之基，仅凭认识到或具体或抽象的1就足以带来对世界深刻的认识。麦克斯韦恢复椭圆方程中省略的系数1得到了卵形线方程；基尔霍夫把吸收系数推到极限的1引入了黑体辐射概念；克劳修斯认识到卡诺循环的等价量是单一温度的函数从而引入了熵概念；维恩认识到黑体辐射谱分布是单一变量v/T的函数而得到了维恩位移定律。1是单元，也被当作整体。整体与部分的哲学贯穿近代物理学。部分在整体中存在，构成整体才会被更好地理解。

一，为一，卵形线方程，基尔霍夫定律，洛伦兹变换，熵，维恩位移定律，单变量函数，二，多，整体与部分，宇宙，不可分性，局域性

载营魄抱一，能无离乎？

——[春秋]老子《道德经》

ἐκ πάντων ἓν καὶ ἐξ ἑνὸς πάντα.

—Ἡράκλειτος*

一有多种，二无两般。

——[宋]释圆悟《碧岩录》

1.1 引子

关于自然的第一课，大概是认识1（一）。先是计数意义上的1，算数意义上的1，然后是表示独立个体存在的“一（unity）”，以及作为整体（the whole, wholeness）的“一（oneness, unity）”。“1”的写法，一蹴而就是很自然的举动，故横杠的“一”，竖杠的“1，|，I”，都是1。

1，一些地方会写成“一，έν，one，un，eins”的样式，那首先就是个数，纯粹的数。1很独特，是乘法的单位元，$1x = x$，$1^n = 1$。光这个简单的关系，在数学、物理上就有一些妙用，似乎各种意义的乘法都有个单位元。比如在群论中存在的单位元，记为e，乘法$eg = ge = g$对于所有的群元素g成立。

1是个体（unity），具有某种意义上的不可分割性。认识到我们自身，甚至我们的手指是一个一个的独立单体，是认识世界的开始。当我们认识到物质的底层有不可分割的构成单元（atom）时，我们的认识就往前进了一

* 多归一，而一得自多。——赫拉克利特

步；当我们认识到哪怕是光的能量都有分立的单元，即量子（Quantel, quantum）时，我们的认识又往前进了一步。这些1，是反映物理实在性的个体（oneness, unity）。建立1的概念，先确认对象的身份（identity），再确立其个体性（individuality）。这是个认知过程，原子物理和量子力学是具体案例。

抽象的1同整体、全部、完整性（wholeness, oneness, integrity）等概念相联系。佛家的“万法归一”、儒家的“执中贯一”、道家的“抱元守一”，以及“是以圣人抱一为天下式”，都有哲学意味上的“整体、全部”的意思。其途虽殊，终归一也。古代智者热衷谈论整体意义上的“一”，可能是因为研究作为个体的“一”的学问尚待启蒙吧。孟子云：“夫道一而已矣。一者何也，理也。”《庄子》云：“凡物无成与毁，复通为一……唯达者知通为一”“自其异者视之，肝胆楚越也；自其同者视之，万物皆一也”“其一也一，其不一也一……今一以天地为大炉，以造化为大冶，恶乎往而不可哉”。此皆为至理名言，值得自然科学研究者参详。“昔之得一者：天得一以清；地得一以宁；神得一以灵；谷得一以盈……”，故笔者相信：为学者得一，头脑风清日朗。西人的宇宙，universe，意为运行中的“一”，故存在也罢，作为存在中的个体的人在做的关于存在的学问也罢，都是在oneness中做道场。

1是个天然的概念，随处可见而且表现出丰富的细微差别，各种文明皆然。科学表达中的关联着“一”的概念，可能都联系着一个理解自然的特殊角度。1不是那么容易认识的，莫说是抽象的为一（unity, oneness），就是最直观的表象若能看出其为单个的一（one, identity），也非易事。举例来说，早晨可见的启明星与傍晚可见的长庚星实为一颗星，即金星。金星是我们地球的紧邻，绕日轨道位于地球轨道的内侧，角太阳－地球－金星不超过

48°，此外其大小和地球也差不多，故而金星特别容易被看到，在黎明时最后褪去、日落前第一个出现。直觉上，启明星和长庚星是两颗星。是因为其亮度的独特引起了特别的注意，加上对行星的系统观察，多年以后人们才认识到它们其实是同一个存在，在东方升起、在西方落下。笔者瞎猜，因为启明星"偕日升"而长庚星"偕日落"，**但日是那同一个日**而太阳在天空连续地划过，古人便推测这伴随的可能也是同一颗星。另外一个可能的原因是唯一性（uniqueness），启明星和长庚星都是某个时段里天空中唯一可见的星。当我们有能力认识到启明星和长庚星是同一颗星时，我们关于星空的认识已经在一个新层次上了。

1.2 麦克斯韦画蛋

1是乘法的单位元。对于任意实数x，有$1\times x=x$；对于任意复数z，把1理解为虚部为0的复数，同样有$1\times z=z$。这让许多人有了一个习惯，即把实际上是$1\times x$的量随手写成了x，比如底为1、高为x的长方形，其面积为$1\times x$，就会被写成面积为x。一般情况下这当然没什么问题，但是在有些场合，若能明白那里的x本该是$1\times x$，可能会获得对问题更深刻的认识。

物理学家麦克斯韦（James Clerk Maxwell，1831—1879），应该是在14岁时看到有画师在为教堂画装饰画，其中要画一些卵形线。麦克斯韦就想，如果给出卵形线的方程，是不是就好画了呢？也许麦克斯韦当时的思路可重构如下。从已知的椭圆定义出发，椭圆是平面上到两点（称为焦点，focus）距离之和为常数l的点的集合，写成方程为

$$r+r'=l \tag{1.1}$$

如果我们把上述方程改写成

$$1 \times r + 1 \times r' = l \tag{1.2}$$

就能看到其中隐藏的奥妙。公式中两个同焦点的距离，r, r'，前面的系数是权重因子，是有物理意义的。当两个权重因子相同时，图像是对称的椭圆。如果权重因子不同，即若将方程写成

$$mr + nr' = l \tag{1.3}$$

的形式，则当m/n的值偏离1：1不多时，那是对椭圆图形不太严重的修正，一头大一头小，是接近鸡蛋形状的卵形线（图1.1）。当m/n偏离1：1较大时，比如$m:n = 2:3$时，焦点甚至可以在卵形线所围空间之外。更重要的是，麦克斯韦还建议了更多焦点情形的曲线，比如有三焦点的曲线，方程的形式为

$$mr + nr' + pr'' = \text{const.} \tag{1.4}$$

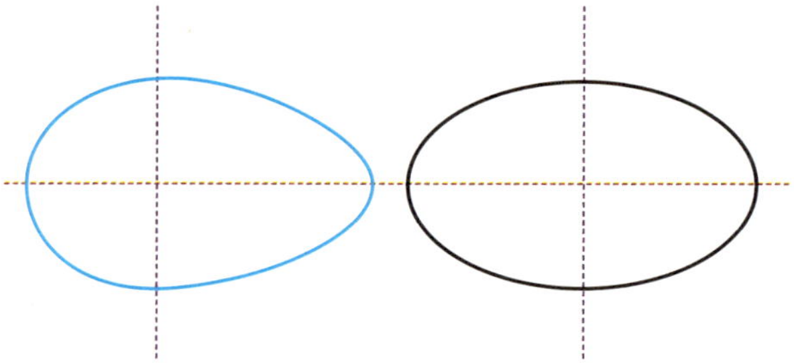

图1.1　卵形线和椭圆

早在1600年前后，开普勒（Johannes Kepler，1571—1630）为了描述行星轨道就有寻找卵形线方程的努力，未果，只好用椭圆先凑合。这让开普勒阴差阳错得到了正确的行星运行定律。出乎意料的是，两个多世纪后卵形线方程为一个少年所发现，而关键竟然在椭圆定义中的那个系数1上 [James Clerk Maxwell, On the Description of Oval Curves, and Those Having a Plurality of Foci, Proc. Roy. Soc. Edinburgh, Vol. II, April 1846]。

1.3 基尔霍夫定律

“一”让事情变得简单且具有普适性。不均匀有各种方式的不均匀，均匀则是单一的；允许的值各有不同，极端则是单一的。物体对入射光的吸收率各有不同，当基尔霍夫（Gustav Kirchhoff，1824—1887）的脑海里闪过吸收率可以为1的念头时（这可是非常极端的情形），世界的齿轮就换了一种转法。

1859年，基尔霍夫在光谱研究中发现了气体分子的吸收谱线与发射谱线重合的现象。在阳光的光路上放置本生灯的火苗，然后用光谱仪进行分光。如果阳光偏强，阳光谱会表现出暗线，即夫琅合费线；当火苗足够强且在产生火苗的酒精中还加了点儿盐水的时候，会发现在夫琅合费标记了D的地方叠加了钠的特征双线，加了氯化锂的火苗表现出的亮线就不对应夫琅合费线。基尔霍夫由此发现元素具有特征光谱，一个发光物体发射特定波长的光且吸收同样波长的光。进一步地，基尔霍夫说“容易证明，对于同样温度下相同波长的辐射，发射能力与吸收能力之比对所有物体是一样的”。写成公式，记物体的发射能力为E，吸收能力为A，则比值

$$\frac{E}{A}=I \tag{1.5}$$

与物体无关。

式(1.5)中的I为光强度。当吸收系数$A=1$时，比值I就是物体的发射能力E，此时物体发射能力这种物理参数就可以由对光的测量而得到。吸收系数为$A=1$且把所吸收的辐射都转化为热的物体，基尔霍夫称之为完美黑体。黑体辐射具有普适的特征。基尔霍夫的黑体，后来会经由普朗克（Max Planck，1858—1947）进一步发展而为基尔霍夫－普朗克意义下的黑体，其

不会返还任何落于其上的辐射。黑体辐射将物理学研究引向了量子时代，也把人类社会引向了量子时代。相关内容请参见拙著《黑体辐射》。

1.4 洛伦兹变换

1905年是爱因斯坦（Albert Einstein，1879—1955）的奇迹年，那一年爱因斯坦奠立了狭义相对论，实际上也是他在那一年夯实了量子论的基础（普朗克1900年提出光能量量子的概念从而得到了正确的黑体辐射谱分布公式，但他总认为那并不是不可或缺的假设）。在奠立相对论的文章“Zur Elektrodynamik bewegter Körper（论运动物体的电－动力学）”第900页上，爱因斯坦得到了静止坐标系$(t;\ x,\ y,\ z)$和以速度v沿x轴运动的坐标系$(t';x',y',z')$两者之间的坐标变换为

$$
\begin{aligned}
t' &= \beta\varphi(v)(t - vx/c^2)\\
x' &= \beta\varphi(v)(x - vt)\\
y' &= \varphi(v)y\\
z' &= \varphi(v)z
\end{aligned}
\tag{1.6}
$$

其中$\beta = 1/\sqrt{1 - v^2/c^2}$，而$\varphi(v)$是一个未定的函数。到目前为止，这个变换是保

$$c^2t^2 - x^2 - y^2 - z^2 = 0 \tag{1.7}$$

成立的。那么，如何确定函数$\varphi(v)$呢？爱因斯坦论证到，坐标系$(t';x',y',z')$相对于坐标系$(t;x,y,z)$以速度v沿x轴运动，那若有坐标系$(t'';x'',y'',z'')$相对于坐标系$(t';x',y',z')$以速度$-v$沿x'轴运动，它其实就应该是坐标系$(t;x,y,z)$。根据前述变换关系，可得

$$t'' = \beta\varphi(-v)(t' + vx'/c^2) = \varphi(v)\varphi(-v)t$$

$$x'' = \beta\varphi(-v)(x' + vt') = \varphi(v)\varphi(-v)x \tag{1.8}$$

$$y'' = \varphi(-v)y' = \varphi(v)\varphi(-v)y$$

$$z'' = \varphi(-v)z' = \varphi(v)\varphi(-v)z$$

所以有

$$\varphi(v)\varphi(-v) = 1 \tag{1.9}$$

爱因斯坦接着论证到，如果我们在运动的坐标系$(t'; x', y', z')$中看一个在$y(y')$方向上立着的短棍，短棍两端的空间坐标分别为(0, 0, 0)和(0, 1, 0)，则其在静止坐标系$(t; x, y, z)$中两端的空间坐标为(0, 0, 0)和$(0, 1/\varphi(v), 0)$。这样$\varphi(v)$的物理意义就明显了：它是运动引起的垂直方向上的长度变化因子*。既然是垂直方向上的变换，必然有

$$\varphi(v) = \varphi(-v) \tag{1.10}$$

结合式(1.9)可得

$$\varphi(v) \equiv 1 \tag{1.11}$$

这样，洛伦兹变换就有了如今人们熟知的如下简单形式

$$\begin{aligned} t' &= \beta(t - vx/c^2) \\ x' &= \beta(x - vt) \\ y' &= y \\ z' &= z \end{aligned} \tag{1.12}$$

其中$\beta = 1/\sqrt{1 - v^2/c^2}$。

与爱因斯坦不同，庞加莱（Henri Poincaré，1854—1912）的做法比较直接[Henri Poincaré, Sur la dynamique de l’électron (论电子的动力学), Rendiconti del Circolo matematico di Palermo, 1906, 21: 129-176]。电磁场方程在某个变换下不变，这是洛伦兹（Hendrik Antoon Lorentz，1853—1928）已经确立

* 笔者不喜欢使用长度变化一词。这里只是个不同坐标系的变换问题。

的[*]，故可用洛伦兹的名字称呼它（que j'appellerai du nom de Lorentz）。庞加莱用的是如下形式（取$c = 1$）的变换

$$
\begin{aligned}
t' &= kl\,(t + \varepsilon x) \\
x' &= kl\,(x + \varepsilon t) \\
y' &= l\,y \\
z' &= l\,z
\end{aligned}
\tag{1.13}
$$

其中$k = 1/\sqrt{1-\varepsilon^2}$，而$l$也是$\varepsilon$的某个函数。在这个变换中，$x$轴扮演很重要的角色，但这是为了照顾数学不够使的或者嫌麻烦的人的便宜之举[**]，别的方向也可以扮演这个角色。所有这样变换的集合应该形成群，因此应该有$l = 1$（l'ensemble de toutes ces transformations, joint à l'ensemble de toutes les rotations de l'espace, doit former un groupe; mais pour qu'il en soit ainsi, il faut que $l = 1$）。这就是爱因斯坦的$\varphi(v) \equiv 1$，庞加莱说洛伦兹用其它方法得到过这个结果（c'est là une conséquence que Lorentz avait obtenue par une autre voie）。

1.5 克劳修斯熵

热力学最重要的概念是熵（entropy）。克劳修斯（Rudolf Clausius，1822—1888）从对卡诺循环的研究中得到了熵概念。工作在高温T_1和低温T_2上的热机，其中隐藏的奥秘是**应存在某个描述等价的量**。直观上，涉及两个温度的过程的等价量应为某个函数$F(T_1, T_2)$。克劳修斯认识到，它应该是个

* 在洛伦兹之前，Woldemar Voigt, Joseph Larmor等人都得到过。参阅拙著《相对论——少年版》。

** 数学不够，或者嫌麻烦，让许多物理的表述不能表达物理的实质而带来很多误解。

单宗量（argument）的函数。克劳修斯是这样考虑的。对于理想热机的可逆循环过程，其中发生的事情是巧妙补偿了的，即存在某个等价量，经过一个可逆循环后变化为零——要不怎么说是循环呢。克劳修斯把过程分成两类：对于无需其它会被保留的变化掺和的，如热自高温向低温的转变以及功向热的转变，等价量是正的；反过来，对于热自低温向高温的转变以及热向功的转变，等价量是负的。考察一个卡诺循环，自高温T_1下的热库吸收热量$Q_1 = Q_w + Q_2$，将Q_2部分在低温T_2处放出，而Q_w部分转化为功。Q_w部分转化成功，那个等价量应为$-Q_w f(T_1)$，其中f是未知函数。Q_2从T_1流向T_2，那个等价量应为$Q_2F(T_1, T_2)$，F也是未知函数，但它应该有性质

$$F(T_1, T_2) = -F(T_2, T_1) \tag{1.14}$$

对于卡诺循环，那个等价量之和等于0，即

$$-Q_w f(T_1) + Q_2F(T_1, T_2) = 0 \tag{1.15a}$$

但是，这个过程也可以理解为先是做了功$Q_w + Q_2$，然后再在T_2处把对应Q_2那么多的功转化成了热，则等价量之和等于0也可表示为

$$-(Q_w + Q_2) f(T_1) + Q_2 f(T_2) = 0 \tag{1.15b}$$

结合式(1.15a-b)，得

$$F(T_1, T_2) = f(T_2) - f(T_1) \tag{1.16}$$

也就是说为了描述卡诺循环我们需要的就是一个单宗量的函数$f(T)$。假设

$$f(T) = 1/T \tag{1.17}$$

则描述卡诺循环等价量变化的方程为

$$Q_1/T_1 - Q_2/T_2 = 0 \tag{1.18}$$

写成闭路积分形式

$$\oint dQ/T = 0 \tag{1.19}$$

将式(1.19)中积分的环路设想为由从状态A到状态B的两条路径围成的，环路

积分为0意味着沿路径的积分与路径无关而只与起始点有关，即

$$\int_A^B \mathrm{d}Q/T = S(B) - S(A) \tag{1.20}$$

由此引入热力学状态函数S，克劳修斯称之为熵 [Rudolf Clausius, Über eine veränderte Form des zweiten Hauptsatzes der Mechanischen Wärmetheorie (热的力学理论之第二定律的一个变形), Annalen der Physik und Chemie, 1854, 93: 481-506]。

顺带说一句，所谓热机的效率，其表达式为

$$\eta = \frac{T_1 - T_2}{T_1} \tag{1.21}$$

看似是两个宗量T_1, T_2的函数。但是，将之改写为

$$\eta = 1 - \frac{T_2}{T_1} \tag{1.22}$$

的形式，可见它是单一宗量$\frac{T_2}{T_1}$的函数。你要看到这一点，而这也是绝对温标的意义所在。绝对温标的意义，应该在两个不同温度之比而非之差上来理解。

1.6 维恩位移定律

维恩（Wilhelm Wien，1864—1928）得到黑体辐射谱分布的位移定律的过程，方法论上与克劳修斯引入熵概念的过程相仿佛。黑体辐射关切的是给定温度T下辐射能量谱密度u_υ随频率υ的变化，直观上，要用函数$u(\upsilon, T)$来描述。

维恩1893年发现v/T是个绝热不变量，平衡态时能量密度谱分布的函数形式为

$$u_v = v^{-3}\varphi\left(\frac{v}{T}\right) \tag{1.23}$$

原先要找寻函数$u(v, T)$，现在任务变成了找寻单宗量函数$\varphi\left(\frac{v}{T}\right)$ [W. Wien, Eine neue Beziehung der Strahlung schwarzer Körper zum zweiten Hauptsatz der Wärmetheorie (黑体辐射与热学第二定律之间的一个新关系), Sitzungsberichte der Königlich Preußischen Akademie der Wissenschaften zu Berlin, 1893, 1: 55-62]。黑体辐射研究从此进入深水区。后来在普朗克那里，黑体辐射的位移定律会被表示为

$$S = F(u_v/v) \tag{1.24}$$

即熵S是谱能量密度u_v与频率v之比的函数，仍是个单宗量的函数。详细内容参见拙著《黑体辐射》。

1.7 一对二

单个存在是作为许多个单个存在之一的形式存在的。为了更好地认识"一（oneness）"，有必要认真思考零（无、空、湮灭），以及各种多样性（diversity, plurality, multiplicity），当然也就不能不谈谈同它实为一体的duality（二、为二）。物理学中充满"二"的存在，相互作用（interaction）、两体问题（two-body problem）、热力学的两个定律关联着U, S两个特殊的物理量、超导体内部的$E\equiv 0 \cap B\equiv 0$，这些或明或暗地都是在暗示"二"。此外，

第1章

关于粒子－波的二象性（wave-particle duality）的讨论简直是近代物理学的盛宴，一不小心就会暴露出对浅薄的热爱。物理学中，零、二和多各有深意，容另文阐述*。

知识从自发的零星认识而来，其走向能反映unity of nature（自然一体性）的unity of knowledge（知识一体性）必然要经过合二为一的阶段，或者说是对duality克服的阶段（图1.2）。不同的古老文明都注意到了这个问题，都会强调关于存在的“不二”哲学（nondual unity of being）。“言不二者，无异之谓也”。“太极生两仪，两仪生四象……”，太极者，无极，“一（oneness）”也。又，《维摩诘经》云：“如我意者，于一切法无言无说，无示无识，离诸问答，是为入不二法门。”往一个方向看，“一生二（from oneness to dualism），二生三，三生万物（diversity, variety, complexity, multiplicity, plurality）”；倒过来看，则是由多样性（diversity）看到隐藏的、由全体存在（wholeness, plenum）所体现的“一（oneness, unity）”。“见一”的威力，被电学与磁学合而为电磁学对人类社会带来的深远影响诠释得淋漓尽致，直观上其同两块小质量的U-235合而为一引发的核爆或可相比拟。

图1.2　太极图。你看到了duality还是oneness?

*　《零的智慧密码》，撰写中。

关于克服duality的意义，卡鲁查（Theodor Kaluza，1885—1954）这一段说得特别漂亮："这里遗留下的引力与电的'二重性'虽然无损于其各自编织的美丽，但克服这个二重性却需要一个无死角一致的世界图像* [Theodor Kaluza, Zum Unitätsproblem der Physik (论物理学的一体性问题), Sitzungsber. Preuss. Akad. Wiss. Berlin (Math. Phys.), 1921: 966-972]。"卡鲁查说这话的时候，从法拉第（Michael Faraday，1791—1867）算起统合引力与电学的努力已有约70年了，而就在那不久前的1918年，外尔（Hermann Weyl，1885—1955）的《引力与电》一文终于开启了消弭引力与电的"二重性"的大门。有趣的是，由此得来的规范场论实现了电与此后发现的强、弱相互作用的统一，而引力与电的"二重性"，确切地说是引力与电－强－弱相互作用的"二重性"，依然悠然自得如故。合二为一，需先在二中见一。oneness是哲学，相信unity of nature是一种观念，而如何实现科学的unification（统一）还需要实在的物理理论技术（见第6章）。

作为数学家、物理学家，哈密顿（William Rowan Hamilton，1805—1865）始终坚持形而上的思维，认为光学和力学是同一的（one and the same）、使用同一个数学方式表达的，这见于他关于optical-mechanical analogy（光学－力学的类比）的讨论。既然光学分为几何（射线）光学和波动光学，那么力学怎么可以只有拉格朗日（Joseph-Louis Lagrange，1736—1813）力学、哈密顿力学那样的几何力学呢？这个思想后来给了德布罗意（Louis de Broglie，1892—1987）、爱因斯坦、薛定谔（Erwin Schrödinger，

* 德语原文为：Der so auch hier verbleibende Dualismus von Gravitation und Elektrizität, nimmt zwar jener Theorie nichts von ihrer bestrickenden Schönheit, fordert aber aufs neue zu seiner Überwindung durch ein restlos unitarisches Weltbild heraus. 流行的这段英译如下，但似乎有错：The dualistic nature of gravitation and electricity still remaining here does not actually destroy the ensnaring beauty of either theory but rather affords a new challenge towards their triumph through an entirely unified picture of the world.

1887—1961）等人灵感，到了1924—1926年才有了所谓的波动力学。波动力学是量子力学的别名之一。笔者不由得感慨，是实现了物理学家和数学家身份内在统一的那少数几个人才对自然科学做出了深刻的、有效的贡献。就物理学的研究与表达而言，零碎是起点、是历史的必然，见二、见多是必经之路，但对自然的oneness的信念指引着我们的认识实践。好的物理学表达，比如电磁学，要见到电和磁，见到电磁学，还要见到电－强－弱相互作用的一体，见到曾经的追求电与引力一体性的努力以及追求引力与电－强－弱相互作用一体性的努力。对oneness的拒绝是一种值得克服的思维惯性。

顺便说一句，凭着对相互作用、互反性（reciprocality）以及能量－熵的组合、动量－动能的组合的信条，笔者本人倾向于相信量子力学是不完备的，单靠波函数ψ不足以描述微观动力学（更多内容见第8章）。没有两个层次，表现不出物理实在性的“一”来。如何从二象性中见到“为一”（from dualism to oneness），是物理学无法躲避的挑战。

物理实在性用关于空间的连续函数描述，则点状物质很难再被当作基本理论概念[P. A. Schlipp (ed.), Albert Einstein: Philosopher-Scientist, Harper and Row, 1959]。笔者以为，这正应了场－粒子的二元性似乎应是一体的。

1.8 E Pluribus Unum

在一些诗意的语言中，颜色曾被描述为e pluribus unus的。e pluribus unum为拉丁语谚语，即“一得自多”，Out of many, one! 或者，如赫拉克利特（Ἡράκλειτος，约公元前540—约公元前470）所言：“多归一，而一得自多！”1666年牛顿（Isaac Newton，1643—1727）把一个三棱镜插入阳光的路径上，看到了彩色的光谱；后来，他又把展开的彩色光照到另一个倒过来的三棱镜上，又重现了阳光（图1.3）。阳光有众多不同的颜色，又能毫无阻滞感地融为一体（unity），那这不同的阳光便没有本质上的区别。未来，物理学家（麦克斯韦、赫兹等）会揭示光是电磁波，阳光是电磁波谱中的一段，这个频段中不同频率的光会引起不同的颜色感觉。当然，不同频率、不同强度的可见光混合到一起会引起什么样的颜色感觉，是专门的学问。在纷乱的现象中求一，不容易；得一，豁然开朗。知“一”尤为不易，赫拉克利特曾写道：“赫希俄德为众人师，人们相信他最博学，然则他却不能理解白日与黑夜：因为它们是同一个存在。”

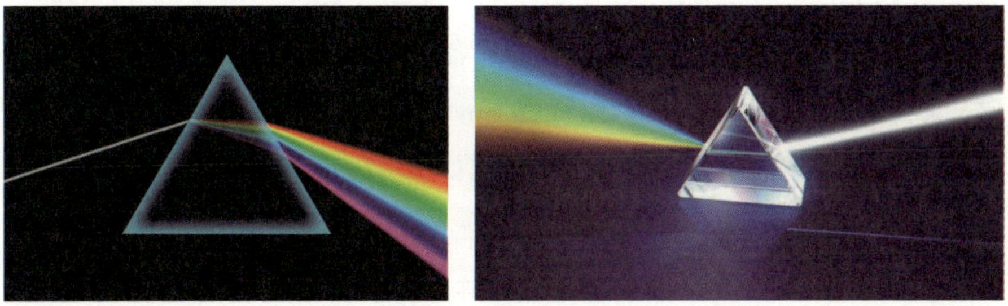

图1.3　颜色的“多归一，而一得自多”

原子聚合到一起（in unity），就表现出oneness的特征。比如一块金属，表现出的oneness，就是整个金属内部电场强度$E\equiv 0$。超导体也许是接近同universal oneness处于真正和谐的材料，笔者以为，它确实是处于单一的宏观量子态的物体，其内部电磁学性质表现出惊人的一致性（uniformity）来

$$E\equiv 0,\ B\equiv 0 \tag{1.25}$$

即电场、磁场皆消失。笔者不懂超导，但总觉得内部电场、磁场皆消失，且是作为比如$E+IB$这样的单一物理量消失，才是超导的特征。超导理论应该

表明一个超导体如何在热力学意义下当$T \le T_c$时实现

$$E(T) \equiv 0,\ B(T) \equiv 0 \tag{1.26}$$

其中温度T是显变量，并且如同临界点理论那样能从方程中给出一个T_c，那才是沾点儿边儿的超导理论。关于超流，亦不妨持类似的观点。

1.9 整体与部分

1.9.1 哲学的整体与部分

1还是整体的符号、体象。"一"者，全也。玻尔（Niels Bohr，1885—1962）云："首先我们必须明白，有机者有'全'的特征（Zunächst wird man ja wohl feststellen müssen, daß ein Organismus einen Charakter von Ganzheit hat）。"一般来说，理解，那得拥有表示、概念，借此可以将大量的现象当作**一体关联着的**加以认识，那才叫掌握（"Verstehen" heißt doch wohl ganz allgemein: Vorstellungen, Begriffe besitzen, mit denen man eine große Fülle von Erscheinungen als **einheitlich zusammenhängend** erkennen, und das heißt: "begreifen", kann）。自然的构成必是简单的。海森堡（Werner Heisenberg，1901—1976）相信，自然是可以为我们所理解的；或者反过来表达，我们的思维能力必然是这样塑造的，它能够理解自然[Werner Heisenberg, Der Teil und das Ganze: Gespräche im Umkreis der Atomphysik (部分与整体: 原子物理圈的谈话), Piper, 1969]。

1 作为整体，可以是那种不可分的（atomic）个体，也可以是那种可分的个体。不可分的整体性之作为1，存在于小尺度的一端，是量子，是

atomicity，联系着简单性*。与此相对，一个可分的整体，就会有局部与全局、部分与整体的关系。

在所有的近代物理理论中都有整体与部分的关系这个特色问题。近代物理固然谨守“宇宙为一整体（universe is holistic）”的信条，但物理学对于揭示the whole的实际特征却无能为力。每一个部分只能从其在整体中的位置与角色才获得其意义与存在。就宇宙作为一个整体而言，关于什么是整体却是模糊的。一个内在的不可分的整体，是无法证明的。赫拉克利特谓基本存在是作为整体之一体的对立面之间的冲突（the fundamental substance is strife between opposites which is itself the unity of the whole）。部分从整体中体现，只有作为一个全体才有存在的可能（doch nur jeweils als Ganzheit existenzfähig sind）。对部分的阐述无法揭示整体的存在。把宇宙当作one，一个统一的整体（wholeness）的观念，在近代物理中不断地得到强调，但其实没有多少实质性进展。

有人说在经典理论中，数学物理似乎是能定义whole的，因为我们有“局域性（locality）”的经典信仰。但是，所谓量子物理实验对局域性的否定实在没有说服力。经典物理的“局域性”成立也未必指向能定义整体（the whole）。wholeness is a fundamental aspect of nature（整体性是自然的一个基本面），这是一个信念。

1.9.2 宇宙是个整体

wholeness是整个宇宙（entire universe）的性质。物体的分离（discreteness）必是宏观层次的幻觉（macro-level illusion），或者是因为我们认识的不完备，是我们认知能力的局限造成的。我们只是宇宙中局域的小尺度存在。我

* 虽然描述它的数学在很多人看来太艰深了。但是，这和复杂性是两回事儿。

们构造的wholeness的系统是概念意义上的，需要刻意营造的。我们自己可同整体（whole，庄子的“大块”）相交流，这个幻觉我们必须有，以之作为认识的开始。宇宙是unanalyzable, unbroken whole（不可解析、不可打破的整体），那是抽象的、不可及的幻觉，但是那也是“北斗星”，指引我们时时修正我们的认知，不要陷入当前的局域性陷阱。

所谓的物理实在性，是整个宇宙的性质，在最基础的层面上存在不可分割的完整性，科学的使命就是通过观察、测量以及更重要的思考来揭示这个实在性。非局域性（non-locality）暗示物理实在性在最基本的层面上存在不可分割的整体性（undivided wholeness），但无法证明其存在。我们能说的，就是似乎有一个不可分割的整体。这没啥奇怪的，如同极限之另一端的夸克之不可分割，因为“分”这个整体中发生的局域过程，总有一个逻辑的极限。

这里有一个概念上的悖论。一个不可分割的整体包括可分隔的、可分辨的部分，则我们，也是部分而已，描述物理实在性之全部的物理理论就有先天的局限，不，是物理实在性之全部在部分层面上的表现有先天的局限。科学无法证实宇宙之作为不可分割整体的特性，所以它是个信条。有趣的是，在谈论part and whole的哲学时，有学者竟然执着于经典物理与量子物理的区分，也是让人无语。他们竟然因为发现宇宙自身表现的局限、人类认识能力的局限而大惊小怪！

1.9.3 部分之和问题

部分之和不能够原则上构成“不可分割的”整体，物理理论也不能基于对部分的认识获得对整体的认识。原子核是质子、中子之和，只是这个和（合）却包含着我们不能全部掌握的内容。我们看到一个整体及其几多部分，部分之和一般来说不构成一个完整的1。原因或是因为部分的不全，更重要的是部分之间或者在部分之上还有一些要素不为我们所理解。比如木制构件通过卯榫结构成为一件完美的作为整体的艺术品，外行眼里那个抽象的结构是不存在的，自然那些零件就构不成一个匠人才能得到的那个整体（unity, entirety）。对质子、中子的认识之和不是核物理，对原子核和电子的认识之和也不是原子物理。只说一条，质子、中子、原子核、电子和原子都是“可见的”对象，而这里的“部分之和”会牵扯到的场、能量等概念当时却未注意到。一个大原子核裂成两个小点儿的原子核以及少量几个自由中子，质子数和中子数是一个都没少，但能量上有亏空（deficit），后者不易察觉。

以为整体可以描述为部分之和，把理论扩展到所有的部分就是对whole的描述。这最初的天真想法很好啊。科学，就是我们试图在自然中建立起部分（行为）之间的联系，因此，科学不能证明部分所能构成的那个整体。我们甚至无法描述它，因为任何描述都要先起分别心，divide the indivisible。只有充分认识了细节，才能更好地理解整体；整体肯定存在更多的内涵、更大尺度的结构以及更深刻的道理、更紧致的governing principle（支配原则，其更具原理性），所谓More is Different（多者异也）。

部分离开了全体，或者只是离开了共存的他者（它们如何构成什么样的全体尚在朦胧中），甚至是无从定义的。据说物理学家费曼（Richard Feynman，1918—1988）曾向自己提出一个问题：“如果因为某种大灾难人类的所有科学知识都要失传，只可能给后人留下一句话，那么怎样的一句话会凭借很少的几个词却包含最多的信息？”据说费曼的答案是，“all things are made of atoms”，即“万物出于原子”。然而，孤零零的一个概念——原子，并不包含任何关于原子的知识。即便今天人类以及人类所创造的知识都还在，原子对不同的人所传递的信息也是有天渊之别的——**信息量取决于信息诠释者为信息源所储备的知识**。其实，费曼的这句话的完整表述是，“万物出于原子，即恒动的、处远相吸处近却互斥的微小粒子（all things are made of atoms — little particles that move around in perpetual motion, attracting each other when they are a little distance apart, but repelling upon being squeezed into one another）”，这比孤零零的“万物出于原子”多出许多字来，但如果我们真的只剩下这一句了，后世之人也未必认为其中包含任何信息。类似的更有名气的一句话是赫拉克利特的πάντα ῥεῖ（万物皆流），更全一点儿的表达是“万物皆流，无一停滞（τὰ πάντα ῥεῖ καὶ οὐδὲν μένει）”。理解这句的高明之处也取决于理解者的知识储备。万物皆流是普适性的原理（见第7章）。

整体不是部分的简单算术和。它更多地应该指向整体完好无缺时生发出的、在更高层次上表现出来的内容，比如一副象棋当所有的棋子都在时所表现的那种独特的游戏。当整体完好无缺时，部分之间的相互关联才是完备的。当部分一样不缺因此关联得以完备地体现时，这样的整体才是一个有机的整体。

世界总是且必然是一体的，且又体现出不同。安排、组织的普适原理（the universal principle of order）只能在部分内。在简单的拼图游戏（jigsaw puzzle）中，作为部分的小片刚刚好有个分割两者的边界，它们构成无缝且无重叠的拼接。在微分几何中，为描述一个流形需引入多个映射构成坐标卡（coordinate chart），映射的定义域（流形上的开集）则是互相部分重叠的（图1.4），众多的坐标卡组成的卡册（atlas）一起实现完整流形到欧几里得空间R^n的映射。在物理世界里，晶体是由大量单胞（unit cell, tessellation tile）所拼成的一个密接的、无缝的整体，当我们把眼界限制在几何问题上

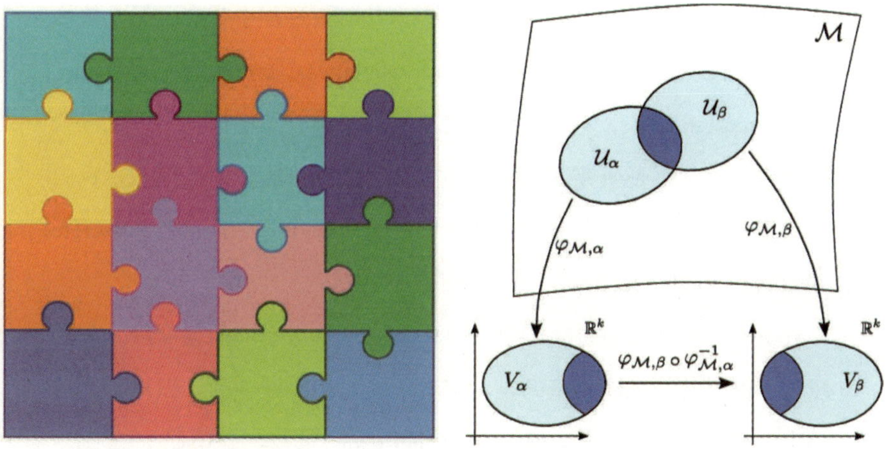

图1.4　部分构成整体的两种方式。（左）拼图：部分无缝拼接构成整体；（右）坐标卡：映射的定义域以**部分重合**的方式构成整个流形M

时，这个问题才显得那么简单。宇宙的问题可不是这种简单的几何。我们对物理实在的认识，即便是想以这种坐标卡册的方式覆盖我们感兴趣的对象也不易做到，遑论抽象层次上的思考了。部分构成整体，但部分之间如何“自洽”，则意味着不同的理论。举例来说，为一个数的集合可以引入代数，代数有满足结合律和交换律的，也可以是非交换的，甚至非结合的。量子力学算符的代数只是到了非交换的层次，已经给我们带来了足够丰富的收获和困难了。

多余的话

我们，还有我们创造的科学，拥抱自然的整体美（the whole of nature in its beauty）。科学的一个使命是让整体为我们所见（make visible the oneness and wholeness），为此研究过程中就有了保全整体性的必要性。Being One, oneness and wholeness，integrity（完整），coherence（相洽），笔者以为这是自然规律固有的特征。“只见树木不见森林”从来是研究者的大忌。宇宙及其规律的整体是信念，我们作为宇宙的部分，认识世界的第一步是分割出可研究的个体（discrete identity and individuality），分是局限，是技巧。

关于强调整体观之重要性的一个例子是热力学中的强度量，包括压强、温度等。笔者感慨的是，笔者个人对相关问题的认识不是来自热力学的文献而是来自康德（Immanuel Kant，1724—1804）的著作。康德强调，所谓的强度量，必当作一个整体来理解（only be apprehended as a unity）。一个强度量，由其同极限（气压和温度都有绝对的零）之间的距离来表征，而不是那个无关紧要的单位（unit）。与此相对的是体积、熵这样的广延量，这里恰是对部分的表示使得对整体的表示成为可能。

物理学理论之作为“一”，应该体现数学意义上的一体性和简单性（mathematische Einheitlichkeit und Einfachheit）。玻恩（Max Born，1882—1970）对经典力学的赞美就是Einfachheit und Einheit（简单且成一体）。玻恩精通经典物理之各分支，这也是他能于1924年认识到量子论要成为一门成体系的学问进而创造了Quantenmechanik（量子力学）一词的原因。把物理学分成经典力学和量子力学并故意制造莫须有的观念对立，如果不是不道德的，也是不得体的，无知不是这个现象的解释。知一为学问始。《抱朴子》有句云：“人能知一，万事毕。知一者，无一之不知也。不知一者，无一之能知也。”

正是：万法归一一何归？须向“一”处著意疑。

建议阅读

[1] Martin Gardner. The Last Recreations: Hydras, Eggs, and Other Mathematical Mystifications. Springer, 2007.

[2] Thomas L. Hankins. Sir William Rowan Hamilton. The Johns Hopkins University Press, 1980.

[3] Menas Kafatos, Robert Nadeau. The Conscious Universe: Part and Whole in Modern Physical Theory. Springer, 1990.

[4] James Gleick. Genius: The Life and Science of Richard Feynman. Open Road Media, 1992.

第2章　单位 Unit

物理量的度量要选择合适的单位，在众多的物理量中选择一组合适的基本单位，构成一个一致的基本单位系统。基本单位同普适常数相关联。认识单位制背后的学问提供了一个有效学习物理的角度。单位的存在既保证简单性也足以表现足够的复杂性。单位圆是展现数学内容的舞台。

单位，单位制，标度，标准，自然单位，原子单位，普适常数，基本物理单位，单位圆，单位元

πάντων χρημάτων μέτρον ἄνθρωπος.

—Πρωταγόρας*

一法度衡、石、丈尺，车同轨，书同文

——[汉]司马迁《史记》

A quantity without its units is like water without wetness.

—Sanjoy Mahajan**

2.1 量与单位

本章谈论单位（unit）以及其它与度量（measure, measurement）相关的内容，属于计量学（metrology）的专门范畴，敏锐的读者会发现这是学习自然科学、了解人类社会进步过程的一个独特视角。对物理量（physical quantity）的度量，当然首先要认识到有那么一个要度量的量，接着要为其选择合适的单位，要有刚性的参照（reference point, standard），要有一个标度（scale）；当不同的物理量单位一起构造一个单位系统（system of units，单位制）时，要考虑它们之间的一致性问题（coherence），等等。早在有物理学之前，人们从生活出发就认识到了度量、选择单位以及建立起单位制的需求。单位制不是特为物理学而设的，但物理学需要并最终建立起了一套合理的单位制。

度量单位的选取，是同度量对象和单位标准放到一起考量的结果。人类

* 人是万物的尺度。——普罗泰哥拉斯 Of all things man is the measure. —Protagoras

** 量没有单位，如同水没有湿意。——桑乔伊 · 马哈詹

为了改善自己的生存条件而认识世界，这还将继续是人类认识自然的原动力，因此关于世界的表达至少在一开始是从人类自身及周围环境出发的。人是万物的尺度。长度单位最终落实为米，看似随意，实际是因为它是人类身高的特征度量。人类身高几乎就是自身伸开双臂时两中指之间的距离，这个距离就是一庹（仔细看这个字）。伸开双臂测量长度，这就是希腊语动词μέτρον（metron）的本义，由此而来的就是我们熟悉的measure（作动词汉译为测量，作名词汉译为测度）、measurement（测量，抽象名词），以及meter（音译米）。这样大家也就明白了，虽然metric system确实以长度单位meter为基础，但是把metric system翻译成米制却欠妥，它指的是一整套度量制度，意在“度量”而非仅指长度为“米”，有非常丰富的内容。质量单位被定为千克（kilogram，缩写为kg），这个质量单位的选取是由人的体重、摄取食物量以及自身能操控的物质重量等因素决定的。从千克的字面意思可见，此前克（gram）是基本质量单位。常温常压下水的密度约为1 g/cm^3，这是用常见物质（水）和长度（拇指一节的长度，约1 cm）一起确立的质量单位选择。克是人类食物添加物如盐、糖、胡椒等的合适单位。

在我们的汉语中谈论度量（liáng）衡时，必须注意到度量衡谈论的是测量这件事儿，度是对长度的测量，量是对（粮食）体积的测量，而衡是对重量的测量。度量长度要用到直的杆儿，高粱秆儿、芦苇、木杆/竹竿等都曾是测量的标准，由此也就顺便产生了相应的单位。杆（竿）是我国的长度标准，“日上三竿”“八竿子打不着的亲戚”，这些表达就说明了这一点。杆，rod，历史上也是英国的长度标准，1 rod≈5.03 m，看来他们用的木杆够长（图2.1）。canon，来自希伯来语的芦苇（kaneh），引申义有标准、规则的意思，故物理学中有canonical transformation（正则变换）、canonical ensemble（正则系综）的说法。度是测量长度的笼统说法，为此要有长度单位如尺、寸等，“度者，分、寸、尺、丈、引也”（《汉书·律历志上》）。那么，这些单位又从哪里来呢？《说文》云："周制寸、尺、咫、寻、常、仞诸度量，皆以人之体为法。"*也就是说，早先人类活动中关注的尺度，大体是与人的特征尺寸可相比较的，故长度单位多从人的身上来。前述西语的米（meter）是人凭借自身能提供的最大长度单位。注意，一方面度量单位要利于交流，故总要选取尽可能共通的标准，另一方面我们也要知道，对一个事物的度量最好来自其自身，中医定义个人两乳尖间距为8寸来谈论穴位位置，就再科学不过了。后世的"对几何的描述只能基于几何自身"**的哲学即与此同。量（体积）的单位是斗、升，这也是具体量具的名称；衡（重量）用的是秤，秤有标度（秤星的安排）和用作比较标准的权（秤砣，见图2.2），故有权衡、权重之说。注意，升、斗测量的是体积，但若利用秤对不同体积的粮食做了重量的标定，则升、斗也可以作为粮食的质量单位。欧洲要到启蒙时期才有不同单位之间比较明确的联系。

图2.1　某年在德国法兰克福，用随机拉来的16人之左脚长度以决定1 rod的长度（取自Jakob Köbel所著*Geometrei*一书，1535年版）

图2.2　秦两诏权（现存陕西秦始皇兵马俑博物馆）

*　懂得这个道理，可以认为"一法度衡石丈尺"可以断句为"一法度衡、石、丈尺"，将法理解为标准，度为动词，而衡、石、丈尺分别为重量、体积和长度，即可翻译为one unique system for the measurement of weight, volume and length。

**　圆是一个一维几何体，无须把它描述为一个圆盘的边界。圆也没有圆心。

第 2 章

针对同一物理量的测量，人们也会选择不同的单位。单位有供参照的功能，待表达的量同单位量的大小相比，最好是在有限的几个甚至只在一个数量级内。你不能指望在原子物理和天文学中使用同样的长度单位还静享同样的方便。历史上对一个物理量引入不同的单位，相邻单位之比常常是不同的。比如关于时间的度量，从我们人类可体验的日常出发，我们选择了地球绕日公转周期（年）、月球绕地公转周期（月）、地球自转周期（天）这些相对于人来说非常刚性的标准作为时间单位。一年约等于12个月，一年约等于360天，一月约等于30天。与此同时，因为我们人类一般是10个手指头、10个脚指头（digit）*，因而我们的计数又采用了十进制。360是个奇妙的数字，有一大串的除数，包括刚才提到的30, 12, 10，所以平面内的转动一圈（我们人类的日常活动之一呃）会被定义为360°，往下可以分出一些同样是整数的全同碎片**。60, 24, 15这些360的除数也被用于时间的细碎分割，1天分为12个时辰、24小时（钟点***），1小时分为60分钟，1分钟分为60秒。相较于时间的度量，长度和重量的度量单位就更繁杂了。在不列颠的长度单位中，1 mile = 5 280 feet；1 yard = 3 feet，1 foot = 12 inches。又比如，在我国汉代的衡量制度中，有一石为四钧、一钧为三十斤、一斤为十六两、一两为二十四铢的说法。这种稍显随意的度量制度会让极少数有思想的人不自在。1670年，法国里昂的教士穆冬（Gabriel de Mouton，1618—1694）在《日－月视连线的观测（Observationes diametrorum solis et lunae apprarentium）》一书中建议采用基于十进制划分的线性度量制（a system of linear measures based on decimal divisions）。这见于如今的长度单位，1 km = 10^3 m，1 m = 10^2 cm，

* 数字技术，digital technology，来源于掰脚指头数数。

** 我们生活在二维曲面上，其局域几何是二维平面。我们分割一个事物可以映射为分割一个圆。

*** 钟点，the moment when the bell rings。

1 cm = 10 mm。这个基于十进制的度量体系让后来的物理量表示不再那么繁琐。我国在秦朝时即开展度量衡的统一。所谓“一法度衡、石、丈尺，车同轨，书同文”，这个举措对统一中国以及其后两千年间中国历经磨难却一直能保持住中华江山一统（in unity），其作用是不可估量的。历史的一体性与连续的认同感（the historical unity and continuing identity）是中华文明的特征。

具体的或者抽象的测量行为，量的单位，可用作测量的标准，以及量的标度（scale），这些概念在文献表达中经常是混淆的，读者请留心分辨。比如温度采用绝对温标（temperature scale）时，它的单位为K，水的三相点定为273.16 K是个严格的标准（参照点），所谓的温标是绝对温标，即采用绝对温标时卡诺热机的效率为

$$\eta = 1 - T_2/T_1 \tag{2.1}$$

而黑体辐射谱峰位的频率与T成正比。“度，法制也”的意思，恰好对应scale。具体的测量设备比如温度计，还有如何定标、如何比对、如何确定工作范围等麻烦事儿，与测量相关的这些知识，包括认识到引入一个物理量的必要性、为其选定单位和测量参照点、指定标度（scale）、将单位制同其它已有单位之间协调一致（coherence），反映了相关领域的思想发展史。它提供了一个学习物理的绝佳角度。

对于物理单位，仅凭字面是不足以理解其内涵的，要凭借物理图像。比如，质量单位克，这是我们对西文gram, gramme的音译。在西方语言中，gram（动词划）表示一个刻划出来的结果，一个字母，后转义有了small weight的意思。1799年，法国确定gramme为米制的质量单位。1克对应常温常压下一滴体积为1 cm^3的水的质量。当然，这要求我们对1 cm有多长要心里有数。又比如，在我们日常生活中，温度的1℃的变化我们是能明显感觉

到的（我们必须做到这一点。我们身体的舒适温区非常小），那它的形象是什么？当温度升高1℃时，压力恒定条件下一大团空气的体积增加约1/273。认识到物理量单位的存在、确立其单位和标度、找到精确测量的方法（含理论）、制作精确测量的设备，这是物理学的关键内涵，愚以为相关内容应该纳入物理教育的第一课。

2.2 单位与单位制

自然科学的发展必然导致单位制的出现。选择一组自然的独立尺度（量纲、维度）*以表达其它的量，这组量则称为基本量（base quantities）。针对这些独立尺度，各定义一个代表性的量作为度量的基本单位（base units）。一套基本单位连同相关的导出单位如果能提供关于物理量的一致的、完备的表述，那就是一套好的单位制。

从日常生活出发，最初我们的测量需要包括计时（纪年）、度量长度（距离）、度量物质的多少（重量、质量）以及度量冷暖程度（温度）。度量的活动具有自发性，度量单位和度量标准的选择显然是和社会的生产力水平相联系的。我国古代建立了度量衡制度，却没有发展出温度的度量，西方发展出了温度度量同其酿造业、医学比较发达有关。单位制，确切地说是度量单位系统（a system of units for measurement），是局域的。随着人类特别是在科学研究方向上不断取得进步，建立起统一的、一致的、具有客观参照的度量系统就提上了日程。1791年法国人塔雷昂（Charles Maurice de Talleyrand，1754—1838）

* dimension，就是division，汉译成了维度、尺度、量纲、规格等不同词儿，各有偏颇。

倡议建立基于自然单位的新度量体系。当时法国的大科学家如拉瓦锡（Antoine-Laurent de Lavoisier，1743—1794）和拉格朗日等人都参与其中。

化学家拉瓦锡注意到物质的形状（形态）可以变，但质量却不会变。其实，拉瓦锡不仅注意到化学反应保质量不变，还注意到各生成物以及反应物之间的质量比总是为小的整数比，这让他猜测原子内部具有同一的质量单元，后来原子核内质子和中子（质量几乎完全相同）的发现证明了拉瓦锡的非凡洞察力。即便在恐怖的法国大革命期间，法国的科学家仍然忙于推动建立一个普适的、线性的单位制，这个造福人类的举动令人动容。鉴于拉瓦锡的成就，他被选为重量与度量制委员会的主席。法国人1791年着手建立metric system，1793年通过。米制逐渐为科学界所接受并在此基础上演化出了后来的国际单位制。

单位制中基本单位如何选取取决于人类对自然的认识水平。数学家、物理学家高斯（Friedrich Gauss，1777—1855）1832年引入了cgs单位制（centimeter-gram-second system of units），成了第一个力学单位制。高斯曾有句云"cgs is the first coherent metric system"，从这句英文你就理解为什么不可以把metric system翻译成米制了吧！metric system (of units)是指这整套单位制的标度都是线性的（linear），同一个量的大小单位之间采用10进制（an extended set of smaller and larger units, in decimal multiples of base unit）。高斯将这套单位制应用到电磁学上。有人说，电学的cgs单位制是笨重的，这一点学过电磁学的人都知道。其实电磁学里有好几套单位制，都笨重。笔者在教授电磁学、电动力学时，认识到这是历史造成的问题。在力学中，万有引力被表示为

$$f_{12} = G\frac{m_1 m_2}{r^2} \tag{2.2a}$$

而在电学中，库仑力被表示为

$$f_{12}=\frac{1}{4\pi\varepsilon_0}\frac{q_1q_2}{r^2} \tag{2.3a}$$

看到没，这个4π因子的有与无给后来的公式表达带来了无尽的麻烦。这是由于公式同背后的物理图像不相符所造成的。4π因子来自物理空间是三维的这个事实，三维空间中的球面面积$S=4\pi r^2$。因此，愚以为牛顿万有引力和库仑力的正确表达应该分别是

$$f_{12}=G\frac{m_1m_2}{4\pi r^2} \tag{2.2b}$$

和

$$f_{12}=\frac{1}{\varepsilon_0}\frac{q_1q_2}{4\pi r^2} \tag{2.3b}$$

这样，场的思想以及物理的几何内蕴都被明确地体现了。

接着力学发展起来且带来独立物理量的学科是电磁学。关于电（electricity）的标准单位，1838—1851年间莱明（Richard Laming，1798—1879）想到原子是由一个物质的核以及环绕着的带若干单位电荷（unit electric charges）的亚原子粒子构成，电荷具有不可分的单元可以用来揭示原子的化学性质。1881年，亥尔姆霍兹（Hermann von Helmholtz，1821—1894）指出，正电和负电都应该能分成基本单元。斯通尼（George Johnstone Stoney，1826—1911）因1891年创造了electron一词作为电量的基本单位而闻名，文章是1894年发表的[G. Johnstone Stoney, Of the “Electron,” or Atom of Electricity, Philosophical Magazine, Series 5, 1894, 38(233): 418-420]。一开始，electron是用来描述单价离子所携带的电量的。斯通尼注意到在电解现象中，每一个化学键对应固定量的电荷，此可以作为电荷单位。随着1897年携带基

本电荷的阴极射线被确立为一种粒子（corpuscle），electron才被用来指称这种粒子，即当前汉语所说的电子。基本电荷的确定，因电子的发现而成为现实。或者不妨说，电子的发现，是为电寻找单位（searching for unit of electricity）的结果。斯通尼1881年建议了第一个自然单位制[G. J. Stoney, On the Physical Units of Nature, Philosophical Magazine, Series 5, 1881, 11(69): 381-390]。将基本电荷和光速、牛顿万有引力常数相结合，可以得到一套单位制（a complete system of units）。

著名的英国科学家开尔文爵士（Lord Kelvin，1824—1907）做了许多关于电的实验研究和数学分析，表述了热力学第一、第二定律，从而对统一物理学做出了重大贡献（and contributed significantly to unifying physics）。开尔文爵士引入了很多精确测量方法和设备进行电测量。特别地，他发明了精确测量电流的电流秤（current balance），确立电流的标准单位为安培（Ampère）。开尔文爵士是物理学家，他知道一个恰当的、自然的单位制对于科学的建立有多么重要。然而，单位制又是自发演化出来的，某种意义上它事关国际话语权的问题。在法国倡议的metric system施行以后，英国人，以及后来的美国人，顽固地拒绝接受。这种反智主义的坚韧让开尔文爵士大为恼火。英制，不如说是没有制（lack of system of measurement），被开尔文爵士痛斥为"'insular and barbarous' system of weights and measures（自绝于世的、未开化者的重量与度量制）"，一有机会就大加挞伐。然而，开尔文爵士辞世至今又过了116年，英制仍在负隅顽抗。

普朗克也根据基本常数发展了一套自然单位，包括长度、质量、时间和温度等。1899年，普朗克针对频率为υ的振子得到了一个熵S的表达式

$$S = -\frac{U}{a\upsilon}\log\frac{U}{\mathrm{e}b\upsilon} \tag{2.4}$$

其中U为振子能量，两个常数a, b分别对应未来的h/k_B和h，h后来被称为普朗克常数。普朗克敏锐地觉察到了这样的常数具有普适的意义，反过来可以用于定义自然单位（natürliche Maasseinheiten）。普朗克以自然常数c、G、h ($\hbar = h/2\pi$)和k_B（有时写成k，称为玻尔兹曼常数）为基础，定义了长度、质量、时间和温度的普朗克单位

$$
\begin{aligned}
l_p &= \sqrt{\hbar G/c^3} \\
m_p &= \sqrt{\hbar c/G} \\
t_p &= \sqrt{\hbar G/c^5} \\
T_p &= \sqrt{\hbar c^5/Gk^2}
\end{aligned} \tag{2.5}
$$

这套普朗克单位制在所谓的量子化理论，尤其是在试图同时空结构相关的量子化理论那里得到了肆无忌惮的发挥，被弄得神叨叨的，反映的是想象力的同时丰富与贫乏。然而，有必要指出，普朗克的这套单位制出现在他1899年的论文[Max Planck, Über irreversible Strahlungsvorgänge (不可逆辐射过程), Sitz. Berich. Preuss. Akad. Wiss., 1899, 5: 440-480] 里，那时候他的光量子假说还要再等1年才会出现。至于量子力学一词，则要等到1924年才由玻恩提出。也就是说，普朗克的自然单位，至少从其产生的必要性而言，与量子理论无关（参见拙著《黑体辐射》）。

在原子物理中也有一个自然单位制，即Hartree atomic units，是以英国物理学家哈垂（Douglas Hartree，1897—1958）的名字命名的，这个单位系统把约化普朗克常数$\hbar$、电子质量m_e和基本电荷e，此外还有库仑常数$\frac{1}{4\pi\varepsilon_0}$都当作1。由此会有两个导出单位，长度单位名为玻尔半径

$$a_0 = 4\pi\varepsilon_0 \hbar^2/m_e e^2 \tag{2.6}$$

而能量单位就是Hartree

$$E_h = \hbar^2/m_e a_0^2 \tag{2.7}$$

在Hartree atomic units中，速度单位为$\alpha c \approx c/137$，这和用声速作为速度单位标定战斗机的速度一样，确实比较合适。

好的度量系统（metric system）应该有一定程度的一致性（coherence），意思是说导出单位和基本单位之间直接关联而无需引入转换系数。采用一致性的度量制，物理量之间的关系自动满足。比如质能关系$E = mc^2$，物理量各依据此一单位制的约定，在数值上也是成立的，无需引入额外作为转换系数的常数因子。比如，为了一致性，热、功和能只有一个单位焦耳（Joule）。麦克斯韦是建立一致的cgs制以及将metric system纳入电学单位的关键人物。

选取物理量的单位要有刚性的标准，比如水的三相点作为绝对温标的一个参照点。当然，类似水的三相点这种具有物理刚性的参照点并不多。此外，还要有比照标准，为此对一些单位比如长度、质量来说要有原器（prototype），各处使用的单位要和原器比较、校准（calibrate）。质量单位（1 kg）原器是保存在巴黎的、高和直径皆为39毫米的90% Pt + 10% Ir（质量比）合金圆柱。最新的质量原器为^{28}Si的球，直径为93.6毫米（图2.3）。

图2.3　直径为93.6毫米的^{28}Si球作为1 kg质量原器

2.3 光速与普朗克常数作为单位

日常经验告诉我们，光是在某个确切的时刻发出的，因为光源确切地有被触发的时刻。至于从日常生活中如何感觉到光的传输需要时间，还真不好说，也许云彩缝隙中光漏出来到达地面确实让我们有时间延迟的感觉，或者就是错觉。据信罗默尔（Ole Rømer，1644—1710）在1676年通过研究木卫1的视运动首次注意到光不是瞬时到达的，即光有有限的传输速度。其后科学界对于确定光速有不懈的努力，感兴趣的读者可参阅本章给出的专门文献。其中，法国物理学家斐佐（Hippolyte Fizeau，1819—1896）在1848—1849年间让光束及反射束穿过转动齿轮的测量方法尤其闻名，在很多文献中都有描述。不过，就斐佐的光速测量实验，笔者持审慎存疑的态度：在大气中经过8.633公里远的镜子反射后还保持能穿过转动齿轮缝隙形成肉眼可见的小光斑，即便在今天也很少有实验室能做到。

关于光速，经常有文献说，根据爱因斯坦的狭义相对论光速是个常数。光速是个常数不是狭义相对论告诉我们的结论，而是狭义相对论用到的一个前提。和G, h, k_B在其它物理语境中一样，光速c在狭义相对论和量子论中被当作一个普适常数，这体现在时空距离的表达式

$$ds^2 = c^2dt^2 - dx^2 - dy^2 - dz^2 \tag{2.8}$$

以及黑体辐射的谱分布公式比如普朗克公式

$$\rho_\upsilon d\upsilon = \frac{8\pi\upsilon^2 d\upsilon}{c^3}\frac{h\upsilon}{\exp(h\upsilon/k_B T) - 1} \tag{2.9}$$

中，而后者出现在狭义相对论之前。特别地，对相对论来说，重要的不是光速是个常数，而是光速没有参照系。爱因斯坦就知道这一点，并从“不管光源处于怎样的运动状态，观测者得到的光速都是唯一的常数”这个前提出

发，得到了形式为

$$\Delta m = E/c^2 \tag{2.10}$$

的质能公式。实际上，在麦克斯韦的电磁波理论中，光速是电磁波的传播速度，是由真空介电常数ε_0和介磁常数μ_0计算而来的

$$c = 1/\sqrt{\varepsilon_0\mu_0} \tag{2.11}$$

从这一点来看，就没有光速涉及参照框架的切入点了。

光速作为常数，愚以为可以这样推理。首先，我们是否承认速度是有上限的，显然认为速度有上限而非无穷大是合理的。如果速度有个上限，那么上限在哪里？已知的光速远远大于我们能观察到的其它速度，光速似乎是速度上限的不二选择。如果光速是速度上限，那就好办了。速度都落在$[0, c]$之间，那光速甚至无需测量就可以确定其数值，它等于1。这意思是，可以对速度$v \in [0, c]$进行归一化（normalization），即可以认为$v \in [0, 1]$。在狭义相对论的各种变换中，你看到的都是变量$v/c \in [0, 1]$，速度是归一了的，汉语意义上的归一。此外，笔者还注意到光速还不是矢量（参见拙著《黑体辐射》）。这里又是一个光速不能是矢量的理由。如果要v/c有意义，其中速度$\boldsymbol{v}$是矢量（或曰四元数的虚部）。一般狭义相对论表述中，v/c中的v看似是个标量是因为只考虑了单一方向的变换，或许也是为了就合光速不是矢量的事实。光速c不能是矢量，因为代数学告诉我们两矢量（四元数的虚部）之商，比如这里的v/c，没有意义。光速c如果是矢量，它也就不能作为上限和标杆式的unit。俄罗斯数学家曼宁（Ю́рий Ива́нович Ма́нин，1937—2023）说“为什么光速$c = 1$？因为它就等于1！”我猜测他的意思是各位还是要自己悟得其中道理才好。光速c不光是个常数的问题，从技术层面上说它是个整数299 792 458 m/s，从物理思想上说，$c = 1$，是速率的单位。在确定了时间的单位后，光速和时间单位一起确定长度的单位。

在前述的普朗克谱分布公式(2.9)中，常数h被称为普朗克常数。在很多的量子场论书里，都会同时记$c=1$，$h=1$，理由是为了简洁，这就显得不懂物理了。之所以可以记$c=1$，$h=1$，那是因为这样做物理上是有道理的——写法简洁可不是理由。与$c=1$的理由不同，$h=1$是作为基本电荷e意义上的单位，是unit。黎曼（Bernhard Riemann，1826—1866）在其1854年的论文“Über die Hypothesen, welche der Geometrie zu Grunde liegen（论作为几何学基础的假设）”中指出，几何有最小部分Quantel，其具体意义笔者不敢妄加揣度。1900年，普朗克为了用统计的方法获得黑体辐射谱分布公式，引入了光能量单位的假设，$\varepsilon=h\upsilon$，这里的h只是一个方便的比例系数。等到了1913年，为了解释氢原子谱线，玻尔引入了电子轨道运动的量子化条件，后来被人写成如下形式

$$\oint p\mathrm{d}x = nh \tag{2.12}$$

其中的h便有了物理量单位的意思了，具体地说，是角动量的单位。然而，注意在公式$\varepsilon=h\upsilon$中h按照其量纲是被理解为作用量的，因此当它被理解为物理量单元时，它被称为作用量量子（Wirkungsquantum）。这个词1906年普朗克就用了，但是何时第一次出现在文献中的，笔者未能细加考证。1924年，印度人玻色（Satyendra Nath Bose，1894—1974）假设三维物理空间对应的相空间的单元区域为$\mathrm{d}\sigma=h^3$（玻色不是第一个这么干的）。基于这个简单的假设，玻色把黑体辐射又当作“普通”气体分子用统计力学处理，轻松得到了谱分布的普朗克公式。接下来有了玻色－爱因斯坦统计。这样，普朗克常数这个量子力学标签就有了物理量单位的意义。

虽然电子电荷、光速和普朗克常数某种意义上都被写成1，然而却又各有很多微妙处。$c=1$是上限、是标准（norm），而$h=1$是作为基本电荷e意义上的单位，是unit。然而，h作为单自由度相空间的量子，相空间体积只

能是它的整数倍，但是作为自旋角动量的单元（$\hbar = h/2\pi$，因子2π有历史的原因），却存在$\hbar$的半整数倍自旋的可能，比如电子是自旋$\frac{1}{2}$的粒子，一些重子的自旋为$\frac{3}{2}$。自旋出现半整数，电荷有$\pm\frac{1}{3}$，$\pm\frac{2}{3}$个基本单位的，这到底意味着什么，笔者没能理解其间的关窍，不敢妄议。

顺带说一句，无论是采用所谓的原子单位（atomic units）*$c = 1$，$\hbar = 1$，$e = 1$，还是采用$c = 299\ 792\ 458$ m/s，$h = 6.626\ 070\ 15 \times 10^{-34}$ J·s，$e = 1.602\ 176\ 634 \times 10^{-19}$ C这样的国际单位制单位，都不影响$\alpha \approx 1/137$，因为它是精细结构常数（fine structure constant）

$$\alpha = \frac{2\pi e^2}{4\pi\varepsilon_0 hc} \tag{2.13}$$

此常数由索末菲（Arnold Sommerfeld，1868—1951）在1916年引入[Zur Quantentheorie der Spektrallinien (谱线的量子理论), Annalen der Physik, Series 4, 1916, 51(17): 1-94; 125-167]，索末菲铜像上的表达式是$\alpha = \frac{e^2}{\hbar c}$。单位制的乱用很闹心，所以你要记住，大自然的规律和常数总是不变的。如果你理解了规律不应该依赖于参照框架（reference frame）和坐标系，就可以学相对论和规范场论了。

2.4 基本物理单位

量子化的存在作为单位，比如用电子电荷e作为基本电荷单位，其它粒

* 有文献把原子单位制写成$\hbar = m = e = 1$，不可取。即便把$\hbar$, m, e当作单位，值为1，它们的量纲也不同，这个等号的写法会误导人的。

子所带的电荷是它的整数倍，比如氦原子核的电荷是 +2 e（想起夸克的电荷为 $\pm\frac{1}{3}e$，$\pm\frac{2}{3}e$，这句话似乎不对了）。还有一种量子化的但是不那么严格的质量单位，就是以质子质量作为质量单位，认定中子质量与质子质量同（虽然实际上略大一丁丁点儿），这样原子或者原子核质量就可以用质子质量为单位，用一个整数表示。所谓的用^{12}C同位素原子质量的1/12作为质量单位，把原子质量表示成精确的小数，看似仿佛考虑了中子－质子的质量差以及因原子核结合能不同所造成的微小质量差异，其实于事无补。与此相对，对于连续的存在，光选定一个单位是不够的，比如绝对温度，只选定K作为其单位是不够的，你必须提供绝对温标（absolute temperature scale），比如依赖黑体辐射的维恩挪移定律*，$\upsilon_{max}/T=a$；或者$\lambda_{max}T=b$，$b=2\,898$ μm·K，从而将绝对温度的标度同谱分布峰的波长或者频率（时间）联系起来。

物理量众多纷杂，但可以一些物理量的单位作为基本单位，其它物理量的单位可以由基本单位导出。比如，举起重物所做的功，等于重量乘上高度的改变量，重量等于质量乘上重力加速度，这样功的单位就可以从质量、长度和时间的单位导出。物理量基本单位的选取，如同线性空间基的选取，关键是看其相互间的独立性以及作为整体是否是完备的。当前的物理学，其采用的国际单位制选定了7种基本单位，分别为长度、时间、质量、温度、电流、物质的量（amount of substance）和照度（luminous intensity），而单位值的确定又是基于7个定义的常数，为铯原子的一个超精细分裂对应跃迁的频率（Cesium hyperfine splitting frequency）、真空光速c、普朗克

* Wienscher Verschiebungsgesetz, Wien's displacement law，一般译为维恩位移定律。这个定律蕴含的内容可远多于黑体辐射谱峰位的移动。参阅拙著《黑体辐射》。

常数h、基本电荷e、玻尔兹曼常数k_B、阿伏伽德罗常数N_A和一个特定频率（540×10^{12} Hz）单色光源的光视效能（luminous efficacy）。万有引力常数G不在此列。但是，笔者想多说一句，基本单位的选择，技术便利与测量语境固然重要，但也应该考虑物理学结构。从物理学自身的结构去选择基本单位更有必要。基本单位确定了，许多物理量就有了可参照的不依赖于physical artifacts*的标准。比如电阻标准基于电阻量子$R_K = \frac{h}{e^2} = 25\ 812.807\ 45\ \Omega$，而电压标准基于约瑟夫森效应，即加于约瑟夫森结上的电压V会引起频率为$f = 2\ eV/h$的振荡电流，此处的$2\ e/h \approx 484$ GHz/mV。因为有约瑟夫森效应，通过频率测量可以实现电压的精确测量。把某个量的测量归结于计数（counting）可以提升其精度与准确度（precision and accuracy）。

对于物理学常数以及赖以定义或者确定数值的物理常数，可以这样来理解。首先是时间。存在是变化着的，我们引入了一个标量来表示时间（到底是用实数、虚数还是双四元数，取决于我们用什么样的数学在讨论时空概念），记为t。时间的度量以对事件计数的方式进行，比如行星绕吸引中心的转动、摆的来回摆动等。现在的时间标准采用^{133}Cs原子在$^2S_{1/2}$基态的超精细能级F = 4，M = 0与F = 3，M = 0之间跃迁对应谱线的频率，定义此谱线的频率为9 192 631 770 Hz，或者说此谱线之电磁场的9 192 631 770次振荡所需的时间间隔为1 s。

空间是物理的舞台。物理学第零定律断言我们的物理世界是个三维空间。谈论空间，会涉及位置、位移和距离等概念，度量空间用长度。长度的单位为米。基于光速和时间标准可得长度标准。光速是速度上限，光速可为任意一个单位为m/s的数值，当前定义的光速值为299 792 458 m/s，是一个整

* 实在不知道如何表述physical artifacts，就粗略地看成是“多余之举”吧。

数！这样，所谓的1米，就是光在时间间隔1/299 792 458 s内所越过的距离。

质量、电荷以及自旋是粒子的基本标签。质量同引力有关，而电荷与电磁相互作用有关。宏观物体表现出引力，还有放电、电流等现象，故为质量和电选择独立的单位是合理的。如今的质量标准单位为kg，有了米和秒的定义，kg就定义为让普朗克常数$h = 6.626\ 070\ 15 \times 10^{-34}$ J · s成立的那个质量单位。电子是物质多方面性质的定义者。电子作为带电物质粒子是1897年才被发现的。电子的存在，至少从人所处的宏观层面而言，是足够基本的，可作为单位存在看待。电子所带的电荷本身就可以作为电荷单位。之所以将电流（安培）作为基本单位，是因为电流的精确测量在电子被发现以前就有。电流单位1安培对应1库仑/秒，这和基本电荷e的带电量为$1.602\ 176\ 634 \times 10^{-19}$库仑是一致的。也许，选择基本电荷$e$为电荷的基本单位更合理一些。

温度是统计量，描述平衡态系统的统计性质。温度的单位为K，其绝对温标以黑体辐射的普朗克公式为基础，用黑体辐射的谱分布曲线来定。绝对温标的一个重要参照点是水的三相点为273.16 K。绝对温度和玻尔兹曼常数k_B有关，借助玻尔兹曼常数同能量相联系。玻尔兹曼常数1901年由普朗克引入，$k_B = 1.380\ 649 \times 10^{-23}$ J · K^{-1}，即1 K对应$1.380\ 649 \times 10^{-23}$ J。另有一个在固体物理中常用的对应关系为1 eV对应11 600 K。由少数粒子构成的体系，是无所谓温度的，但社会上常常用温度单位而非eV来谈论粒子的能量，就是看中了11 600这个因子吸引眼球的价值。**价值当前眼里还有科学的人，才是科学家。**

至于物质的量，以及与其相关的阿伏伽德罗常数N_A，那应该是关于原子（分子）计数的一个量。另一个基本量照度，其单位为cd（candela，拉丁语“蜡烛”），度量光源在单位立体角（单位sr）内发射的能力。一支普通蜡烛的照度就大约是1 cd。另有单位lm来自lumens，汉译取音译流明，$1\ \text{cd}\cdot\text{sr}=1\ \text{lm}$。定义$540\times10^{12}$ Hz的单色光源的光视效能为$683\ \text{lm}\cdot\text{W}^{-1}$。一个在波长$\lambda$上发光功率（单位W）为$I_e(\lambda)$的光源，其照度为$I_l(\lambda)=683\ \text{lm}\cdot\text{W}^{-1}\cdot y(\lambda)\cdot I_e(\lambda)$，这里的$y(\lambda)$是一个需要用人眼敏感度的模型得来的权重函数（photopic luminosity function）。对于把物质的量和照度作为基本量，尤其是后者，笔者不理解，此处不论。

2.5 单位圆上

不光是物理学讲究单位，数学也有单位存在，单位圆就是一个大舞台。圆是等曲率的闭合曲线。考察圆存在于二维平直空间这最简单的情形。半径$r=1$的圆为单位圆（unit circle）。注意，$r=1$并没有标明其具体的物理长度单位。实际上，圆的半径可取为长度单位，以半径r为度量单位，则直径$D=2$，周长$P=2\pi$。这样看来，以物理的眼光所见的不同大小的圆都可以看作是单位圆，拓扑学上将其记为S^1。单位圆提供了一个研究数学的舞台。在二维欧几里得空间，单位圆的方程为

$$x^2+y^2=1 \tag{2.14}$$

在复平面内，单位圆可表示为$z=e^{i\theta}$，$\theta\in[0,2\pi]$。

考察单位圆上任意两个夹角为θ的半径，从其一在圆周上的点向另一半径上作垂线段，定义垂线段长度为$\sin\theta$；截得另一半径在圆内侧的一段长度为$\cos\theta$，显然由勾股定理，或者说由平直空间度规的定义$ds^2=dx^2+dy^2$，有恒等式

$$\sin^2\theta+\cos^2\theta\equiv1 \tag{2.15}$$

三角函数的诸多性质都可以在单位圆上演示和证明。以单位圆为辅助工具，

可以得到转动和三角函数的许多性质。令$z = e^{i\phi}$表示复平面上单位圆上的一点，对应的在二维欧几里得平面上的直角坐标为$(x, y) = (\cos\phi, \sin\phi)$；逆时针转过角度$\theta$，得到点$z' = e^{i\theta}e^{i\phi}$，其坐标$(x', y')$同坐标$(x, y)$之间的关系可写成如下形式

$$\begin{pmatrix} x' \\ y' \end{pmatrix} = \begin{bmatrix} \cos\theta & -\sin\theta \\ \sin\theta & \cos\theta \end{bmatrix} \begin{pmatrix} x \\ y \end{pmatrix} \tag{2.16}$$

这就是说二维平面内转动θ角可用上式中的矩阵表述。令$(x, y) = (1, 0)$，即$\phi = 0$，$z' = e^{i\theta}$，上式可得$(x', y') = (\cos\theta, \sin\theta)$，这就是说

$$e^{i\theta} = \cos\theta + i\sin\theta \tag{2.17}$$

这是欧拉得到的重要结果。

对于一个圆来说，360度的度量是人为的，可说是无意义的。与此相对，相对于半径的度量$[0, 2\pi)$才是内禀的。圆，就是一个整体，一个unity。划过所有的角度$[0, 2\pi)$的变化，即沿着圆转一圈，都要变成$[0, 1)$的变化，这是通过函数$\cos^2\theta$或者$\sin^2\theta$实现的。这是概率论的要求，是经典和量子波动理论都必须踏上去的路径。量子力学波函数是模为1的复数，可看作是复平面内单位圆上的点，或者是模为1的矢量（故有状态矢量的说法）。波函数的概率诠释，用单位圆上的数学多关照一番，会理解到波函数更多的内涵，能更好地体会当初那些量子力学创立者的想法。

方程$z^n = 1$，n是正整数，其根为$\omega = e^{i2\pi k/n}$，$k = 0, 1, 2, \cdots, n-1$。根ω被称为a root of unity（单位根）。在n个单位根中，每一个单位根的复共轭都是一个单位根，且根ω的复共轭必是$-\omega$（对应$z^2 = 1$的情形）、ω^2或者$-\omega^2$。这是由复数共轭的性质$\bar{\bar{z}} = z$所决定的。方程$z^n = 1$的n个根落在复平面的单位圆上，构成一个正多边形。单位圆内接多边形提供了关于对称性的初步研究。在复分析中，圆经常被选作积分环路，且经常就是选择单位圆$|z|^2 = 1$。

单位圆上的数学，稍不注意就会被引向复杂得无以复加的地步。考察变换

$$w=\frac{z-a}{1-\bar{a}z} \tag{2.18}$$

其中$|a|<1$，有

$$1-|w|^2=\frac{(1-|a|^2)(1-|z|^2)}{|1-a\bar{z}|^2} \tag{2.19}$$

即变换(2.18)把单位圆$|z|=1$（的内部）变成单位圆$|w|=1$（的内部）。由此可知，一个单位圆内的调和函数，如果不是常数，则一定在圆周上取极值。

单位圆的内部称为单位圆盘，是个二维有限空间。单位圆可以看作是二维双曲面H^2，比如庞加莱圆盘或者克莱因－贝尔特拉米（Klein-Beltrami）模型的理想边界。单位圆是H^2中序列的无穷极限的集合。单位圆与单位圆盘是两种物理对象和两种几何对象。在庞加莱圆盘中，直线是同作为边界的单位圆垂直的圆弧（图2.4）。这是个欧几里得空间，但是对生活于其中的居民来说，该空间满足双曲几何的公理。

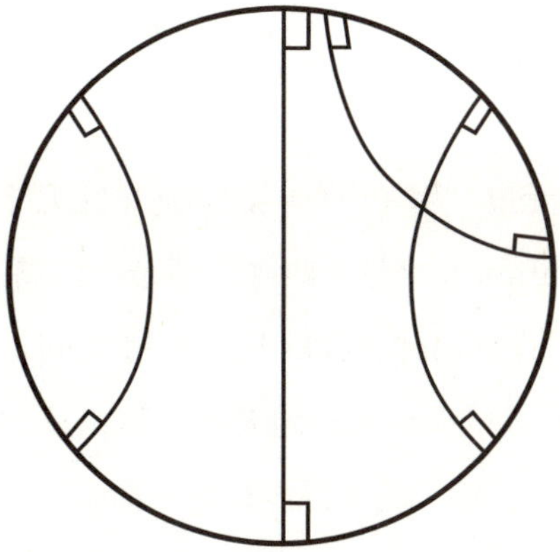

图2.4　单位圆作为庞加莱圆盘的边界

再强调一遍，单位圆上的数学，稍不注意就会被引向复杂得无以复加的地步。华罗庚先生有著作《从单位圆谈起》，读者不可以误以为会是我们初中平面几何里的那点儿内容，试列出该书八讲的题目如下，供读者朋友感知其中的深度：

第一讲 调和函数的几何理论

第二讲 Fourier分析与调和函数的展开式

第三讲 扩充空间与球几何

第四讲 Lorentz群

第五讲 球几何的基本定理

第六讲 非欧几何学

第七讲 混合型偏微分方程

第八讲 形式Fourier级数与广义函数

至于本章“建议阅读”中文献[3]、[4]这类的数学专著，虽说也是从单位圆说起，其中的内容在笔者看来是几乎完全陌生的。

2.6 单位元素两例

顺便说两例单位元素。用一个单一的几何单元无缝地充满整个空间，是空间的铺排（tessellation）问题。铺排问题是一门高度艺术性的科学（图2.5）。给定了空间，设计出什么样的几何单元（unit，三维情形会使用unit cell的说法加以强调）才能做到无缝地充满空间，是个不易回答的问题。比如，正五边形作为单元不能无缝地铺满整个平面，所以你见不到正五边形的地砖。退一步，可以问什么样的五边形能铺满整个平面？目前这个问题已经

图2.5　铺排：用几何单元无缝地充满整个空间

发现了14种解，但这些解及其发现之间有什么关联，笔者不知道。铺排花样的研究在几何学、晶体学、建筑等领域中都是显学。如果给几何单元的顶点加上平移对称性的要求，每个顶点安上一个原子或者分子，这就是晶体结构问题，是固体物理学的基础。

群一定有单位元素（identity element）。虽然英文identity的词源是idem（相同的），但我们在汉语中把它称为单位元素，加之单位元素e确实和1有关，那就捎带着说说吧。有限群，即有限数目的元素所构成的群，其研究中遇到的问题难度终归是有限的。有一天我们会遇到连续群，群元素是连续流形上的函数，如果顺着有限群的方法去研究，就会遭遇无穷多元素带来的问题。所幸的是，连续群的单位元素对应参数流形的原点。如果连续群可以转换为无穷小变换，那是李群（Lie group）。关于李群的表示，只需要单位元素对应的参数流形原点之邻域内的无穷小变换。单位元素和1对应，原点和0对应，1和0通过指数函数相联系，$e^{0\cdot x}=1$，你就能明白李群表示中为什么有形式

$$A(t)=e^{tX},\ X=A'(0) \tag{2.20}$$

了，其中X称为生成元。生成元的对易关系为李代数，它决定了李群的乘法性质。李群可以由一组生成元产生。物理上关于基本相互作用的研究就会用到$U(1)$, $SU(2)$, $SU(3)$群的知识，特别是其李代数的表示。

多余的话

宇宙本没有单位。为了人类认识自然的方便，也便有了单位。

测量，就与单位比对而言，测量的结果只能是整数。一个物理量的单位量，算术上表示为1（unit is expressed arithmetically by unity）。物理量自然的unit为其量子。使用恰当的单位量让物理表述显得简单。

单位的选择，是科学的大事儿，也是社会生活里的大事。在某些场合，使用错误单位是灾难性的。难以想象何至于面积成了房子在交易中使用的单位。采用这个错误的单位，使得房屋垂直方向上的尺度遭到了丧心病狂式的压缩。这个z方向上缩减所带来的压抑感，特别是对于身高大幅提升了的少年们的压抑，是我们社会的一大难言之痛。

最后，笔者用开尔文爵士1883年关于Electrical Units of Measurement（测量的电学单位）演讲中的一段来结束本章，原文照录：In physical science a first essential step in the direction of learning any subject, is to find principles of numerical reckoning, and methods for practicably measuring, some quality connected with it. I often say that when you can measure what you are speaking about, and express it in numbers, you know something about it; but when you cannot measure it, when you cannot express it in numbers, your knowledge is of a meagre and unsatisfactory kind: it may be the beginning of knowledge but you have scarcely, in your thoughts, advanced to the stage of science, whatever the matter may be.（学习自然科学之任何学科最基本的一步，是找出数值推算的原理、可操作测量的方法以及与之关联的一些品质。我常说，对于你谈论的对象若你能测量之，用数值表示之，你算是知晓一二了；若你不能测量之，不能用数值表示之，你的知识得算是贫乏的、不令人满意的那种：这可能是知识的初步，但是不管咋样，你在思想上尚未到达科学的层面。）

仔细玩味开尔文爵士的这段话，回过头去再思考一下单位、单位制、参照点、标度等内容，或许有助于我们更深刻地理解物理学的那些品质。

建议阅读

[1] P. Tunbridge. Lord Kelvin: His Influence on Electrical Measurements and Units. Peter Peregrinus, 1992.

[2] John C. H. Spence. Lightspeed: The Ghostly Aether and the Race to Measure the Speed of Light. Oxford University Press, 2020.

[3] James McKee, Chris Smyth. Around the Unit Circle: Mahler Measure, Integer Matrices and Roots of Unity. Springer, 2021.

[4] Barry Simon. Orthogonal Polynomials on the Unit Circle. American Mathematical Society, 2005.

第3章 一体 Unity

自然是一个有机的整体，关于自然的知识也应有内禀的一体性。searching for unity是自然究问者的本分。学问在unity中更见其力量。

一体性，自然一体性，学问一体性，多样性

壹引其纲，万目皆张。

——《吕氏春秋·离俗览·用民》

They have to form a unity.*

—Amilcar Cabral, *Unity and Struggle*

易从业惟简，得一道斯宁。

——[唐]褚亮《祭方丘乐章·顺和》

3.1 unity的意义

英文的unity是一个来自1的比较简单的词汇。unity在数学中几乎唯一的意思就是1，当然在数学中1也联系着unit, identity（全等、恒等），意思各有不同。满足方程$x^n = 1$的x就是root of unity，汉译“单位根”，在数论中扮演非常重要的角色。

unity是1，可以理解为一个完整的、独立的个体。unity是1，又可以理解为是一个整体、全部。这时的unity的意思是，不管其组成单元（constituting elements）存在怎样的分别与不同，那也必须是“一（oneness）”，是整体（an entirety）。我们使用一些集体名词时，比如水果摊、书店，并不指具体的水果或者具体的书籍，也不指望这家水果摊、书店有全部的水果或者书籍，也不指望不同的水果摊、书店有相同的水果或者书籍。这时候，unity才是意义，你并不去做故意的区分，虽然那可能并不是unity（整体），但

* 他们必须团结如一。

那里有对整体的呼唤或潜意识的需求。unity可以理解为团结、团结如一，如*Unity and Struggle*一书不妨译为《团结与斗争》。making for unity就是团结起来，当然就科学语境而言，可以理解为追求统一、一体化和一致性的努力，所谓的search for unity。这时候，它引向unifying, unification的概念。

unity是1，它必然和简单性相关联。德语的简单一词，einfach，肉眼可见“一”字（ein）在其中，而英文的simple的释义也是one-fold。einfach, one-fold，字面意思都是“单层、一重”。unity意味着简单性。各种学问追求unity，还得是那种intrinsic unity（内在一体性）。

与unity相对的有difference（不同）、differentiation（分化）、disunity（分裂），以及表示多样性的diversity, variety, plurality等。分化、多样性不妨碍unity，相反却处处体现着unity。unity是内禀的，是隐藏的。自然的一体性是一种信仰。

unity是一个人类文明中的基础词儿，但因为它太基础了，它的意思分化到了非常细微的地步。在具体的语境中unity是什么意思，需要仔细斟酌。此外，不同语言中它的用法也不一样，比如unity的法语对应为unité，但在法语中unité却有单位（unit）的意思，见于l’unité de volume（体积单位），à l’unité de masse de l’electron（以电子质量为单位）。对应unicité的还有唯一性（uniqueness）的意思。为了避免引起误解，文中在有必要时会直接用unity。

3.2 自然一体性

有一种信念，存在unity of nature，即自然界中的一切都是按照一套规律

（a single body of laws），一套在整个宇宙中起作用的规律运行的，宇宙就是照此组织起来的单一宏大单元（a single great unit）。也就是说，存在自然规律的连续性（continuity of natural law），即同样的情形下会发生同样的事情。unity of nature的假设，continuity of natural law，是我们基于对自然的经验的归纳，一定有什么联系着实在的不同实体（entities in reality）。对自然的不同表述之下应有一个unity。自然是一体的，关于自然的认识中，一体性应是普遍的（the unity is universal）。如果我们接受自然的单一极值原理（the principle of "single superlative"），那么最小作用就是普适性的（least action is universal），在所有自然现象中它都是固有的。确实，最小作用量原理（principle of least action）成了物理学统一自然规律的原理性工具。

德国科学家歌德*的《颜色学》[Johann Wolfgang von Goethe, Zur Farbenlehre, J. G. Cottaschen Buchhandlung, 1810] 第739节，有这样一段很哲学的关于the unity of nature的论述，非常有助于我们强化对自然一体性的认识。"自然的忠实观察者们，尽管在别的地方可能各有观点不同，对如下问题肯定会达成一致，即一切呈现在我们眼前的，我们看作现象的，要么为可以**统一**的某原初的分化，要么为有能力分化的某原初的**一体**，它们就是如此表现的。**一体者分化，分化者统一，这就是自然的生机**，这个我们生活、活动、存在于其间之世界的永恒的缩与张，永恒的合与分，以及呼与吸。"德文原文不长，为方便学者引用，照录如下："Treue Beobachter der Natur, wenn sie auch sonst noch so verschieden denken, werden doch darin miteinander übereinkommen, daß alles, was erscheinen, was uns als ein Phänomen begegnen solle, müsse entweder eine ursprüngliche Entzweiung, die einer **Vereinigung** fähig ist, oder eine ursprüngliche **Einheit**, die zur Entzweiung gelangen könne,

* 你说他是大文豪我也没意见。

andeuten und sich auf eine solche Weise darstellen. **Das Geeinte zu entzweien, das Entzweite zu einigen, ist das Leben der Natur**; dies ist die ewige Systole und Diastole, die ewige Synkrisis und Diakrisis, das Ein- und Ausatmen der Welt, in der wir leben, weben und sind." 这段不是很好翻译，我的汉译比较粗糙，你看这段英译也有些潦草："Faithful observers of nature, even if they think very differently in other things, nevertheless all agree that everything that appears, everything we meet as a phenomenon, must mean either an original division that is capable of **reunion** or an original **unity** that can be split and in this manner display itself. **To sever the united, to unite the severed, that is the life of nature**, that is the eternal drawing together and relaxing ..."

3.3 爱奥尼亚之魅

统一学问（unified learning）的梦想在西方被称为爱奥尼亚之魅（Ionian Enchantment）。对科学unity的信仰——一个远比行事主张要深邃得多的信念，认为世界是有序的，可用一组数目不多的自然规律来解释。这种信念可以追溯到公元前6世纪的泰勒斯（Thales of Miletus）。泰勒斯曾主张万物源于水，这常被当作古希腊人的推测是那样地信口开河的证据，但重要的是这表达了世界的物质基础以及自然的unity的形而上（metaphysics）。这种观念占据了自那以后的科学思想。在近代物理中，它的关注点是自然界中各种力的统一，希望理论可以结合得如此紧致，可以把科学弄成一个完美的思想体系（a perfect system of thought）。把万物融入单一的一个简约（理论）体系（a single parsimonious system），实现知识的内在一体性。笔者注意到，自然固然是一体的，人的分别心是认识的开始与障碍，则这search for unity的第一步便是抛弃对事物与学问的分别心。修习学问者，当时时关注思想和逻辑的unity。

学问的unity可能有工具性的价值，有非常实用的结果（the unity of science can have very practical consequences）。有了unity的信念，我们甚至在有统一的理论框架之前就敢把一处之方法或者理论用于八竿子打不到的其它地方，这当然没有成功的保证，但却值得尝试。一处之机巧，适用于全体其它，这也是unity的表现。科学，那是一个systemic unity，而一体性反映连续性。科学研究的追求是辨识出unity并将之理论化（identification of this unity, and theorizes the unity），发展出对数学的unity、物理的unity，以及数学和物理的unity的理解，给出反映unity思想的框架、反映unity特征的表述。

爱因斯坦，这个物理学大统一理论的建筑师，骨子里也许就是一个爱奥尼亚学派的学者（Ionian）。**眼界即力量**。在早年给朋友马塞尔·格罗斯曼（Marcel Grossmann，1878—1936）的一封信中，爱因斯坦曾写道："It is a wonderful feeling to recognize the unity of a complex of phenomena that to direct observation appear to be quite separate things.（认识到对于直接观察看似独立事物的一团现象中的unity，那真是一种美妙的感觉。）"最终的物理学，是对自然一体性的展开（unfolding the unity of nature），是对实在作为一体的存在（reality as unity）的表达。

3.4 康德的理性一体性

康德所处的时期还是科学的古典时代，就物理学而言那时有经典力学和光学，自然科学算是发展到了相当丰富的程度。康德作为一个数学物理教授、哲学家，他关于理性的批判中有一个关键词，即理性的一体性（Einheit der Vernunft），英文为unity of reason。依笔者的粗浅理解，这指的是认为思考的对象以及思考的结果都有个unity的问题，虽然在任何阶段我们可能都未能触及这个unity。

理性的首要功能就是整理和统合（unify）认知的概念。就经验真理而言，系统一致性（systematic unity）是真理之为真理的判据。科学研究的最初阶段是观察与测量，从经验中去找出规律。然而，任何经验规律的表述只有当它融入一个信条的系统（a system of beliefs as a whole）时才可以作为规律，此处需见理性的力量。当学问发展到一定阶段时，理性接管创造学问的主要劳动，它要建立知识的系统内在联系，完成对整个知识集群的系统化（a systemization of the whole aggregate of knowledge）。

康德把理性引入理论概念，使之成为寻找系统一体性的一部分。所谓寻找一体性，即认定效应的多样性（the multiplicity of effects）背后必有单一的原因。找寻系统一体性就是找寻真理的自洽性。unity得自于追踪经验与概念（notion）之间的联系，我们知识之孤立碎片间的关联（coherence）是其理性的表现。

（康德的）以理性追求知识的unity，同超越经验之思想相契合。一个有力的例证是从运动的观察到引力规律的表述。起初，我们的不完美的经验引导我们认为行星的轨道是圆的。接下来我们发现这和实际有偏差，我们追踪那造成行星轨道与圆相偏离的原因，一步一步地触及了那些开放性的轨道（指抛物型轨道），最终我们发现轨道一般形式里的unity，以及行星轨道所遵循规律的原因层面的unity，那就是引力。有了遵循平方反比律的万有引力，宏观物体关于吸引中心所表现出的轨道，包括点、直线、螺线、圆、椭圆、抛物线和双曲线（图3.1），便有了一个统一的解释（unified explanation）。更多内容参见第7章。

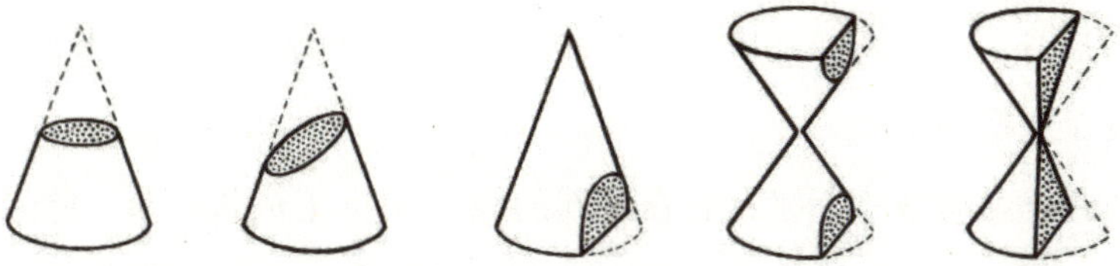

图3.1 圆、椭圆、抛物线、双曲线、直线作为圆锥曲线所体现的unity

顺带说一句，我们的地球绕太阳的轨道恰好几乎是个圆。多好的理性可以借以飞翔的出发点啊。

3.5 Desire for Unity

科学可以被统一为一个万物之理（a theory of everything），目的是最终把高一些水平（higher-level）*上的现象还原（约化）为基础物理。科学的unity意味着基础物理是其它一切之基础。高层次科学是建于其上的，是衍生物（derivative）而已。科学的unity必是底层的一体性（underlying unity），这是常识。把追求基础层面上的一体性弄成了还原主义，是个操作上的失误。幸而有安德森（Philip Anderson，1923—2020）的“More is Different”的哲学呼号，物理的大部以及化学、生物学、材料学等higher-level学科都不妨各呈精彩与深沉。

物理学各领域各有源头、各有对象、各有使命与结构风格的不同，但都

* 从基本原理到纷繁的现象，算是往高还是往低去了，没有统一说法。

是关于自然的学问，而自然是一个整体（entirety）。尽管物理各领域确有差别，但它们必须是“一”“一个整体”（oneness, an entirety），they have to form a unity，才能成就个体自身。物理学家的使命之一就是把已有的物理学塑造成一个entirety。达成所有单元的一体（a unity of all its elements）的那才是个有机的整体。

物理学从朦胧中而来，它在不同的地方/方向上成长起来，便先天地有地域的划分。不同生长点上的学问到了某个阶段，会选择不同的前行之路，提出自己的问题以寻求答案。待到一些方向上充分发展后，又会出现自然或人为的分化（differentiation）。物理学家糟糕地分割了物理学（physicists badly divided the physics），或有不得已的理由，但如果我们不假思索、毫无保留地接受了划分（and we accepted the division without hesitation or reservation），那是我们自己的错。

unity从需要中来。当我们有极大分化（sufficiently largely differentiated）而又够丰富的学问的时候，unity的必要性就显现出来了。在某个时候，unity的需求会出现在某些人的脑海里。麦克斯韦、外尔、朗兰兹（Robert Langlands，1936—）、爱因斯坦等人在某一时候感受到了一些学问form a unity（形成一体）的必要，于是分别去建立电学与磁学的unity、电磁学与引力的unity、数论与几何的unity，以及整个物理学的unity甚至数学与物理的unity。making for unity是一种见识，那还需要能力，甚至好几个巨擘的努力*！

一体化是一种必须，是为了能够进步所必须达成的一种状态。联合产生力量（union makes for strength）**。越是自洽地联合起来，越是能更好地反

* 对于这样的伟大事业，所谓的科学团体，不过是领报酬的看客。

** 团结就是力量，这个说法更熟悉。

映每一个单体的本质。unity是一种手段，而不必然是目的。不能指望unity能一蹴而就，达成某种有限程度的unity也是了不起的进步，只要它足以服务于我们的愿望，比如将物理学带入深水区、禁区或者新视野。unity的问题不是将（物理学）不同的领域简单地重新统合（reuniting），而是塑造一个整体（transform into an entirety）。对于unity的达成，超越才是关键。球队是在超越队员的层次上才成为一个unity的。

不同或曰区别有其自身的理由，unity将引领我们走向新的层次，更广泛、更抽象也更深刻（more extensive, more abstract, and more profound）。贝尼尼（Gian Lorenzo Bernini，1598—1680）被赞誉实现了建筑、雕塑与绘画这些艺术的new unity，他是第一个尝试把建筑、雕塑和绘画结合（unify）使之成为一个美妙整体（a beautiful whole）的人，为此他不停地偏离规则而又不打破规则（constantly departing from the rules, without actually violating them），这一条对于尝试构造科学的unity也具有指导性意义。贝尼尼之所以尝试去这么做，是在于在某个时刻他的能力让这样的念头自然而然地产生了。知道了unity的观念，当我们欣赏贝尼尼的作品时，比如其在1625年完成的雕塑《阿波罗与达芙妮》（图3.2），我们便会把目光也投向周围的绘画与建筑，或者从踏入罗马的Galleria Borghese（博尔盖塞美术馆）那一刻起便将这里的建筑、绘画和雕塑看成一个美妙的整体。

图3.2　贝尼尼的雕塑《阿波罗与达芙妮》

3.6 隐藏的自然一体性

“科学的unity”是本体论的理想（ontological ideal），那其中有有价值的内容。科学的进步经常表现为揭示、解释隐藏的一体性。例如，在电和磁之间一体性是隐藏的（the unity is hidden），因为初看起来两者之间没有联系。是电池的发明让获得持续的电流成为可能，电流对磁体的扰动、在电磁体中获得感应电流才揭示了电和磁之间的联系。电和磁是一个统一的整体，此为电磁（electromagnetism）的两个侧面。这种模式的统一相当典型，比如对时间和空间的认识引入了时空（spacetime）的概念，重力被等同于时空的曲率。作家爱伦·坡（Edgar Allan Poe，1809—1849）1848年在题为《尤里卡》*的一篇文章中有句云“space and duration are one（空间与时间乃是一体）”，这算是时空概念的发轫。一般会认为是闵可夫斯基首先阐述了时空的概念的[Hermann Minkowski, Raum und Zeit (空间与时间), Physikalische Zeitschrift, 1909, 10: 104-111]。类似地，数学上有代数与几何相结合而来的几何代数（geometric algebra）**、代数与拓扑学结合而来的代数拓扑这类学问。每当这样的统合（unification）发生，所谓的自然规律都更深刻、更广泛（comprehensive）了，且更具预言的能力（predictive）了。必须注意的一点是，与此同时要求的数学更高了，自然（规律）看起来更紧致、更“简单”了。到了这个层面，更多的看似分化的现象可以被更少的底层原理所解释。

牛顿、法拉第和爱因斯坦都曾相信必有某种自然力的unity，具体的力是某个单一的、普适性的力（a single, universal force）的不同表现。发现对

* Eureka，希腊语εὕρηκα，意思是“我找到了”。

** 代数几何，algebraic geometry，是另外一回事儿。

统一电与磁至关重要的电磁感应现象的法拉第曾试图从实验上找到电磁学与引力的关系。法拉第觉得电磁感应现象也许有引力类比，1849年他做落塔实验，想看看引力通量（gravitational flux）是否能在线圈中引起电流，实验结果在1851年发表[Michael Faraday, On the Possible Relation of Gravity to Electricity, Philosophical Transactions, 1851, 141: 1-6]。当然法拉第想统一的还包括电、磁、光、化学力和热。法拉第在1849年3月19日的实验记录本上写下来这样一句："ALL THIS IS A DREAM!"电磁与光的统一更隐蔽，这要在麦克斯韦写出电磁场波动方程时（约在1862年）才会被意识到，这时靠的是方程，纯粹理性的力量。

爱因斯坦自1922年以后一直在追求统一的理论。至于引力与电的统一，突破性的工作是外尔做出来的。外尔1918年和1929年的文章试图统一引力与电或者电子，结果却导致了规范场论这门学问的出现。谁也没想到的是，和电磁相互作用率先统一了的是弱相互作用，理论基础是规范场论。在1960年代，电磁和弱相互作用被表明是一个统一的整体，即电弱作用（electroweak interaction）的两个组成部分。将弱相互作用同量子电动力学统一起来，体现的是同19世纪统一电与磁可相比拟的眼界。

notion（观念）的unity隐藏在理论与实践的unity中。这个notion，是关于元素之有机一体性的观念（notion of the organic unity of elements）。感觉到不同学问的unity需要有眼界，而赋予这个unity统一的表达（unified formulation）则需要高深的新数学，或者是对数学的新的理解。没有有力的数学，自然科学规律的一体性就只能停留在观念的层面。

3.7 Unity versus Diversity

科学如今给人的印象，尤其是对初入门者，表现出了五花八门的多样性（variety）。科学的散碎（disunity）都碎得让人揪心。如果科学确实是disunified的，那为什么可以用低水平层面的话语去考察（examine）一些高水平层面的现象，比如量子理论之于化学反应以及生物光合作用的应用？在科学上追求一体性，它要对看似多样的现象给出unified的解释。unity的基本原则存在于个体的不同中。没有区别，便没有making unity的必要。unity不是简单地看作单个的一体，它以多样个体的功能群的形式存在（exists as a functional grouping of individual diversity），提升不同个体之间必要的内在联系。unity也足够灵活以容忍多样性（variety），并依据variety进一步发展，追求的是无二的一体性（unity without duality）同时是在一体性下的多样性（diversity in unity）。unity内含分化与不同（differentiations and differences），以及一体性和多样性的互反（the reciprocity of unity and plurality）。

对于物理，一体性体现在多样性主题之下（the unity underlying the diverse subjects）。宇宙中分化（difference）与一体性是辩证的关系，分化不该在对unity的追求中被牺牲掉。反过来，对unity的追求不以消减实在的复杂性（complexity of reality）为代价。学问作为unity，仿佛是构成一个分化了的一体（constituting a differentiated unity）。一棵树就是把自己表达为一个分化了的一体，由干而枝而叶。没有分化，便显不出丰富性。这棵树有旺盛的生命力和丰富的表达，一段枝条就差多了。

分化与一体性的关系，在生物学中有最直观的体现。基因决定了分化（difference），但它也是连接（unite）所有物种的深处底层结构，它提供了一体性（deep underlying structures, it provides the unity）。从基因的视角看来，这个星球上只有唯一的生命。生命是整个儿的（it is whole and unitary），即便是动植物之间的区分那都是第二位的（secondary），长叶子的动物还是不少的。生命的unity的一个有趣表现是，人与人之间的差别甚或大于人与猪之间的差别。这看似是个悖论，但恰恰反映unity与diversity/differentiation的辩证。DNA的研究揭示了生命在深层次上的unity。在深层次上，各种看似完全不同的事物可能呈现出极大的相似性和简单性，比如生命体中DNA的碱基编码机制、基本相互作用中的交换机制，而这让我们看到了实现unity的光明未来。

在diversity（差异化）中实现unity。一体性与多样性（unity and diversity），两者间存在张力（the tension between them），却又同时表现得那么自然。学问如同生物体一样，其间变迁与连续、多样性与一体性共存。不可忽略不同分支之间的内在关联（inherent interrelatedness）；认识到这种联系反而让我们能够找到解决专门化问题（specialized problems）的进攻途径。

3.8 数理一体性

将一门学问划分为不同的专业，有其必然性和合理性，但它也带来一些负面影响，比如有人会陷入一个小角落摆弄一个错误概念自娱自乐而不自知，这一点在物理领域尤其常见。可能是因为数学比较单纯，数学家中就偶尔能出现能够用其工作佐证数学一体性的人物。人谓苏联数学家盖尔范德（Israel Moiseevich Gelfand，1913—2009）学问之宽泛（width and diversity）证实了他关于数学宇宙之一体性的思想（the unity of the universe of mathematics）。愚以为，从前的高斯、欧拉、庞加莱、希尔伯特等都表现出这种特质。数学的unity，体现在其专业众多却又难分专业的事实上，几何代数、代数几何、几何数论、代数拓扑这些互相修饰的概念都反映了分专业的别扭。一个数学家在思考数学时，不光要记得数学的美、简单、精确与疯狂想法，还需始终牢记它的unity。当被问及具体做什么数学时，盖尔范德的回答是I am a mathematician，言下之意就数学这么单纯的学科还分什么专业*。

the unity of mathematics反映盖尔范德这类数学家的态度，它不是对当前数学状态的描述。物理也一样，它表现出unity。作为一个学物理的，笔者当然希望有人给出一个具有一致与完整（uniformity and integrity）品质的物理表述。从前，数学与物理也是一体的，试图把牛顿、欧拉划归数学家或者物理学家的阵营是无聊的举措。只是如今随着知识不断增长的分化趋势，数学和物理之间被人为地划分开了，一半因为鸡贼，一半因为愚蠢。

所谓underlying unity（底层的一体性），那是需要用具体的学问去表达和理解的一体性。比如二元数（复数）、四元数、八元数，不是随便把几个数串起来构成一个集体，而是依据一套合理的规则（加法、乘法下闭合，且可除）使之成为unity的，一种表现出特殊功能的unity。群是unity，其元素需满足乘法封闭性、乘法结合律、存在单位元素（identity element）以及逆，那才构成一个功能性的unity。有数学家谈及用复分析（complex analysis）证明代数基本定理，即非为常数的多项式至少有一个零点，或者说多项式方程总有复数解，认为这是“数学是一个一致整体的观念（vision of mathematics as a coherent whole）”的证据。物理学家把此一unity of mathematics归因于数学是自然的语言，就有点儿糊弄事儿了。这段话来自某本复分析讲义，话里话外都有点儿讽刺人。

* 记得曾读到过希尔伯特说“数学不分专业，只分会与不会”，但找不到出处了。

温伯格（Steven Weinberg，1933—2021）把量子场论的出现归于追求量子力学与相对论之间的unity的结果，并以“The Search for Unity”为题对量子场论早期的历史进行了回顾与反思 [Steven Weinberg, The Search for Unity: Notes for a History of Quantum Field Theory, Daedalus, 1977, 106(4): 17-35]。考察量子场论发展的历史过程，会对unity of learning（学问的一体性）获得一个明智的认识。量子力学与相对论的unity是否实现了呢？应该算实现了，因为量子场论的学问出现并得到了充分的发展。然而，量子场论不幸引出了更多的问题，幸运的是它带来了更丰富、更深入的关于自然的认识，最终这个层面的unity of learning不知道会是什么样的局面。这是对unity of nature信念的有趣的诠释。

多余的话

音乐诠释和谐的美。据说作曲家不分专业。或者因为力有不逮他们私底下也是分的，但不会肆无忌惮地炫耀自己的能力不足。

学问如建筑，讲究结构完整性（structural integrity），失去结构完整性的构建是易碎的。

物理中的广义相对论与量子理论也会统一，是许多人的期盼。我们不知道那统一了的面目是什么样子的。统一的电磁学视角下的电与磁的学问（electricity and magnetism）再也不是从前的电与磁的学问。统一的时刻参与统一者会失却本来面目，原先有缺陷的存在是一种合格的启发，那便是它的价值与意义。

什么是unity？什么主旨（leitmotif）造就了思想的unity and

continuity？如何才能发现科学的主题与方法学的一体性（thematic and methodological unity）？未来最正确的学问一体性体现的应是自然的有目的的一致性（the purposive unity of nature）。总有一个潜在的动力，去实现学问的unity，克服不完备、不自洽的地方。

整个宇宙是一条河流，在流动中不停地变化着。物理学是一条绵密的思想的河流。愚以为，科学本征上是一个理性的一体（a rational unity），物理学是那种在其unity中得以认识它的细节的科学，当然它最终的unity是我们不断的追求。当前的物理学的disunity到了universalist（博学的人）在物理学领域已经绝迹的地步，这让“找寻包含物理实在之整体的普适规律（to seek universal law embracing the whole of physical reality）”的任务变得格外艰难，这是令人焦虑的好事情，是物理学发展到充分丰富时段的必然表现。在庞加莱、希尔伯特、盖尔范德等人之后，如今的彭罗斯是罕有的能和universalist沾上边的数学家。难道数学也要遭遇别的学科的命运被分成孤零零的专业，而数学家都成了领域专家了吗？所幸的是，unity of science的思想尚在。我心目中的物理学家，希望他能说出“我是个物理学家，啥也不专业而不是在某个领域里专业（I am a physicist, being professional in no field rather than in any field）！”。

因为眼界所限，人们更多地是在事物中看到不同而非同一性。你在二胡和小提琴中看到了分别，比如琴弦数目的不同、弓法的不同。然而，当你“看⊗听”到有人用拉二胡的方式拉小提琴演奏了一曲《赛马》，你是否看到了它们同一的地方呢？那关于物理呢，数学呢，数学物理呢？不妨多关注关注它们同一的地方。

想象一下艺术、历史、科学与哲学这些活动的unity由人类理性文明的unificatory spirit（追求统一的精神）所维持，忍不住对人类起了赞美的冲动。

建议阅读

[1] Steven Weinberg. The Search for Unity: Notes for a History of Quantum Field Theory. Daedalus, 1977, 106(4): 17-35.

[2] Amilcar Cabral. Unity and Struggle: Speeches and Writings. Monthly Review Press, 1979.

[3] John C. Taylor. Hidden Unity in Nature's Laws, first edition. Cambridge University Press, 2001.

[4] Angelica Nuzzo. Kant and the Unity of Reason. Purdue University Press, 2005.

[5] Susan Neiman. The Unity of Reason: Rereading Kant. Oxford University Press, 1997.

[6] Hubert Schwyzer. The Unity of Understanding: A Study in Kantian Problems, first edition. Oxford University Press, 1990.

[7] Jennifer Montagu. Bernini and the Unity of the Visual Arts. The Burlington Magazine, 1982, 124(949): 240-243.

[8] Irving Lavin. Bernini and the Unity of the Visual Arts. Oxford University Press, 1980.

[9] Pavel Etingof, Vladimir S. Retakh, I. M. Singer. The Unity of Mathematics: In Honor of the Ninetieth Birthday of I. M. Gelfand. Birkhäuser, 2005.

[10] Gary K. Browning. Rethinking R. G. Collingwood: Philosophy, Politics and the Unity of Theory and Practice. Palgrave Macmillan, 2004.

[11] Edward Osborne Wilson. Consilience: The Unity of Knowledge. Vintage Books, 1999.

[12] Tuomas E. Tahko. Unity of Science. Cambridge University Press, 2021.

[13] Samuel Sambursky. Einheit und Einfachheit der Natur als Leitmotiv der Forschung (自然之一体性和简单性作为研究的主题). Biomedizinische Technik, 1979, 24(10): 230-236.

[14] Robert DeSalle, Michael Yudell. The Genomic Revolution: Unveiling the Unity of Life, first edition. Joseph Henry Press, 2002.

[15] Ashok Saxena. Advanced Fracture Mechanics and Structural Integrity. CRC Press, 2019.

第4章 唯一性 Uniqueness

唯一性是一种创造性的优点。唯一性意味着简单性、确定性。数学、物理上的许多唯一性是有条件的，只能确定到一未定常数、未定相因子、未定酉变换，或者相差一个勒贝格测度为0的点集、相差一个规范函数，或者尚余排列的自由度、尚余基选择的自由度，等等。非唯一或许意味着更广阔的境界。规范理论是独特的非唯一性问题。

唯一性，存在性，对称性，初始值问题，边界值问题，相因子，酉变换，勒贝格测度，排列，基选择，非唯一性，规范自由度，规范场论

春山唯一室，独坐草萋萋。

身寂心成道，花闲鸟自啼。

——[唐]皇甫曾《题赠吴门邕上人》

4.1 为什么在意唯一性?

英语的unique，可以理解为唯一的、独特的（独一无二的）、仅有的，都要从“一”的角度来理解。unique实际上是个法语词，来自拉丁语的unicus，其“唯一的，独一份的”意思约是1610年前后确定的。unique的英文名词形式为uniqueness, unicity，在法语中为unicité，在日常语境中都是指向独特、非比寻常，而在数学、物理中则是强调“唯一性”。唯一性在中文数学、物理文献中还有单值性的说法，属于发挥过头了，uniqueness未必是在谈论“值”的问题。相应的德语说法，Eindeutigkeit，其指向和意义比较单纯，更多是数学、物理中的uniqueness的意思。我们用中文理解这些概念时，一定要避免自动加量词的习惯，单一性就是“一”而已，你把它说成是“单值性”立马就显出狭隘了，会引起误解。

唯一性本身是一种创造性的优点（creative virtue）。我们做人做事都希望表现出唯一性来。unique style，独特的风格，这样的uniqueness在芸芸众生中易辨识。倘若能做到唯一且不可替代（unique and irreplaceable），那就有了独特的价值了。所谓“... has a unique ability to bring peace and progress to the world（独拥给世界带来和平与进步的能力）”，这得算是对中国的极高赞誉了。不过，uniqueness是少见的状态，不是谁都可以宣称“我就是那个独特的我”的。

第 4 章

我们的地球是方方面面都很unique的。兄弟行星绕太阳的轨道都是椭圆的，而地球的轨道却几乎是圆的，圆是椭圆的退化情形，太独特了。唯因离太阳的距离变动较小，而且那距离又那么恰到好处，地表平均温度才让水就处在流动而又几乎不蒸发的状态，允许生命的诞生，否则哪会有我费力写了这本书，而你今天读到了这本书。地球的元素构成也unique，1到94号元素它竟然一样不落。没有这么齐全的元素摆在眼前，人类也不会想到元素周期表去*。

唯一性本身是一种创造性的优点，这在物理、数学上表现得更明显、更有说服力。那些可靠规则的唯一性应该着重研究。

一个问题的解若是由初始条件唯一地决定了的（uniquely determined by initial condition），那因果律就能发挥作用，可由结果倒推原因。这一点，对历史研究、科学研究很重要。唯一性才能保障给出不含糊的判断。更一般地，如果一个问题之条件决定其结果具有唯一性，这就能保证反问题的意义。注意，文献中会有uniquely determined by A and B的说法，意思是有了A和B那么结果就确定无疑了，这里不是说只用一个条件，而是只用一个条件组合A和B。uniquely determined by应该是指结果是确定的、唯一的。作为对“结果与条件皆唯一”的强调，可以用uniquely and solely determined by。

如果证明了解的唯一性，唯一性自动保证了完备性，这样找到了一个解就相当于整个问题解决了。如此，唯一性极大地简化了问题（uniqueness hugely simplifies problems）。比如，自由落体参照框架下的坐标就比狭义相对论中的坐标系更灵活。其对坐标系的要求，以及此坐标系同彼坐标系之间的关系的要求，不过是一个同构成时空连续统的点之间的唯一的、连续的、

* 据门捷列夫1871年所给的列表，门捷列夫制定元素周期表时，已知有58种元素，另有5种存疑。

可微的关系[P. G. Bergmann, Unitary Field Theories, Physics Today, 1979, 32(3): 44-51]。要不是有这个唯一性，就没有广义相对论了。

unique的（唯一的或者独特的）存在或情形提供解决问题的突破口。圆周运动是unique的，是由独特的努力，既充分又恰到好处的那种努力所促成的。力要恰恰在与运动速度$\boldsymbol{v}$正交的方向上

$$\boldsymbol{f} \cdot \boldsymbol{v} = 0, \ \boldsymbol{f} \neq 0 \tag{4.1}$$

此处的符号 · 表示矢量的内积。直线运动也是独特的，力为零或者力总是在运动方向上

$$\boldsymbol{f} \times \boldsymbol{v} = 0 \tag{4.2}$$

此处的符号 × 表示矢量的叉乘，联系着外积$\boldsymbol{f} \wedge \boldsymbol{v}$。初学运动学，从作为特例的直线运动（其中更独特的是匀速直线运动）和圆周运动开始，是有其道理的，可惜这道理要在复杂的衬托下才见价值。天体运动曾被认为都是完美的圆周运动，当人们发现实际的行星运动轨迹跟圆相比“差一点儿（elliptic, ecliptic）”*时，思想激烈斗争了几个世纪才平复。

证明了唯一解的妙处是，如果通过某种方法找到了一个解，那它就是那个解（if a solution is found, by whatever means, then it is the solution）。接下来尽管去尝试使用别的方法，而所找到的解是否是同样的可以拿来当作所用方法正确与否的判据。

就物理现实问题的模型而言，解的唯一性会支持模型的有效性（the validity of a model），因为我们相信真实发生的常常是唯一的（In the real world there is only one solution!）。唯一性会带来绝对性。黑体辐射谱唯一地

* ellipse，椭圆，和eclipse，蚀，是同一个词。

（uniquely）对应一个温度，故可用作绝对温标。详细内容请参见拙著《黑体辐射》。

然而，真实情形是，唯一性是很独特的特性。更多的时候，谈论唯一性时可能要加上限制条件，或者是要留有一定自由度的。比如，光子是传递电磁相互作用的唯一的无质量粒子。若只论无质量，无质量的粒子还有胶子（传递夸克间相互作用的），以及尚未有证据的引力子。数学、物理上常见的用于作为唯一性限制条件的还有许多种，下面会逐一介绍。

不唯一，也不光是带来选择的麻烦，它可能通向更具一般性的问题。认识到不唯一，会开启更开阔的眼界。在古希腊，普鲁塔克（Plutarch，约46—119）预言重力不是地球独有的（not unique to the earth），月亮也是一个吸引中心。他把引力解释为要合为一体的趋势（to unite with the whole）。这些思想是后来牛顿的万有引力理论的前驱。对待问题的非唯一性之高境界，要数规范原理（gauge principle）——理论要有规范自由度或者规范对称性。不得uniqueness，遂有规范理论，由规范原理，悟得问题的普适性（universality）。强－电磁－弱相互作用就是在规范原理的基础上统一的（unified）。规范自由度是对不唯一的升华。在更高的层面上，唯一性终究是虚妄。

比非唯一性（non unicité）更邪乎的是任意性（arbitrariness）。对任意对象成立的规律具有普适性。任意性不是胡来。表达实验结果单位时经常会用到任意单位（arbitrary units），它是说针对其间有些单位转换没有关注其细节，或者干脆不清楚其细节。对于这样的结果，研究者应该谨慎一些。

4.2 几个简单的唯一性案例

4.2.1 欧几里得除法

欧几里得除法中，对于任意的整数a和$b \neq 0$，存在q, r，有

$$a = qb + r，\ 0 \leq r < |b| \tag{4.3}$$

(q, r)是唯一的。这是说，给定被除数和除数，商和余数之组合是唯一的。用反证法可证明如下。

设存在两组商和余数

$$a = qb + r，\ a = q'b + r' \tag{4.4}$$

两式相减有

$$(q - q')b = r' - r \tag{4.5}$$

即b是$r' - r$的除数。但是

$$|r' - r| < |b| \tag{4.6}$$

唯一的可能是

$$r' - r = 0 \tag{4.7}$$

相应地，有

$$(q - q') = 0 \tag{4.8}$$

唯一性得证。

4.2.2 亚历山德罗夫唯一性定理

欧几里得空间中任意的凸多面体的表面构成一个度量空间（metric space），表面上两点之间的距离由从一点到另一点的最短距离所度量。也就是说，不同形状的凸多面体的表面形成不同的度量空间（图4.1）。所谓的亚历山德罗夫（Алекса́ндр Дани́лович Алекса́ндров，1912—1999）唯一性定理断言：任何两个具有相同的表面度规的凸多面体是全等的（congruent）。具体证明超出本书范围，有兴趣的读者请参阅A. D. Alexandrov, Convex Polyhedra, Springer, 2005。

图4.1 一个凸多面体就是一个度量空间

数学家是如何注意到一些问题的唯一性的，笔者对此一直迷惑不解——他们确实具有非数学家所不具有的视角独特性。

4.2.3 群单位元素与逆元素的唯一性

群论是近代物理学的研究工具与表达语言。

群必有单位元素（identity element）。群的单位元素是唯一的。设若有两个单位元e, e'，按定义有$eg = ge = g$和$e'g = ge' = g$对所有群元素g成立。自然有$e\,e' = e$和$e\,e' = e'$，因此有$e = e'$。依群是集合的定义，那就是同一个元素。

群中每一个元素都有逆元素。群元素的逆也是唯一的。设若某群元素g有逆元素x, y，即

$$gx = e = xg，gy = e = yg \tag{4.9}$$

考察ygx，有如下乘法结果

$$y(gx) = ye = y，(yg)x = ex = x \tag{4.10}$$

根据群的定义，群元素乘法满足结合律

$$y(gx) = (yg)x \tag{4.11}$$

则有

$$y = x \tag{4.12}$$

逆元素唯一性得证。进一步地，如果元素g有逆g^{-1}，则必有$(g^{-1})^{-1} = g$。一个群元素的逆可以是其自身。

4.3 函数展开的唯一性

数学上经常会用到一组函数去展开连续函数，相应地就产生了展开的唯一性问题。举例来说，常见的有用幂级数和三角函数的展开，后者即所谓的傅里叶分析。在量子力学中，要用给定条件下求解一组算符本征值问题所得

的完备正交归一基（函数）来展开一般意义下的波函数，此乃叠加原理，在量子力学中被赋予了很高的地位。

考察简单的幂级数展开。设函数$f(x)$有幂级数展开

$$f(x) = \sum_{n=0}^{\infty} a_n x^n, \quad -R_a < x < R_a \tag{4.13a}$$

和

$$f(x) = \sum_{n=0}^{\infty} b_n x^n, \quad -R_b < x < R_b \tag{4.13b}$$

其中R表示收敛域。两个展开的收敛域的交叠部分包括$x = 0$。容易证明这两种展开是相同的，即级数展开是唯一的。对应函数$f(x)$在$x = 0$处的取值，显然有$a_0 = b_0 = f(0)$。接着考察函数$f(x)$的一阶微分$f'(x)$，在收敛域交叠部分，有

$$\sum_{n=1}^{\infty} n a_n x^{n-1} = \sum_{n=1}^{\infty} n b_n x^{n-1} \tag{4.14}$$

则在$x = 0$处的取值可得$a_1 = b_1$。依此类推，可得$a_n = b_n$对任意的n成立。唯一性得证。

对于傅里叶分析，唯一性问题就复杂了。考察两个平方可积函数$g(x), h(x)$，对所有实数k都有等式

$$\int g(x)\mathrm{e}^{\mathrm{i}kx}\mathrm{d}x = \int h(x)\mathrm{e}^{\mathrm{i}kx}\mathrm{d}x \tag{4.15}$$

则这两个函数几乎处处相等。所谓几乎处处相等，就是可以在一些勒贝格测度为0的点集上不相等（即存在但对上述积分没有贡献）。这属于所谓的傅里叶逆变定理（Fourier inversion theorem）要关切的内容。该定理断言，对很多类型的函数来说，可以从傅里叶变换恢复该函数，即若函数$f(y)$的傅里叶变换为

$$F(\xi)=\int_{\mathbf{R}} \mathrm{e}^{-2\pi \mathrm{i}\xi y} f(y)\mathrm{d}y \tag{4.16}$$

则有

$$f(x)=\int_{\mathbf{R}} \mathrm{e}^{2\pi \mathrm{i}x\xi}\ F(\xi)\mathrm{d}\xi \tag{4.17}$$

或者说

$$f(x)=\iint \mathrm{e}^{2\pi \mathrm{i}\xi(x-y)} f(y)\mathrm{d}y\mathrm{d}\xi \tag{4.18}$$

至于到底是哪些类函数才是这样的，让数学严谨地回答这个问题很为难。对于实际的物理问题，假设函数足够“乖（behave nicely）”，傅里叶逆变定理就成立了。傅里叶变换函数对之间的唯一联系（unique connection）是傅里叶分析的威力所在。

4.4 热力学里的唯一性

对于热力学研究，一个重要的前提是哪些参数一起唯一地决定（uniquely determine）了系统的热力学状态。选定了一组能唯一地决定系统状态的参数，其它参数就是这些参数的函数。热力学状态要由一组物理参数决定，表现为状态方程。两变量的连续函数是研究物质状态方程的起点。对于简单的单一物质体系，比如一团气体构成的孤立系统，它的状态可由(p, V, T)中的任意两个唯一地决定。唯一地决定或者唯一地关联（uniquely related to each other）了，都会让事情变得简单。函数$z=z(x, y)$意味着$y=y(z, x)$，$x=x(y, z)$。关系式

$$\left(\frac{\partial x}{\partial y}\right)_z \left(\frac{\partial y}{\partial z}\right)_x \left(\frac{\partial z}{\partial x}\right)_y = -1 \tag{4.19}$$

唯一地联系起这三个函数的所有可能的导数（uniquely[*] relates all the possible derivatives of these three functions）。对于简单热力学体系的$p = p(T, V)$，这个关系够用。

在给定物质的热力学状态面上，每一条边界线都是唯一地敲定了的。如果线是固定在状态面上的，则其任意点上的热力学量都是唯一变量的函数。这一点容易说明。在三维空间(x, y, z)中，$z = z(x, y)$面内的一条曲线，当其一变量比如$y = y_0$被限定住了，自然也就选定了线上的一点，且是唯一地被$y = y_0$和$x = x_0$所限定。移植到热力学的语言，考察$p, V, T-$坐标下的状态分界线。在给定温度$T = T(p, V)$的状态面内，分界线上的点都唯一地确定一组(p, V)值。

如果把这样的线投影到坐标平面内，则因为在线的投影上的热力学量是单变量函数，其对这个变量的导数是全微分（total, not partial）。比如，在$p-T$平面内的分界线（投影）上，p关于T的导数为全微分$\mathrm{d}p/\mathrm{d}T$。如果写成偏导数，必须指明是在正确的边界线上，比如

$$\mathrm{d}p/\mathrm{d}T = (\partial p/\partial T)_{V,\, b-c} \tag{4.20}$$

这里的V, $b-c$的意思是保持V不变，且微分是沿着边界曲线（boundary curve）进行的。因此，对饱和蒸汽压，或者表面张力等与界面有关的概念，容易理解它们是温度此一唯一变量的函数（a unique function of temperature）。

在热力学里，一个关键的数学表达式是类似

$$\mathrm{d}U = T\mathrm{d}s - p\mathrm{d}V \tag{4.21}$$

的微分1形式（Pfaffian form，来自德国数学家Johann Friedrich Pfaff，1765—1825）。考察最简单的两变量的微分1形式

* 感觉译成“凭一己之力”似乎更贴切。

$$dz = M(x, y)dx + N(x, y)dy \tag{4.22}$$

那个能够determine uniquely（一锤定音地确定）这样的微分是一个全微分的判据就是所谓的贝努里－欧拉定理（Bernoulli-Euler theorem），即

$$\frac{\partial^2 z}{\partial x \partial y} = \frac{\partial^2 z}{\partial y \partial x} \tag{4.23}$$

也就是

$$\left(\frac{\partial M}{\partial y}\right)_x = \left(\frac{\partial N}{\partial x}\right)_y \tag{4.24}$$

如何找到描述物质的状态方程是个挑战。对于某种物质给定的状态，$V = V(p, T)$，即给定温度和压力下，该物质的比体积v是唯一的。而在相图的分界线上，比如对于气液相变，方程$v = v(p, T)$就应该有两个解而非唯一解。那么如何构造一个物理模型，其给出的状态方程具有上述性质呢？这个看似简单的问题实则没那么简单。实际的情形是，我们竟然通过改动理想气体的状态方程得到了范德瓦尔斯方程，那里的$V = V(p, T)$是一个一元三次方程，它有一个实数解或者三个实数解，偏偏就没有两个实数解的情形。用它诠释气液相变有点儿勉强，笔者学到这部分内容时就很难接受。但就是这个方程，让我们认识到了临界点的存在，以及临界现象的普适性（universality）。详情见第7章。

4.5 静电学的唯一性定理

在静电学中有一个唯一性定理，对于我们理解这个电的世界，是非常重

要的。给定各导体上的总电荷和在无穷远处的边界条件，则电场是唯一决定了的（given the total charge on each conductor and given the conditions at infinity, then the electric field is uniquely determined）。用数学的语言来说，设有一有限体积V的空间，其表面为S，对于拉普拉斯方程

$$\nabla^2\phi = 0 \tag{4.25}$$

当$\phi|_S$给定时，方程有唯一解。证明如下。

设有两个不同的解ϕ_1, ϕ_2，令$\psi = \phi_1 - \phi_2$，则显然在体V内和表面上分别有

$$\nabla^2\psi = 0，\ \psi|_S = 0 \tag{4.26}$$

现在计算$\int_V |\nabla\psi|^2\,\mathrm{d}^3x$

$$\int_V |\nabla\psi|^2\,\mathrm{d}^3x = \int_V (\nabla\cdot(\psi\nabla\psi) - \psi\nabla^2\psi)\,\mathrm{d}^3x \tag{4.27}$$

右侧积分中的第二项中因为有$\nabla^2\psi = 0$，故积分为0；第一项是散度项，可以化为面积分，但$\int_S (\psi\nabla\psi)\cdot\mathrm{d}\sigma = 0$，因此有结果

$$\int_V |\nabla\psi|^2\,\mathrm{d}^3x \equiv 0 \tag{4.28}$$

此即$\nabla\psi\equiv 0$，故$\psi = \phi_1 - \phi_2$为一常数。又因为$\psi|_S = 0$，故有$\psi\equiv 0$，即$\phi_1 = \phi_2$成立。方程的解是唯一的。

对于Poisson（泊松）问题

$$\nabla^2\phi = -\rho/\varepsilon_0 \tag{4.29}$$

上述唯一性证明也成立。

上述内容可理解为当电荷引起的电势满足$\phi\propto\dfrac{1}{r}$的规律时，即电势是库仑势时，唯一性是成立的。这一类唯一性成立的另一种情形是

$$\phi \propto \frac{1}{r}\mathrm{e}^{-kr} \tag{4.30}$$

相应的场方程为

$$\nabla^2\phi = k^2\phi \tag{4.31}$$

描述强相互作用的所谓汤川势（Yukawa potential），$\phi = -g^2\frac{1}{r}\mathrm{e}^{-\alpha mr}$，就是式(4.30)的一例。上述讨论的前提是，电荷是均匀分布的。静电学的唯一性定理常常会被理解为基于物理现实它是显然的（uniqueness is obvious on physical grounds）。

4.6 微分方程解的唯一性与非唯一性

上节所谓的静电学唯一性问题，实际上是微分方程的解的唯一性问题。微分方程，要在给定的初始条件或边界条件下求解。知道一个系统在某个时刻的状态及其演化规律（方程）去预言接下来的演化，这是初始值问题。要求解满足某些边界条件的约束，这是边界值问题（boundary value problems）。

解的存在性与唯一性是微分方程研究的重点，这个问题很复杂。实际上，哪怕对于简单的情形，不唯一（nonuniqueness, non unicité）才是常见的。比如对于一阶微分方程初始值问题

$$y'(t) = y^{2/3},\ y(0) = 0 \tag{4.32}$$

显然，$y \equiv 0$是问题的解，而参数函数

$$y_{\alpha,\beta}(t)=\begin{cases}\left(\dfrac{t-\alpha}{3}\right)^3, & t>\alpha\\ 0, & \beta\le t\le\alpha\\ \left(\dfrac{t-\beta}{3}\right)^3, & t<\beta\end{cases}\tag{4.33}$$

对于任意的$\alpha>0$，$\beta<0$都是问题的解。问题(4.32)的解明显不唯一。

物理规律多用二阶微分方程表示，有三类，曰椭圆型（拉普拉斯方程、泊松方程）、双曲型（波动方程）和抛物型（扩散方程）。相应的边界条件包括：

1) 狄里希莱*边界条件，给出了边界上函数的值；

2) 纽曼边界条件，给出了边界上函数法向导数的值；

3) 柯西边界条件，给出了边界上的函数及法向导数的值。

依据方程类型、边界性质（开放还是闭合）和具体的边界条件，函数的解是否存在，以及若存在是否具有唯一性有非常复杂的表现。具有唯一、稳定的解的有如下情形：

1) 椭圆型方程、闭合表面、狄里希莱边界条件；

2) 椭圆型方程、闭合表面、纽曼边界条件；

3) 双曲型方程、开放表面、柯西边界条件；

4) 抛物型方程、开放表面、狄里希莱边界条件；

5) 抛物型方程、开放表面、纽曼边界条件。

后两种情形，解只在一个方向上是唯一、稳定的。相关问题太复杂，感兴趣的读者请参阅相关专门著作 [George B. Arfken, Hans J. Weber, Mathematical Methods for Physicists, Elsevier, 2005, p.543]。

* 德国数学家Johann Peter Gustav Lejeune Dirichlet（1805—1859）出生于法国，其姓来自比利时的地名Richelette。当前流行的汉语译法与这个词的发音相去甚远。

4.7 留有余地的唯一性

数学、物理文献中常有唯一性定理（uniqueness theorem, unicity theorem），宣称满足某些条件的对象具有唯一性，或者退一步，是一个等价类的对象满足条件。具体的英文表述有unique up to ...的说法，德语表述为unitär bis ...。这种留有余地的唯一性如何翻译成汉语，笔者感到很为难，因为变种太多，不好一概而论。试举多例说明。

1. Up to a Constant

设有函数$f(x)$, $F(x)$，有关系

$$F'(x)=f(x) \tag{4.34}$$

则可以说$F(x)$可由$f(x)$唯一地决定到尚余一个常数的地步（uniquely determined up to a constant），因为对于任意常数C，有

$$\frac{\mathrm{d}}{\mathrm{d}x}[F(x)+C]=f(x) \tag{4.35}$$

由场强决定势函数时都会有这个问题。在物理学史上，从任何过程去计算熵都有个积分常数的问题，也就是只能settled down up to a constant。为此不得不有个热力学第三定律，指明当温度趋于绝对零度（0 K）时，可逆等温过程的熵变为零，即$T\to 0$时，有$\Delta S\to 0$。

2. Up to the Choice of Basis

李群是连续群。李群的生成元之间的对易关系称为李代数，或者叫无穷小环。李群uniquely决定了李代数，但是李代数还有基选择的自由度（up to the choice of basis），即李代数的具体表示取决于基的选择。

3. Up to a Phase Factor/ Up to Permutation

薛定谔量子力学方程的主角是单分量波函数ψ，是个模为1的复数。给波函数添加一个相因子，$\psi\to e^{i\phi}\psi$，不影响薛定谔方程以及对波函数的诠释，即$\psi^*\psi\,dV$是粒子出现在空间微元dV中的概率。因此，薛定谔的波函数有一个相因子的自由度（up to a phase factor）。

对于厄米矩阵$\boldsymbol{H}$，可用一酉阵$\boldsymbol{U}$（定义见下）将之对角化

$$\boldsymbol{D}=\boldsymbol{U}^*\boldsymbol{H}\boldsymbol{U} \tag{4.36}$$

如果给酉阵$\boldsymbol{U}$添加一个相因子，$\boldsymbol{U}\to e^{i\phi}\boldsymbol{U}$，仍然能将厄米矩阵$\boldsymbol{H}$对角化。因此，可以说就对角化厄米矩阵$\boldsymbol{H}$而言，酉阵$\boldsymbol{U}$被决定到尚余一个相因子。这可以理解为有一个多余的自由度。进一步地，对酉阵$\boldsymbol{U}$使用排列算符P（permutation），$\boldsymbol{U}\to P\boldsymbol{U}$，仍然能将厄米矩阵$\boldsymbol{H}$对角化，只是得到的对角矩阵$\boldsymbol{D}$的对角元被调换了顺序。这是说，就对角化厄米矩阵$\boldsymbol{H}$而言，酉阵$\boldsymbol{U}$被决定到尚余一个排列的自由度（up to permutation）。

4. Up to a Gauge Function

万有引力和电磁学后期都发展成了势理论（potential theory）。通过微分形式引入的势函数不是唯一的。考察真空中的麦克斯韦方程组*

$$\begin{aligned}
&\nabla\cdot\boldsymbol{B}=0\\
&\nabla\times\boldsymbol{E}+\partial\boldsymbol{B}/\partial t=0\\
&\nabla\cdot\boldsymbol{E}=\rho/\varepsilon_0\\
&\nabla\times\boldsymbol{B}-\mu_0\varepsilon_0\,\partial\boldsymbol{E}/\partial t=\mu_0\boldsymbol{j}
\end{aligned} \tag{4.37}$$

* 笔者愿意把麦克斯韦方程组写成这样。方程的写法最好1) 和数学一致；2) 和物理图像一致，这很重要。

由第一式$\nabla \cdot \boldsymbol{B}=0$，可以引入矢量势$\boldsymbol{A}$

$$\boldsymbol{B}=\nabla \times \boldsymbol{A} \tag{4.38a}$$

代入第二式，可以再引入标量势ϕ，有

$$\boldsymbol{E}=-\nabla \phi-\partial \boldsymbol{A} / \partial t \tag{4.38b}$$

其实可以把它们写到一起成四元数的形式(ϕ/c; $\boldsymbol{A}$)，那里才见标量和矢量的意义。作变换

$$\phi \rightarrow \phi^{\prime}=\phi-\partial \chi / \partial t \tag{4.39a}$$

$$\boldsymbol{A} \rightarrow \boldsymbol{A}^{\prime}=\boldsymbol{A}+\nabla \chi \tag{4.39b}$$

此变换保持动力学方程不变。χ被称为规范函数（gauge function）。这里的电磁势可以说是由电磁场($\boldsymbol{E}$, $\boldsymbol{B}$)决定到up to a gauge function。当福克（Влади́мир Алекса́ндрович Фок，1898—1974）1927年把电磁场的up to a gauge function，同量子力学波函数的up to a phase factor弄到一起，一门新的学问、物理学最基本的学问——规范场论，诞生了。

一个有趣的情形是bis auf das Vorzeichen, up to the sign，即决定到正负号。我们熟知的这种情形有$\sqrt{-1}=\pm \mathrm{i}$，可以理解为可将$\sqrt{-1}$表示为i，但是up to the sign。在物理公式中，把+i替换为−i应该不影响物理。此外，还有up to a unitary transformation、up to a Lebesgue null-set的说法，见下节。至于微分1形式的只能定义到乘以一个恒不为零的函数f（only up to multiplication by a function f which is never zero），太难，略过不提。

4.8 薛定谔算符的唯一性

本节介绍冯·诺伊曼（John von Neumann，1903—1957）关于薛定谔算符唯一性的证明[John von Neumann, Die Eindeutigkeit der Schrödingerschen Operatoren (薛定谔算符的唯一性), Mathematische Annalen, 1931, 104: 570-578]，内容较难，令人肃然起敬（图4.2）。读者如无心阅读，可随意浏览一遍，你只要能感觉到一般的量子力学教科书连量子力学的皮毛都未曾深入探讨过就行了*。阅读过第5章与unitarity相关的内容后再回过头来看，可能有助于对本节内容的理解。有意弄懂相关内容的朋友，请参阅《量子力学的数学基础》这类的书籍，包括冯·诺伊曼本人的著作在内，有多种版本。

Die Eindeutigkeit der Schrödingerschen Operatoren.

Von

J. v. Neumann in Berlin.

图4.2 《薛定谔算符的唯一性》，柏林的冯·诺伊曼供稿

冯·诺伊曼在量子力学建立问题上的贡献是独特的（unique），是他提出了希尔伯特空间的说法，而这可是量子力学表述所依赖的舞台。量子力学，如同经典力学，都可首先看作是数学物理的一个分支。不谈量子力学背后数学的量子力学教科书都是糊弄。但很不幸，1970年代以后很少有量子力学文献给予表述量子力学所依赖的数学以充分的关注，这方面温伯格、彭罗

* 想用教科书学会研究无异于缘木求鱼。不是说树上绝对没有鱼，而是树上的鱼可能比海里的鱼数量少、花样少，个头也不会很大。

斯是不多的例外。此处介绍冯·诺伊曼早期的关于薛定谔算符唯一性的工作，愚以为此是量子力学的数学基础中非常重要的，但似乎未见于笔者读过的不多的量子力学教科书。一般教科书提及算符非对易性——这可是量子力学被拿来瞎咋呼的核心问题——只是给出个关系式$qp - pq = \mathrm{i}\hbar$了事，甚至不介绍约当（Pascual Jordan，1902—1980）是如何由此得到$p_x = -\mathrm{i}\hbar\partial_x$的。引入括号$[q, p] = qp - pq$的记法。如果构型空间是多维的$R^n$，算符交换关系

$$[x_i, p_j] = \mathrm{i}\hbar\delta_{ij}$$

$$[x_i, x_j] = 0 \tag{4.40}$$

$$[p_i, p_j] = 0$$

称为抽象海森堡代数。量子力学建立初期的一个任务是为这些代数找到酉表示（unitary representation，见第5章），还要证明其唯一性。

冯·诺伊曼指出，P, Q是针对希尔伯特空间的厄米泛函算符，则通过对易关系

$$QP - PQ = \mathrm{i}\hbar\,\mathbf{1} \tag{4.41}$$

它们可以被唯一地确定到尚余一个希尔伯特空间上转动的程度，即还有一个酉变换U的自由度（bis auf eine unitäre Transformation eindeutig festgelegt）。但这还有一个前提，即P, Q要构成一个不可约的系统。

按照薛定谔理论对希尔伯特空间作为函数空间的诠释，交换关系(4.41)有一个特别简单的解系统（Lösungssytem）

$$Q: f(q) \to q f(q),\quad P: f(q) \to -\mathrm{i}\hbar\frac{\mathrm{d}}{\mathrm{d}q} f(q) \tag{4.42}$$

从这个式子可以看到本征态和非本征态问题，即状态函数$f(q)$是坐标算符Q

的本征函数，本征值为q。现在的问题是，它是唯一（不可约的）解吗？

请注意，如薛定谔的解所示，P, Q看似是无界的，也不是处处定义了的算符，当然$PQ-QP$也不是，可算符$-\mathrm{i}\hbar\,\boldsymbol{1}$总是的啊。欲使等式(4.41)成立，左侧的定义域必须说清楚*。

根据(4.42)，应有

$$Pf(Q)-f(Q)P=-\mathrm{i}\hbar f'(Q) \tag{4.43}$$

如果利用$f(x)=\mathrm{e}^{\mathrm{i}\beta x/\hbar}$形式的函数计算一下，上式意味着

$$\mathrm{e}^{-\mathrm{i}\beta Q/\hbar}P\mathrm{e}^{\mathrm{i}\beta Q/\hbar}=P+\beta\,\boldsymbol{1} \tag{4.44}$$

左侧是常见的相似变换。进一步地，这意味着

$$\mathrm{e}^{-\mathrm{i}\beta Q/\hbar}F(P)\mathrm{e}^{\mathrm{i}\beta Q/\hbar}=F(P+\beta\,\boldsymbol{1}) \tag{4.45}$$

由此可得

$$\mathrm{e}^{\mathrm{i}\alpha P/\hbar}\mathrm{e}^{\mathrm{i}\beta Q/\hbar}=\mathrm{e}^{\mathrm{i}\alpha\beta/\hbar}\,\mathrm{e}^{\mathrm{i}\beta Q/\hbar}\,\mathrm{e}^{\mathrm{i}\alpha P/\hbar} \tag{4.46}$$

式(4.46)是外尔1927年引入的 [Hermann Weyl, Quantenmechanik und Gruppentheorie, Zeitschriften für Physik, 1927, 46: 1-46]。这样做的好处是，对于用P, Q作为单参数的函数，可以定义酉函数$U(\alpha)=\mathrm{e}^{\mathrm{i}\alpha P/\hbar}$，$V(\beta)=\mathrm{e}^{\mathrm{i}\beta Q/\hbar}$，有

$$U(\alpha)U(\beta)=U(\alpha+\beta),\quad V(\alpha)V(\beta)=V(\alpha+\beta) \tag{4.47}$$

式(4.46)变为

$$U(\alpha)V(\beta)=\mathrm{e}^{\mathrm{i}\alpha\beta/\hbar}V(\beta)U(\alpha) \tag{4.48}$$

此外尔方程的两侧都是酉的（unitär）、有界的、处处定义了的，意义完全

* 一个等式$A=B$成立，取决于A, B的本性，等号有不同的意义。参阅拙著《物理学咬文嚼字》卷一。

清楚。此外尔方程是对量子力学基本对易式(4.41)的替代。用这里的函数 $U(\alpha)$, $V(\beta)$，则交换关系(4.42)的解为

$$U(\alpha): f(q) \to f(q+\alpha), \quad V(\beta): f(q) \to \mathrm{e}^{\mathrm{i}\beta q/\hbar} f(q) \tag{4.49}$$

笔者在此处看到的作用结果分别是平移和转动（乘上一个相因子），有物理了。

接下来冯·诺伊曼证明，外尔方程(4.48)的唯一的、不可约的解就是薛定谔的式(4.49)。所有的解都会给出，包括可约的情形。这里的可约与不可约都是指希尔伯特空间的性质。

考察用复函数实现的希尔伯特空间，其上复函数内积是有界的。考虑其上处处有定义的、有界的线性算符A，伴随算符（转置共轭算符）依如下定义

$$(Af, g) = (f, A^{*}g), \quad (f, Ag) = (A^{*}f, g) \tag{4.50}$$

进一步地，我们关切依赖于参数α的算符$A(\alpha)$。如果函数$(A(\alpha)f, g)$是勒贝格意义下有测度的，则称$A(\alpha)$对参数α的依赖是有测度的（meßbar）。$A(\alpha)$是有测度的，则$\alpha A(\alpha)$, $A^{*}(\alpha)$, $A(\alpha)+B(\beta)$以及$A(\alpha)B(\beta)$都是有测度的。

在接下来的讨论中，令$\hbar = 1$。有如下定理：

所有的$U(\alpha)$, $V(\beta)$算符，其是酉的，依有测度的方式依赖于参数α, β，如下关系成立

$$U(\alpha)U(\beta) = U(\alpha+\beta), \quad V(\alpha)V(\beta) = V(\alpha+\beta), \quad U(\alpha)V(\beta) = \mathrm{e}^{\mathrm{i}\alpha\beta}V(\beta)U(\alpha) \tag{4.51}$$

引入酉算符簇

$$S(\alpha, \beta) = \mathrm{e}^{-\mathrm{i}\alpha\beta/2}\, U(\alpha)V(\beta) = \mathrm{e}^{\mathrm{i}\alpha\beta/2}\, V(\beta)U(\alpha) \tag{4.52}$$

研究算符（簇）A，定义如下

$$(Af, g) = \iint a(\alpha, \beta)(S(\alpha, \beta)f, g)\mathrm{d}\alpha\mathrm{d}\beta \tag{4.53}$$

其中函数$a(\alpha, \beta)$称为A的核（Kern）。A^*对应的核为函数$\overline{a(-\alpha, -\beta)}$。若算符$A = 0$，则它的核$a(\alpha, \beta)$为0（bis auf eine Lebesguesche Nullmenge，直到一个勒贝格测度的0集）。$S(-u, -v)\ A\ S(u, v)$对应的核为$\mathrm{e}^{\mathrm{i}(\alpha v - \beta u)}\ a(\alpha, \beta)$，故有$S(-u, -v)\ A\ S(u, v) = 0$。

薛定谔算符的唯一性证明可从考察算符

$$A = \iint \mathrm{e}^{-\frac{1}{4}\alpha^2 - \frac{1}{4}\beta^2} S(\alpha, \beta)\ \mathrm{d}\alpha\mathrm{d}\beta \tag{4.54}$$

得到，即考察核$a(\alpha, \beta) = \mathrm{e}^{-\frac{1}{4}\alpha^2 - \frac{1}{4}\beta^2}$的情形。这是一个不为0的厄米算符，而$A\ S(u, v)A$同$A$只差一个常数。计算可得到$A\ S(u, v)A$的核为$2\pi\ \mathrm{e}^{-\frac{1}{4}u^2 - \frac{1}{4}v^2}\mathrm{e}^{-\frac{1}{4}\alpha^2 - \frac{1}{4}\beta^2}$，于是有关系

$$A\ S(u, v)A = 2\pi\ \mathrm{e}^{-\frac{1}{4}u^2 - \frac{1}{4}v^2}\ A \tag{4.55}$$

这里可以看到有

$$A\ A = 2\pi A \tag{4.56}$$

现在研究解方程

$$Af = 2\pi f \tag{4.57}$$

这就是此处研究的交换关系的形式。因为A是线性、有界的，解在希尔伯特空间上构成一个闭合线性流形M。记同M正交的闭合线性流形为R，R里的元素f通过同流形M中的元素（Ag）的正交性所表示，即总有$(f, Ag) = 0$，或者$(Af, g) = 0$，或者$Af = 0$。对于同属流形M的f, g，有

$$(S(\alpha, \beta)f,\ S(\gamma, \delta)g) = \mathrm{e}^{-\frac{1}{4}(\alpha-\gamma)^2 - \frac{1}{4}(\beta-\delta)^2 + \frac{\mathrm{i}}{2}(\alpha\delta - \beta\gamma)}\quad (f, g) \tag{4.58}$$

记$\varphi_1, \varphi_2, \cdots$为一正交归一系，在流形$M$中完全张开的

$$(S(\alpha, \beta)\varphi_m,\ S(\gamma, \delta)\varphi_n) = \mathrm{e}^{-\frac{1}{4}(\alpha-\gamma)^2-\frac{1}{4}(\beta-\delta)^2+\frac{\mathrm{i}}{2}(\alpha\delta-\beta\gamma)}\quad \delta_{n,m} \tag{4.59}$$

$S(\alpha, \beta)\varphi_n$所张的闭合线性（子）流形$B_n$是不变的。将$S(\alpha, \beta)\varphi_n$简记为$f_{\alpha,\beta}$，有

$$S(\gamma, \delta)\, f_{\alpha,\beta} = \mathrm{e}^{-\frac{\mathrm{i}}{2}(\alpha\delta-\beta\gamma)}\quad f_{\alpha+\gamma,\beta+\delta} \tag{4.60a}$$

$$(f_{\alpha,\beta},\ f_{\gamma,\delta}) = \mathrm{e}^{-\frac{1}{4}(\alpha-\gamma)^2-\frac{1}{4}(\beta-\delta)^2+\frac{\mathrm{i}}{2}(\alpha\delta-\beta\gamma)} \tag{4.60b}$$

线性簇（Linearaggregate）$f_{\alpha,\beta}$在（子）流形上处处是稠的。如果我们能证明任何两个这样的（子）流形，其上$S(\alpha, \beta)$和点$f_{\alpha,\beta}$有上述性质，是同构的，我们就达到目的了。则关于此前的变换$U(\alpha)$, $V(\beta)$问题，有如下论述：一个酉算符系统$U(\alpha)$, $V(\beta)$，连同张成整个希尔伯特空间的点$f_{\alpha,\beta}$系统，经如下性质可唯一地确定（直到一个未定的酉变换）：

$$U(\gamma)\, f_{\alpha,\beta} = \mathrm{e}^{\frac{\mathrm{i}}{2}\beta\gamma} f_{\alpha+\gamma,\beta},\quad V(\delta)\, f_{\alpha,\beta} = \mathrm{e}^{-\frac{\mathrm{i}}{2}\alpha\delta} f_{\alpha,\beta+\delta} \tag{4.61a}$$

$$(f_{\alpha,\beta}, f_{\gamma,\delta}) = \mathrm{e}^{-\frac{1}{4}(\alpha-\gamma)^2-\frac{1}{4}(\beta-\delta)^2+\frac{\mathrm{i}}{2}(\alpha\delta-\beta\gamma)} \tag{4.61b}$$

总结起来，一句话，就是关于量子力学基本对易式(4.41)一定要和希尔伯特空间以及其上的酉变换一起全面地理解。笔者斗胆说一句，跟约当和冯·诺伊曼关于$QP-PQ=\mathrm{i}\hbar\,\boldsymbol{1}$的工作相比，海森堡1927年基于$QP-PQ=\mathrm{i}\hbar\,\boldsymbol{1}$提出“不确定性原理”的工作就是一个小玩笑*。这个小玩笑被广为传颂和误解误用就是它是小玩笑的证据，它和薛定谔1935年《量子力学的现状》这篇严肃论文被演绎出又死又活的猫同出一辙。海森堡的从物理和数学方面的不确定性原理论证是漏洞百出的，但他人对数学漏洞的弥补也只有少数的学

* 数学太弱的如玻尔和海森堡都因哲学思考而被赞誉。海森堡不失为最优秀的物理学家，他后来还有很多成就，比如提出同位旋和交换作用，证明他是最优秀的物理学家。

者会关注 [见Max Jammer, The Philosophy of Quantum Mechanics, Wiley, 1974; 拙著《物理学咬文嚼字》卷二]。热衷于怪力乱神而不愿或者无力对待严肃学问，这就是科学研究、科学教育与科学传播中的冰冷事实。

4.9 不唯一的高境界——规范场论

问题的解具有唯一性，事情会很简单。失去了唯一性的问题显然变得复杂起来。但是，那种有讲究的、系统的唯一性丢失则意味着更深刻的内容。论起不唯一性中最独特的那个，当数规范场论，诚所谓gauge theory，it is the ne plus ultra of non-uniqueness。为什么这么说呢？因为恰恰是因为势函数不唯一，总是只确定到一个规范函数，最终导致了规范理论的出现。

势函数不是唯一的，可以由一个函数集合对应同样的场或者同样的物理过程。这些势函数集合可用一个规范变换相联系。就针对具体问题而言，规范的选择具有灵活性，表示简单、易解、能揭示出隐藏的物理是选择时的考量（关于电磁势有Lorenz规范*、Coulomb规范、Weyl规范、Dirac规范、Fock-Schwinger规范，等等）。就一般性而言，规范函数构成群，这是规范场论的威力来源。规范原理宣称，理论要有规范自由度。规范原理后来成了统一强－电磁－弱相互作用的基本原理。粒子物理标准模型的成功，让人们甚至猜测动力学可以唯一地被对称性所确定（uniquely determined by symmetries，参见Pierre Ramond，Group Theory: A Physicist’s Survey, Cambridge University Press, 2010）。你看看，跌跌撞撞一圈后，物理学还是

* 文献中经常会误写为Lorentz规范。Lorenz规范来自Ludvig Lorenz (1829—1891)，丹麦人，不要同洛伦兹变换中的荷兰物理学家Hendrik Antoon Lorentz (1853—1928)混淆。

忘不掉唯一性。引力未能同用规范原理统一了的强－电磁－弱相互作用天衣无缝地统一起来，并不是因为引力场不是规范场。恰恰相反，引力场是最古老的规范场。爱因斯坦在找寻引力场方程时，恰是因为没有考虑到规范不变性而在1913年耽搁了一段时间。他那时认为引力场方程

$$G_{\mu\nu}=kT_{\mu\nu} \tag{4.62}$$

其中$T_{\mu\nu}$是能量－动量张量（守恒量把$T_{\mu\nu}$的独立分量数减少为6个），应该唯一地（uniquely）决定时空度规。发现这行不通后，爱因斯坦得出结论：广义协变定律应该有限制。他没注意到的是度规张量的元素只能决定到规范变换（坐标变换），能量动量守恒不过是此一事实的表述。1916年，爱因斯坦修订了这个错误。有兴趣的读者请参阅相关专著。

多余的话

数学有近乎煽情的独特性（the tantalizing uniqueness），即通过先验理性追求真理，坚实地构筑不是什么关于世界之本性一类的经验发现就可以推翻的结论。

唯一性意味着简单性，这句话会误导人的。能证明一个问题的解的存在性与唯一性，并不表示可以清晰地给出解的表达。比如微分几何中平行移动的方程，尽管它是一阶常微分方程，其存在性和唯一性是有保障的，但也常常无法显式给出。

问题的对称性，意味着整个解集的对称性。如果问题的解具有唯一性，则意味着此解具有问题的对称性。举例来说，平面上一条直线

同另一条直线的夹角为θ，只有当夹角为$\theta = \pi/2$时，即当它们互相垂直时，它们对平面的划分才是对称的。垂直的构型具有唯一性，那是一个测度为零的存在。唯一性同对称性有关，对称意味着状态的简并（degeneracy）。

唯一性意味着确定性。一个存在，若其表示（表象）不是唯一的，但具有有限的可能性，该如何处理？其实质是如何在不同的化身中体现的，而各个化身的意义又如何判别？比如复数（二元数），其表示形式是多样的（拙著《云端脚下》列举七种之多，或许还有更多也未可知），至少所谓模与幅角的表示不是必然的、唯一的。幅角在量子力学中表现为波函数的相角。那么，基于相角的讨论还有物理实在吗？或者换个说法，如果模与幅角的表示中的幅角是有物理意义的，那其它表示也意味着什么物理实在吗？又比如，一般来说一个流形上两点之间的测地线可能不是唯一的（球面上的两点之间总有两条测地线），那我们如何能从有限多的测地线中迅速找出那条物理上的最短路径呢？这引出一个问题，对于很复杂的拉格朗日量表达，最小作用量原理导出的欧拉－拉格朗日方程，其解是唯一的吗？

我们关于世界有各自unique的感知，但我们通过交流达成共识（uniformal understanding），进而走入普适性规律支配的（governing by the universal laws）王国。对于物理模型对应的方程，解的唯一性常被归结于物理现实的唯一性。那么问题来了：自然本身真是唯一的吗？

地球上产生了会思考自然的人类。在人类当前能感知的范围内，没有发现其它地方有生命的存在。就此而言，我们的地球是unique的，地球上的我们是unique的。我们人类对自己的uniqueness（唯一性）似乎很不踏实，总是幻想着别的星球上会有人类，确切地说是类人生命。其实，如果别的地方存在类人生命，我们人类失去了唯一性会更加不踏实。那么，别的地方会有人类吗？我不知道。但是，就人类在具有高度多样性的地球生物中的uniqueness（独特性）而言，我倾向于认为即便别的地方有生命，它也没必要跟地球上的生命相似，更没有必要非得和咱们相似。

雅可比（Carl Gustav Jacob Jacobi，1804—1851）1830年在一封致勒让德（Adrien-Marie Legendre，1752—1833）的信中这样写道："... le but unique de la science, c'est l'honneur de l'esprit humain（……科学的唯一目的是人类精神的荣耀），这里所述的科学目的的唯一性应该能唤醒一些科学家的良知。

uniqueness总有那么点儿孤独的味道。孤独就孤独好了。一个对世界有独立思考的学者，或许都曾嘟哝过"I'm unique, I'm unitary"吧。

建议阅读

[1] John Gribbin. Alone in the Universe: Why Our Planet Is Unique. Wiley, 2011.

[2] V. V. Sychev. The Differential Equations of Thermodynamics. Mir Publishers, 1981.

[3] Ronald Shaw. Symmetry, Uniqueness, and the Coulomb Law of Force. American Journal of Physics, 1965, 33(4): 300-305.

[4] Par S. Alinhac. Non-Unicité du Probleme de Cauchy (柯西问题的非唯一性). Annals of Mathematics, Second Series, 1983, 117(1): 77-108.

[5] Norman Macrae. John von Neumann: The Scientific Genius Who Pioneered the Modern Computer, Game Theory, Nuclear Deterrence, and Much More. Plunkett Lake Press, 2019.

[6] Marshall Harvey Stone. Linear Transformations in Hilbert Space and Their Applications to Analysis. American Mathematical Society, 1932.

第5章 守一 Unitarity

运动是存在的形式，宇宙处于永恒的变动中。变换不变性是物理规律的精髓。时空的变换、参照框架的变化、坐标系的选择、表达方式的选择，都不会带来物理规律的改变，相应的数学操作应做到守一。unitarity关联着太多的基本概念。各种unitary概念，提供了理解物理学的特殊视角。

守一，抱一，酉性，酉变换，酉对称，酉表示，酉阵，酉群，希尔伯特空间，幺模矩阵，幺模群，赝酉，反酉，维格纳定理，酉等价原理

少则得，多则惑。……是以圣人抱一为天下式。

——[春秋]老子《道德经》

To which Dirac replied, “Is the matrix that carries you from past to future unitary?”*

5.1 unitarity是一种必然

西文科学文献中一个与1有关的具有特殊意义的词儿为unitary（unitär, unitaire），以及由其衍生的unitarity（酉性）、unitarian等。形容词unitary可理解为“与单位（1）有关的（of or relating to a unit）”，也可以理解为“具有一体性或者一致性特征的（characterized by unity or uniformity）”。或者，简单点儿，就把unitary当作“一个的”“内含1的”来理解即可。翻译数学、物理文献中的unitary成中文极为棘手，其中的微妙意思很容易弄丢，当前的做法是干脆用音译“酉”或者还同时用算是意译的“幺”来翻译，故有酉对称、酉变换、酉群、幺正群等说法。如果要在“酉”和“幺”这两个译法中做选择，我倾向于选择“幺”，因为它明确地告诉我这和“1”有关。骰子的一点、麻将牌的一条都称“幺”，你要不知道就算了。

先举两例unitary的用法，其中可非常直白地见到“一”的身影。受米（Gustav Mie，1868—1957）的早期工作（1912年）的影响，约当变得信奉a unitary view of nature，认为物质和辐射都要用波场描述：薛定谔方程描述

* 狄拉克答道：“把你从过去带到未来的矩阵是unitary的吗？”此句见于S. S. Schweber, QED and the Men Who Made It: Dyson, Feynman, Schwinger, and Tomonaga, Princeton University Press, 1994。

物质的波场，而麦克斯韦方程组描述电磁场。这里的a unitary view of nature，自然的一元论观点，就是认为物质和辐射，其实是在说电子和光，都是某种波场。1930年，狄拉克针对自己1928年给出的相对论量子力学方程，曾建议把带正电的质子看作电子海的空穴（hole）。空穴理论是关于物质的unitary theory，认为所有物质只由一类基本粒子组成，而不是由两类基本粒子——电子和质子——组成。显然，这里的unitary theory，可译为一元论。

unitary的用法中是很有一些微妙的。带unitary（unitär）的诸多表示，在其原文中好理解，但不好用汉语简单地表达。比如search for a unitary method，字面上是要找寻破解多种问题的单个方法。这可不是用一个方法凑合去对付不同的问题，而是这不同的问题本就共同享有与之匹配的一个方法。莱布尼茨（Gottfried Wilhelm Leibniz，1646—1716）撰有“A Unitary Principle of Optics, Catoptrics, and Dioptrics”一文。那么，什么是光学（optics）、反射光学（catoptrics）和折射光学（dioptrics）的unitary principle呢？这个共同遵循的原理就是光实际走的路径是最容易的那条，这就是所谓的费马原理，即光程最短。有了光程最短的unitary principle，它实际上是最小作用量原理的特例，射线光学的现象都可以一揽子得到理解。当然，最小作用量原理更厉害，凭借它可以让力学和光学实现unitarity。虽然会有几何光学、波动光学、几何力学和波动力学（即量子力学）的分剖，但它们都可由最小作用量原理这个unitary principle得到。

unitary和unified之间有细微的差别。比如，a unitary approach就和a unified approach略有不同。用a unitary approach表达，显得着手处理（approach）的对象本质上就是一体的，或者有唯一的源头，那么地自然；而a unified approach就有点儿硬性拼凑的味道。把强－电磁－弱三种相互作用统一起来，那是a unified approach的结果，而体现在几何代数（geometric algebra）*里的代数与几何的统一，就让我觉得那是a unitary approach的结果，自然而和谐。某一日，若我们的物理理论能给人以a unitary theory的印象，那就好啦。

物理学研究自然。运动是存在的形式。运动不引起内禀性质的改变，可将运动（方程）看作不变变换（invariance transformation）——我第一次看到这么表述运动的时候沉默了许久，怎么没人从一开始就告诉我呢？又或者作为观察者我们看事物的（广义的）视角多有不同，但它不应给物理问题的实质带来任何改变，这也可看作是不变变换。关注变换中的不变，至少对于关于自然现象的表示、表述而言，那是自然而然的要求。变动却保持不变，这操作相当于乘上个1，则变换是unitary的，相应的理论要体现出unitarity来。或许这同我国古代智慧中的“抱一”“守一”“合一”有相通之处。不变变换，那就是抱一之变、守一之变，这符合辩证法。

物理学随处可见的unitarity，还是一种对基于概率（幅）的理论限制，要求理论表述的概率之和为1。这是严格的算术意义上的1。在量子力学表述中，unitarity和解析性，如果是相对论性的量子理论还要再加上洛伦兹不变，这是非常强的约束。保持这种概率之和为1之特性的一些操作（operation, operator）及其表示，以及由此而来的衍生概念，都会加上unitary一词予以修饰。

* 不是代数几何，algebraic geometry。代数几何中应该也会表现出一体性来，笔者不懂，不敢妄言。

5.2 几点预备知识

5.2.1 运动必有转动

我们的物理世界是三维的，其中的点可以用一组三个实数来表征，此为点的空间坐标(x, y, z)。如果考虑运动、变化，我们还要引入时间t这个物理量，从而有了时空的概念，记为$(x, y, z; t)$。如果加入关于时空结构的内容，那得写成$(x, y, z; ct)$或者$(\mathrm{i}ct; x, y, z)$的形式。这里的水太深，请参阅物理巨擘们的相关专著，比如薛定谔的*Space-Time Structure*（时空结构）、彭罗斯的*The Road to Reality*（通向实在之路），等等。

不考虑动力学，我们谈谈运动。设想我们原来在点A，过一段时间挪到了B点，可用直线段AB表示位移（displacement）。如果再过一段时间我们挪到了C点，那就得用$AB + BC$来描述我们的位移（历史）。当然我们两次位移的效果等价于一次位移AC的效果，可记为

$$AB + BC = AC \tag{5.1}$$

这就是我们要学会的矢量加法。不要以为这个很简单。考察如下的算法

$$AB = B - A，AB + BC = AC，A \cdot BC = ABC \tag{5.2}$$

这里的A, B, C是点，AB, BC, AC是线段，ABC是三角形，这样的学问叫几何代数。这门学问的研究是最伟大的universalist莱布尼茨发起的、由数学家格拉斯曼构造的 [Hermann Grassmann, Ausdehnungslehre (扩展的学问), Otto Wigand, 1844]，一般的英文数学书里都没有这些内容。

上述谈到从A点移到B点、从B点移到C点时，有点儿粗枝大叶。从B点移到C点当然可以是沿着BC直线段运动，也可以是沿着一条曲折的路线进行的

$$AB + \overset{\frown}{BC} = AC \tag{5.3}$$

这里的$\widetilde{BC}$是以B, C为起始点的折线段或者光滑曲线段。沿直线段的运动，可以有加速度，也可以没有加速度（匀速直线运动的加速度为0）；而沿曲线段的运动则总存在加速度。曲线运动是常规，直线运动则是特例（在弯曲空间中，明白什么样的运动是直线运动都不容易）。沿曲线的运动总有加速度，加速度由时空曲线的曲率（张量）表征，懂得这个道理，可以直接学广义相对论啦。在物理学中，加速度是主角，曲率是主角，涨落是主角，一句话，二阶微分是主角。

考察物理空间里的位置移动，总可以把它分解成一个平移的（translational），加一个转动的（rotational）部分。一个原先从A点移到B点，又从B点移到C点的物体，第二步运动总可以分解为AB以A点为固定点转动到B点移到了B'点，然后从B'点再平移到C点（图5.1）。这个转动加上平动的表述，至少当位移是无穷小的时候是合理的。当然，刚才转动的那个锚点（anchoring point）可以是空间中的任意一个点。这里还有个小秘密，在转动时一般地我们要求$|AB| = |AB'|$，即转动保持A点到B点的空间距离不变，也可说是矢量AB的长度不变。如果转动过程中确实遭遇长度量度（scale）的改变，那就是另一个故事了（外尔1918年的规范场论即由此而起）。把转动这个操作记为R，绕A点把点B转动到点B'的操作就可以写成

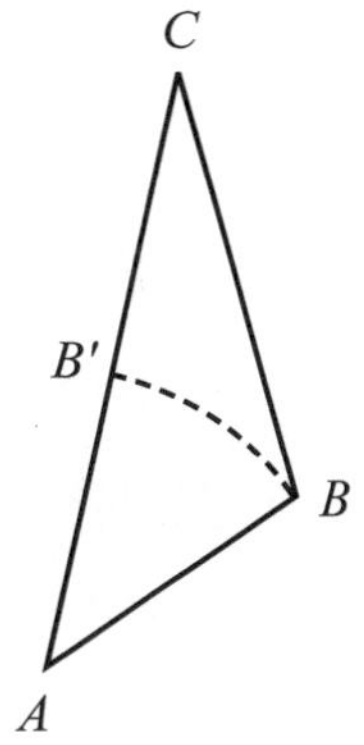

图5.1　运动之分解为转动加平动

$$AB' = R * AB \tag{5.4}$$

转动保持长度（距离）不变，$|AB| = |AB'|$，可以理解为

$$|R| = 1 \tag{5.5}$$

满足$|R| = 1$这样的变换叫unitary transformation，汉译酉变换，或者幺正变换

（这其实只对应det$R=1$的情形）。

平动和转动的关系，确切地说是无分界的、一体的，这可从下面的论述体会。考虑二维的转动加平动的变换

$$x'=x\cos\theta-y\sin\theta+u$$

$$y'=x\sin\theta+y\cos\theta+v \tag{5.6}$$

可改写为

$$\begin{pmatrix}x'\\y'\\1\end{pmatrix}=\begin{pmatrix}\cos\theta & -\sin\theta & u\\ \sin\theta & \cos\theta & v\\ 0 & 0 & 1\end{pmatrix}\begin{pmatrix}x\\y\\1\end{pmatrix} \tag{5.7}$$

你看，它就是标准的纯转动表示。当然，格拉斯曼早就告诉我们，转动终究不过是平动。将AB以A点为固定点转动，使得B点移动到了B'点，显然有

$$AB'=R*AB=AB+BB' \tag{5.8}$$

不要小瞧了这个把运动分解为转动加平动的操作的意义。在晶体学中，把位移分解为转动部分和平动部分

$$\boldsymbol{R}'=\boldsymbol{M}*\boldsymbol{R}+\boldsymbol{R}_0 \tag{5.9}$$

其中$\boldsymbol{M}$是表示转动的矩阵，且要求若在位置$\boldsymbol{r}$处有一个原子，则在

$$\boldsymbol{R}=\boldsymbol{r}+n_1\boldsymbol{a}_1+n_2\boldsymbol{a}_2+n_3\boldsymbol{a}_3 \tag{5.10}$$

其中n_1, n_2, n_3是整数，$\boldsymbol{a}_1, \boldsymbol{a}_2, \boldsymbol{a}_3$是三个不共面的单位矢量（unit vector），这样的位置上也必有同样的原子，我们会发现$(\boldsymbol{M}, \boldsymbol{R}_0)$只有230种可能的组合。也就是说，这世间的晶体只有230种对称性（空间群）。换作二维空间，则$(\boldsymbol{M}, \boldsymbol{R}_0)$只有17种可能的组合，这个知识各种从事平面设计的艺术家们不可不知。式(5.9)型的变换称为affine，汉语译为“仿射”*。

* 这是一个半音译半意译的案例。然而，affine相关的词汇，如名词形式的affinity，在不同学科中都有应用，它指有密切关系或者建立起密切关系。仿（映）射，这里的“射”字来自affine mapping里的mapping。汉译仿射，一点儿也不反映affine这个词要说的内容。学者不肯用心，贻害无穷。

运动可以分解为转动和平动，但转动终归还是平动。首先，不管怎样看似复杂的运动，其结果等价于一个可以用矢量表示的位移。往深层考虑，这指向运动所在的矢量空间的完备性（见下）。对于平面，存在$(x, y) \to re^{i\theta}$的映射，是否也暗示了平面中的转动最终不过是个平动？平面上点的位置用模和幅角的方式表示，更容易让人看到运动的转动一面。

顺便说一句，不要把平移（translation）混同于平行移动（parallel transport）。设想你肩扛一个竹竿，在两边被树围住的狭窄崎岖的山路上行走，如能保持竹竿始终与上一刻的取向平行，则就竹竿的移动来说那是平行移动（否则竹竿就和两边的树以及脚下的路磕碰了）。理解和学会描述一个矢量沿弯曲空间中的某条路径的平行移动，是学会广义相对论的关键。

5.2.2 矢量空间与线的代数

在我们的物理空间（三维平直空间、三维欧几里得空间）中，我们随意地基于常识就引入了点、线、面、体的概念。关于线段，我们发现线段可以乘上一个标量因子（比如把一根橡皮筋拉长到松弛状态的1.5倍），可以相加。有一个集合，如果$\boldsymbol{V}_1, \boldsymbol{V}_2$是其中的元素，则

$$\boldsymbol{V} = \alpha \boldsymbol{V}_1 + \beta \boldsymbol{V}_2 \tag{5.11}$$

其中α, β可为实数或者复数，也必然是其中的元素，这样的集合就构成了一个矢量空间（vector space），这样的元素就是vector，汉译矢量。vector来自动词vehere，是携带者的意思，现在已被各学科应用到很多不同的语境中，此处我们就按照几何矢量（geometric vector）的意义来理解它——它自身是个与线段类似的存在。在很多教科书里，会把矢量理解为既有大小又有方向的量（线段的形象），这有点儿着急。矢量不需要有大小（长度）和方向，为了让矢量有长度和方向，还要引入新的算法：内积。

第 5 章

给定矢量空间里的任意两个矢量$\boldsymbol{V}_1$, $\boldsymbol{V}_2$，可以定义它们的外积和内积。外积的结果指向以这两个矢量为边的平行四边形，这是个“面”的存在，且有取向，满足

$$\boldsymbol{V}_1 \wedge \boldsymbol{V}_2 = -\boldsymbol{V}_2 \wedge \boldsymbol{V}_1 \tag{5.12}$$

内积的结果指向一个数，这是个类“点”的存在，有

$$\boldsymbol{V}_1 \cdot \boldsymbol{V}_2 = \boldsymbol{V}_2 \cdot \boldsymbol{V}_1 \tag{5.13}$$

设若考虑的是n维空间里的矢量，$\boldsymbol{X} = (x_1, x_2, \cdots, x_n)$；$\boldsymbol{Y} = (y_1, y_2, \cdots, y_n)$，内积定义为

$$\boldsymbol{X} \cdot \boldsymbol{Y} = x_1y_1 + x_2y_2 + \cdots + x_ny_n \tag{5.14}$$

特别地，有

$$|\boldsymbol{X}| = \sqrt{\boldsymbol{X} \cdot \boldsymbol{X}} = \sqrt{x_1^2 + x_2^2 + \cdots + x_n^2} \tag{5.15a}$$

此为矢量长度的定义。有了内积的定义式(5.14)，定义

$$\boldsymbol{X} \cdot \boldsymbol{Y} = |\boldsymbol{X}||\boldsymbol{Y}| \cos\theta \tag{5.15b}$$

其中θ是两矢量之间的夹角。这样，矢量的（相对）取向才有了意义。

矢量空间里只有矢量。长度为零的矢量是长度为零的矢量，也不是点。类似地，面积为零的面矢量（二矢量）也不是矢量或者点。一个大小为0的对象也是具有特定性质的对象。

针对线构造的代数为线的代数（linear algebra）*，是莱布尼茨先意识到构造这种代数的必要的（参阅拙著《磅礴为一》），不知道他是不是在研究几何光学时得到的启发。由n个线性无关**，即外积不为0的矢量$\boldsymbol{v}_1, \boldsymbol{v}_2, \cdots, \boldsymbol{v}_n$，可以线性地构造出最多$n$个线性无关的矢量$\boldsymbol{u}_1, \boldsymbol{u}_2, \cdots, \boldsymbol{u}_n$

$$\boldsymbol{u}_j = a_{j1}\boldsymbol{v}_1 + a_{j2}\boldsymbol{v}_2 + \cdots + a_{jn}\boldsymbol{v}_n \tag{5.16}$$

* linear transformation保持line-to-line的结构。

** 把矢量的内积和外积分割开甚至不提外积概念的《线的代数》书，很难说清楚什么是线性相关与无关。因此，在这样的课本里，线性无关的证明就不见踪影了。

可以简记为

$$\boldsymbol{u}=\boldsymbol{M}\boldsymbol{v} \tag{5.17}$$

这个系数块$\boldsymbol{M}$

$$\boldsymbol{M}=\begin{pmatrix} a_{11} & \cdots & a_{1n} \\ \vdots & \ddots & \vdots \\ a_{m1} & \cdots & a_{mn} \end{pmatrix} \tag{5.18}$$

在1848年由西尔威斯特（James Joseph Sylvester，1814—1897）命名为matrix。matrix，是mother, matron, matter, material等词的拉丁语词源，意思是womb（子宫）。汉语将matrix依其形象译为矩阵。行数和列数相同的矩阵称为方阵。矩阵在研究线性方程组时就露出端倪了，n个变量的线性方程组，可以写成

$$\begin{pmatrix} a_{11} & \cdots & a_{1n} \\ \vdots & \ddots & \vdots \\ a_{n1} & \cdots & a_{nn} \end{pmatrix}\begin{pmatrix} x_1 \\ \vdots \\ x_n \end{pmatrix}=\begin{pmatrix} c_1 \\ \vdots \\ c_n \end{pmatrix} \tag{5.19}$$

的样子，其中的系数就构成了一个方阵。围绕矩阵这个对象，人们会发现很多深刻的数学，当然还有物理，比如1925年就诞生了量子力学的矩阵力学版。笔者觉得，所谓的“线的代数”，不妨看作是关于矩阵的数学。更多的物理情境下我们要面对从一个（抽象）矢量空间到另一个矢量空间的线性映射，也要用矩阵描述。

对于某些空间，比如物理空间，可以给其中的（曲）线赋予长度。点到点的距离依赖于所选择的连接两点的路径。若两点足够近，则有

$$\mathrm{d}s^2=g_{ij}\mathrm{d}x^i\mathrm{d}x^j \tag{5.20}$$

这里的矩阵g_{ij}，是关于空间如何度量的矩阵（metric matrix），反映了这空间的几何。有了距离定义的空间是度量空间（metric space）。对于我们熟悉的物理三维空间，$\mathrm{d}s^2=\mathrm{d}x^2+\mathrm{d}y^2+\mathrm{d}z^2$；对于3 + 1维时空，$\mathrm{d}s^2=(c\mathrm{d}t)^2-\mathrm{d}x^2-\mathrm{d}y^2-\mathrm{d}z^2$。

一个线段，挪个地方，换个取向，长度应该不变；或者对于空间，我们可以换个表示空间的方式，比如描述物理的三维空间就有笛卡尔坐标系、球坐标系、柱坐标系，等等*，线段的长度也应该不随之而变。线段的长度不变是基础的，往前多想一步，由三个线段围成的三角形应该和此前的要全等（congruence）。如果放松一点儿要求，长度可以变，但线段与线段之间的夹角保持不变，这样三角形和其前身的关系就是相似（conformal）形。笔者上中学时学的平面几何，题目中总有三角形的全等或者相似证明，却不知道从全等到相似，学问的深浅可说是天渊之别。从平面图形的相似性，到复变函数里的保角变换（conformal transformation），到关于麦克斯韦波动方程的conformal transformation，进而有量子场论的conformal field theory（共形场论），这里面的学问就大了。我瞎说哈，如果给初中生提一提相似性变换在数学、物理中的未来进展与应用，哪怕是在动画制作中的应用，恐怕三角形的相似证明就不会显得那么枯燥。

5.2.3 希尔伯特空间

希尔伯特空间（Hilbert space）是量子力学的基础概念，因德国数学大家David Hilbert（1862—1943）而得名。希尔伯特空间是将可用于欧几里得矢量空间的“线的代数”外加微积分推广运用到无穷维空间的结果。所谓的希尔伯特空间，是配备了内积算法从而有距离概念的矢量空间，而关于函数的内积，用到的是积分计算。希尔伯特空间是完备的度量空间（complete metric space）。希尔伯特本人在微分方程、傅里叶分析方面的工作开创了相关方向的研究，冯·诺伊曼是在1929年第一个公理化定义了抽象希尔伯特空

* 可以根据问题选择合适的坐标系，或者说问题本身就决定了空间的恰当坐标系。比如关于平面有椭圆－双曲线坐标系，那就对两中心问题比较合适。

间的人。对于冯·诺伊曼来说，这是一个复矢量空间，配备了厄米矢量内积，其范数（norm）是可分离的、完备的（corresponding norm being both separable and complete）。在量子力学的语境中，波函数是希尔伯特空间里的范数为1的复矢量。或者说，量子力学里的希尔伯特空间是模为1的矢量所构成的矢量空间。希尔伯特空间的概念是理解量子力学的基础。实际上，冯·诺伊曼就是顺应量子力学的发展需求才提出希尔伯特空间这个概念的。

希尔伯特空间典型地是无穷维的函数空间。量子力学中关注的是那种平方可积（square-integrable）的函数，函数的内积定义为

$$\langle\psi, \phi\rangle = \int \psi^{*}\phi\omega(x)\,\mathrm{d}x \tag{5.21}$$

其中的函数$\omega(x)$是此函数空间的测度（measure）。量子力学的玻恩诠释要求

$$\langle\psi, \psi\rangle = 1 \tag{5.22a}$$

或者直接写成

$$\int \psi^{*}\psi\,\mathrm{d}V = 1 \tag{5.22b}$$

这里有必要强调一下，积分(5.22b)在变换$\psi \rightarrow \mathrm{e}^{\mathrm{i}\theta}\psi$下不变。这是说，在量子力学中，物理状态由希尔伯特空间中的单位矢量表示，还要外加一个未确定的相因子。相因子是有结构的。

如同经典几何里那样，希尔伯特空间中的一个元素可以由相对于一组正交归一基的坐标**唯一地**表示（an element of a Hilbert space can be **uniquely** specified by its coordinates with respect to an orthonormal basis，in analogy with Cartesian coordinates in classical geometry）。欧几里得空间是希尔伯特空间的一个简单例子。

欧几里得空间有完备性（completeness）。如果一个粒子沿着一条折线运动一段距离后，粒子有完好定义的位移，也就是说以起始点所定义的矢量

都在空间中。数学上说，一个绝对收敛的矢量序列收敛于某个有限矢量（图5.2），即能找到某个矢量，当$N\to\infty$时，有$\|L-\sum_{i=0}^{N}x_i\|\to 0$。这个完备性性质其实反映的就是一个物理事实：在我们的物理空间里，转动就是平动。所谓的希尔伯特空间是这样的复的内积空间，其也是相对于由内积操作所诱导的距离函数的完备测度空间（complete metric space）。量子力学中的希尔伯特空间，其完备性可表示为

$$\sum_{k=1}|n\rangle\langle n|=I \tag{5.23}$$

这里的$|n\rangle$表示的是希尔伯特空间的正交归一基函数。这个单位算符作用到任意状态波函数上，得到该波函数关于基函数的线性展开。在量子力学中，波函数是关于某一组对易物理量的完备正交基构成的希尔伯特空间中的矢量，基矢量是物理量的本征态。任意状态的波函数是本征态波函数的线性叠加。这也是冯·诺伊曼关于量子测量原理的数学基础。数学是严谨的，但关于物理实在的物理模型未必是严谨的。我们用数学推导来谈论物理现实时，要牢记这一点。

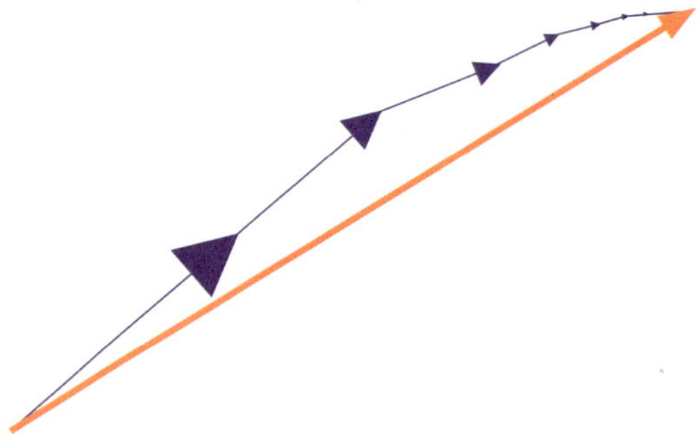

图5.2　空间的完备性：折线序列收敛于一个矢量

希尔伯特空间是矢量空间（vector space），抽象的“线的空间”的特例，这是一个元素可以相加以及同标量相乘的空间，元素未必一定有几何矢

量的意义。在1930年代，函数空间特别是量子力学所用到的那些函数空间，可以看作是线的空间。量子力学的波函数可以同标量相乘然后相加，结果依然是恰当的波函数，这是所谓的量子力学叠加原理 [John von Neumann, Mathematische Grundlagen der Quantenmechanik, Springer, 1932]*。我们会诱惑自己相信物理的粒子行为一定满足叠加原理。

量子力学中观测量的代数自然就是定义在希尔伯特空间上的算符的代数。这些算符有矩阵表示，量子力学有玻恩等人的矩阵力学形式也就可以理解了。冯・诺伊曼在1930年代研究了定义在希尔伯特空间上的算符的代数（环），称为冯・诺伊曼代数（von Neumann algebra）。冯・诺伊曼1929年构造了抽象希尔伯特空间（abstract Hilbert space），奠立了量子力学的数学基础。抽象希尔伯特空间提供了量子力学的最好数学描述之一。紧接着，维格纳（Eugene Wigner，1902—1995）和外尔将群论引入了量子力学。在量子力学中，群的作用对象是希尔伯特空间。量子力学系统的状态被描述为希尔伯特空间里的矢量，物理量对应作用在空间上的厄米算符，测量是到本征态（空间基）上的正交投影，对状态矢量的作用表现为酉算符（unitary operator）。量子力学对称性同酉算符的关系促进了群的酉表示理论（unitary representation theory），后者是1928年外尔发起的。

抽象矢量空间，特别是希尔伯特空间，其上的诸多内容，如变换、表示和对称性等，都会有个unitary作修饰词，这包括unitary operator, unitary matrix, unitary representation, unitary group等等，这些是本章的主角。对unitarity的认识，可以说是理解量子力学的窗口。

* 此即著名的《量子力学的数学基础》。有英译新版本Mathematical Foundations of Quantum Mechanics, Princeton University Press, 2018。

5.3 几个unitary概念

先介绍几个unitary修饰的概念。

5.3.1 酉矩阵（unitary matrix）

一个方矩阵$\boldsymbol{U}$，其共轭转置$\boldsymbol{U}^{+}$定义为

$$\boldsymbol{U}_{ij}^{+} = \boldsymbol{U}_{ji}^{*} \tag{5.24}$$

其中星号*表示对矩阵元取复共轭。如果方矩阵$\boldsymbol{U}$的共轭转置$\boldsymbol{U}^{+}$就是它的逆

$$\boldsymbol{U}^{+} = \boldsymbol{U}^{-1},\ \boldsymbol{U}^{+}\boldsymbol{U} = \boldsymbol{U}\boldsymbol{U}^{+} = \boldsymbol{U}^{-1}\boldsymbol{U} = \boldsymbol{I} \tag{5.25}$$

它就是酉阵。为什么呢？设想有矢量经由这个矩阵作变换，$\boldsymbol{a}' = \boldsymbol{U}\boldsymbol{a}$，则

$$\langle \boldsymbol{a}', \boldsymbol{a}' \rangle = \langle \boldsymbol{U}\boldsymbol{a}, \boldsymbol{U}\boldsymbol{a} \rangle = \langle \boldsymbol{a}, \boldsymbol{U}^{+}\boldsymbol{U}\boldsymbol{a} \rangle = \langle \boldsymbol{a}, \boldsymbol{a} \rangle \tag{5.26}$$

也就是矢量经变换后长度不变，矩阵$\boldsymbol{U}$的操作相当于乘上了个1。因为有性质

$$\det(\boldsymbol{U}^{+}) = \overline{\det(\boldsymbol{U})} \tag{5.27}$$

故对于酉阵，有

$$|\det(\boldsymbol{U})| = 1 \tag{5.28}$$

如果$\boldsymbol{U}^{+} = \boldsymbol{U}$，这样的矩阵称为厄米的（hermitian）或者自伴随的（self-adjoint）；如果$\boldsymbol{U}^{+} = -\boldsymbol{U}$，则称为反厄米的（skew-hermitian）。这两类矩阵在量子力学中有特别的意义。

量子力学中的物理量应该对应自伴随的算符。自伴随的算符用自伴随的矩阵表示，它的本征值全是实数，相应的本征矢量都是正交的，构成一个完备集。也就是说以本征矢量为基矢量的矢量空间构成了物理量的整个表示（表现）空间。算符、算符的表示空间、算符的可能取值，这些是一体的（unitary）。打个不恰当的比方，一个气质独特的人，他这个人就决定了他该穿什么样的服装以及借此会展现出什么样的气质。会（着）装的人一定要

学会抽象矢量空间以及表示论（representation theory）方面的学问。

5.3.2 酉变换（unitary transformation）

酉变换，即保内积的变换。设有一个从一内积空间到另一内积空间的变换

$$U: H_1 \to H_2 \tag{5.29}$$

有性质

$$(x, y)_{H_1} = (Ux, Uy)_{H_2} \tag{5.30}$$

则变换U是个酉变换。

如果空间H_1, H_2是同一个（希尔伯特）空间，则酉变换是空间的自同构，变换也可以称为酉算符*。一个空间的自同构对应的矩阵是方阵，酉算符对应一个酉矩阵。

如前所述，转动是一个在物理学中被推广了的概念。在量子力学中，状态被用波函数描述，而波函数ψ因为物理诠释被选定为一个模为1的复数。这样，对波函数的任意操作，$\psi' = R\psi$，因为操作结果ψ'的模也必须为1，则必然有$|R| = 1$，因此操作R必是酉变换。酉变换可看作是个纯转动。

5.3.3 酉群（unitary group）

同酉群捎带着一起介绍的还有酉表示、酉对称（unitary symmetry）等概念。

一个集合$G = \{g_i\}$，如果元素满足

1) 存在元素乘法，任意两个元素之间的乘积g_ig_j也是该集合的元素

2) 存在单位元，$g_ie = eg_i = g_i$

3) 对应任意元素，总存在逆元素，$g_ig_i^{-1} = e$

* 英译unitary operator中的operator，有算符、算子等不同译法，且时常不得不混用。operator的作用对象为operand。

4) 乘法满足结合律，$g_i(g_jg_k) = (g_ig_j)g_k$

这样的集合构成一个群。群元素的数目可以是有限的，也可以是无限多的。元素也可以是其它变量的连续函数。不同元素构成的群，是有复杂结构的。到目前为止，群元素还是个抽象的概念。如果抽象的群元素可以用矢量空间到自身的双射线性变换来表示，用大白话说就是和某矢量空间自同构的可逆矩阵有一一对应，且满足

$$M(g_i)M(g_j) = M(g_ig_j) \tag{5.31}$$

这就是群的一种表示。一个群可以有许多不同的表示。

考察任意的n维矢量空间V，针对其中的矢量可定义内积 $(\boldsymbol{x}, \boldsymbol{y}) = x_iy_i$，$i = 1, 2, \cdots, n$。针对矢量$\boldsymbol{x}$，可定义模或者长度$|\boldsymbol{x}|$，$|\boldsymbol{x}|^2 = x_ix_i$。让模$|\boldsymbol{x}|$不变的关于矢量$\boldsymbol{x}$的线性变换若满足$\boldsymbol{U}^*\boldsymbol{U} = \boldsymbol{U}\boldsymbol{U}^* = \boldsymbol{I}$，为酉变换。酉变换构成酉群，记为$U(n)$。$U(n)$群中的变换满足$|\det\boldsymbol{U}|^2 = 1$，即一般酉矩阵的矩阵值为模为1的复数。其中满足条件$\det\boldsymbol{U} = 1$的酉变换也构成群，英文称为special unitary group（特殊酉群），记为$SU(n)$。汉语文献中酉正变换（群）或者幺正变换（群）里的“正”字应该是来自$\det\boldsymbol{U} = +1$。也就是说special unitary group才是酉正群或者幺正群，unitary transformation和unitary group一般应该译成酉变换和酉群。中文应用中可能存在某些误解。

一个群$G = \{g\}$，其有表示$D = \{A(g)\}$，相应的矢量空间V为其表示空间。满足$(A(g)x, A(g)y) = (x, y)$ 的表示是unitary representation（酉表示）。在复希尔伯特空间上的线性表示π是酉表示，每一个群元素g对应一个酉算子（unitary operator）$\pi(g)$。用$n \times n$的酉矩阵表示的李群是酉群。这些内容对理解量子力学太重要了，有兴趣的读者请参阅Hermann Weyl的*Gruppentheorie und Quantenmechanik*（群论与量子力学，1928），以及George Mackey (1916—2006)的*The Mathematical Foundations of Quantum Mechanics* (W. A. Benjamin,

1963)、*Induced Representations of Groups and Quantum Mechanics* (W. A. Benjamin, 1968)、*The Theory of Unitary Group Representations* (University of Chicago Press, 1976)等书。

如果从矢量空间的一个基到另一个基有变换P，则这个变换会给群表示带来相似变换$A' = P^{-1}AP$。如果有一个表示空间的线性变换P，欲使其与群的所有不可约表示的变换都可交换，则只能是

$$P = \lambda I \tag{5.32}$$

这是关于群表示的不可约问题的舒尔引理。舒尔引理是个显而易见的结论，但如何使用这个显而易见才见功夫。群表示论是个至少对笔者来说特别有挑战性的领域，对物理和物理学家来说它又太重要了。

顺便提一句，不要把unitary matrix和幺模矩阵（unimodular matrix）弄混了。后者的矩阵值虽然也是1和－1，但是幺模矩阵的矩阵元都是整数。幺模矩阵有逆也为幺模矩阵，幺模矩阵可构成群，称为幺模群。

5.3.4 酉等价原理（principle of unitary equivalence）

量子力学是概率理论（a theory of probability）。按照量子力学的玻恩规则，$\rho = \psi^*\psi$是粒子出现在给定空间微元$\mathrm{d}V$中的概率密度，满足归一化条件

$$\int \psi^*\psi \, \mathrm{d}V = 1 \tag{5.33}$$

在变换$\psi \to \mathrm{e}^{\mathrm{i}\theta}\psi$下不变。这被说成波函数置于一个不定的相因子之下，一般初级量子力学教科书会把这个相因子说成是量子力学表述的冗余。相因子如果不是表述的冗余，而是看作量子观测量在其下不变的所有可能酉变换，则量子观测量可说成是阿贝尔李群的酉表示，观测量的每一个输出都对应一个不可约子表示。这个同量子观测量相联系的不变性可以表述为满足酉等价原理。

5.3.5 酉自旋（unitary spin）

电子有自旋量子数，夸克除了自旋以外，还有味（flavor）、色（color）。历史上，味曾被称为酉自旋，不知道是不是仿照同位旋（isotopic spin，缩写为isospin）造的词儿。isotopic spin是味对称性的前驱，它只是上夸克和下夸克之间的对称性。酉自旋估计是因为描述味对称性用的都是酉正群才得名的。

5.4 群$U(1)$, $SU(2)$, $SU(3)$的表示

关于转动，我们的理解是它不改变线的长度，则它对一个矢量的作用可以看作是酉矩阵。转动构成群，转动的表示是群表示的一种。如果不要求太严谨的话，不妨把转动与酉群看作是一回事儿。对于许多抽象空间的酉变换，也可以简单地理解为转动。表示转动可不是一件容易的事儿。我们关注3维空间以及更复杂的空间，比如3 + 1维时空里的转动表示。这中间会牵扯到很多复杂的数学。

5.4.1 $U(1)$群

考虑二维平直空间里的矢量$\boldsymbol{r}$，其绕原点转动θ后变为$\boldsymbol{r}'$，形式上可表示为$\boldsymbol{r}' = \boldsymbol{R}(\theta)\boldsymbol{r}$。换成在复数空间来考察这个问题。复数$z = x + \mathrm{i}y = r\cos\phi + \mathrm{i}r\sin\phi = r\mathrm{e}^{\mathrm{i}\phi}$，转动$\theta$后变为$z' = x' + \mathrm{i}y' = \mathrm{e}^{\mathrm{i}\theta} r\mathrm{e}^{\mathrm{i}\phi}$，容易算出

$$\begin{pmatrix} x' \\ y' \end{pmatrix} = \begin{bmatrix} \cos\theta & -\sin\theta \\ \sin\theta & \cos\theta \end{bmatrix} \begin{pmatrix} x \\ y \end{pmatrix} \tag{5.34}$$

这就是说，矩阵$\begin{bmatrix}\cos\theta & -\sin\theta \\ \sin\theta & \cos\theta\end{bmatrix}$提供了二维空间里的转动$\boldsymbol{R}(\theta)$的一个表示。

转动θ可以看作是以角速度ω经过时间t实现的，$\theta=\omega t$。用复数表示的矢量转动，有关系$z(t)=\mathrm{e}^{\mathrm{i}\omega t}\,z(0)$。对时间$t$微分，得$\dot{z}(t)=\mathrm{i}\omega\; z(t)$。用笛卡尔坐标表示，有

$$\begin{bmatrix}\dot{x}(t) \\ \dot{y}(t)\end{bmatrix}=\omega\begin{bmatrix}0 & -1 \\ 1 & 0\end{bmatrix}\begin{bmatrix}x(t) \\ y(t)\end{bmatrix} \tag{5.35}$$

由此得到的矩阵$\boldsymbol{D}=\begin{bmatrix}0 & -1 \\ 1 & 0\end{bmatrix}$被称为无穷小转动矩阵，易证

$$\boldsymbol{R}(\theta)=\mathrm{e}^{\boldsymbol{D}\omega t}=\begin{bmatrix}\cos\omega t & -\sin\omega t \\ \sin\omega t & \cos\omega t\end{bmatrix} \tag{5.36}$$

实际上，可以直接得到上述结果。记$\boldsymbol{r}(t)=A(t)\boldsymbol{r}(0)$，$X=\dot{A}(0)$，则有表示$A(t)=\mathrm{e}^{t\boldsymbol{X}}$。令$\boldsymbol{X}=\omega\boldsymbol{D}$，则有$A(t)=\boldsymbol{I}\cos\omega t+\boldsymbol{D}\sin\omega t=\begin{bmatrix}\cos\omega t & -\sin\omega t \\ \sin\omega t & \cos\omega t\end{bmatrix}$。

$U(1)$群由1×1酉矩阵构成，也就是由模为1的复数构成。如果$\boldsymbol{Q}$是厄米的，即若$\boldsymbol{Q}^*=\boldsymbol{Q}$，则算符$U(\alpha)=\mathrm{e}^{\mathrm{i}\alpha\boldsymbol{Q}}$必是酉的，有$U(\alpha)U^*(\alpha)=1$。这样的算符对应的单参数变换$U(\alpha)$，构成$U(1)$群。矩阵$\boldsymbol{M}(\theta)=\begin{bmatrix}\cos\theta & -\sin\theta \\ \sin\theta & \cos\theta\end{bmatrix}$，$\theta\in[0,2\pi]$，构成的群是$SO(2)$群。这是对实二维空间里转动的$2\times2$矩阵表示。此外，任意单位复数$\mathrm{e}^{\mathrm{i}\theta}$，依复数乘法，构成了复平面内转动的表示，称为圆群。$U(1)$群、圆群和$SO(2)$群是同构的，意思是它们讲述同样的物理故事。

5.4.2 *SU*(2)群

关于二维复矢量空间的变换群，有一般性表述

$$\boldsymbol{U} = a\boldsymbol{I} + \mathrm{i}(b\boldsymbol{S}_1 + c\boldsymbol{S}_2 + d\boldsymbol{S}_3) \tag{5.37}$$

其中

$$\boldsymbol{S}_1 = \begin{vmatrix} 0 & 1 \\ 1 & 0 \end{vmatrix},\ \boldsymbol{S}_2 = \begin{vmatrix} 0 & \mathrm{i} \\ -\mathrm{i} & 0 \end{vmatrix},\ \boldsymbol{S}_3 = \begin{vmatrix} 1 & 0 \\ 0 & -1 \end{vmatrix} \tag{5.38}$$

为泡利矩阵，而系数a, b, c, d为实数，满足$a^2 + b^2 + c^2 + d^2 = 1$。$SU(2)$群的生成元为

$$\boldsymbol{E}_1 = \frac{1}{2}\begin{vmatrix} 0 & \mathrm{i} \\ \mathrm{i} & 0 \end{vmatrix},\ \boldsymbol{E}_2 = \frac{1}{2}\begin{vmatrix} 0 & -1 \\ 1 & 0 \end{vmatrix},\ \boldsymbol{E}_3 = \frac{1}{2}\begin{vmatrix} \mathrm{i} & 0 \\ 0 & -\mathrm{i} \end{vmatrix} \tag{5.39}$$

即将泡利矩阵乘上$\frac{\mathrm{i}}{2}$，有对易关系

$$[\boldsymbol{E}_2, \boldsymbol{E}_3] = \boldsymbol{E}_1,\ [\boldsymbol{E}_3, \boldsymbol{E}_1] = \boldsymbol{E}_2,\ [\boldsymbol{E}_1, \boldsymbol{E}_2] = \boldsymbol{E}_3 \tag{5.40}$$

从群生成元到群表示，是用群元素对李代数元素$\boldsymbol{X} \in {}'SU(2)$作伴随变换（adjoint transformation）

$$Ad\,\boldsymbol{gX} = \boldsymbol{gXg}^{-1} \tag{5.41}$$

因为有

$$Ad\,\boldsymbol{g}_2\boldsymbol{g}_1\boldsymbol{X} = Ad\,\boldsymbol{g}_2\,Ad\,\boldsymbol{g}_1\boldsymbol{X} \tag{5.42}$$

所以$Ad\,\boldsymbol{gX}$构成了一个群G的表示。李群生成元的对易式是相应的李代数。对李代数的表示就是找到矩阵$\{A\}$，满足同样的对易关系

$$[\boldsymbol{A}_2, \boldsymbol{A}_3] = \boldsymbol{A}_1,\ [\boldsymbol{A}_3, \boldsymbol{A}_1] = \boldsymbol{A}_2,\ [\boldsymbol{A}_1, \boldsymbol{A}_2] = \boldsymbol{A}_3 \tag{5.43}$$

则$\boldsymbol{X} = a_1\boldsymbol{A}_1 + a_2\boldsymbol{A}_2 + a_3\boldsymbol{A}_3$就是李代数$'SU(2)$的表示的一个元素。那么，怎么找到这样的矩阵表示呢？相关内容超出本书范围，打住。

常见的三维空间转动群$R(3)$，是由角动量算符J_k，$k = 1, 2, 3$产生的，形式上与$SU(2)$相同。也因此，$SU(2)$得到了同位旋群（isotopic spin group）的别名。同位旋对称性可以看作是群$SU(2)$下的对称性，自然地会把这个概念

推广到$SU(3)$群。但是，到了更高的对称性，比如$SU(3)$群，就没有和空间转动的类比了。

5.4.3 *SU*(3)群

$SU(3)$群对于物理学家就有点儿天花板的味道了。一个关于$SU(3)$群表示的等式

$$\mathbf{8}=\mathbf{3}+\mathbf{5}+\mathbf{1} \tag{5.44}$$

足以让大部分人困惑不已。$SU(3)$有8个生成元，李代数相当复杂。拿$SU(3)$群做物理的，是盖尔曼（Murray Gell-Mann，1929—2019）那样的大家，他在1962年给出了8个生成元的3 × 3矩阵表示，阐述了重子与介子的对称性（symmetries of baryons and mesons）。盖尔曼矩阵为

$$\begin{aligned}
&\lambda_1=\begin{pmatrix}0&1&0\\1&0&0\\0&0&0\end{pmatrix};\ \lambda_2=\begin{pmatrix}0&-\mathrm{i}&0\\\mathrm{i}&0&0\\0&0&0\end{pmatrix};\ \lambda_3=\begin{pmatrix}1&0&0\\0&-1&0\\0&0&0\end{pmatrix};\\
&\lambda_4=\begin{pmatrix}0&0&1\\0&0&0\\1&0&0\end{pmatrix};\ \lambda_5=\begin{pmatrix}0&0&-\mathrm{i}\\0&0&0\\\mathrm{i}&0&0\end{pmatrix};\\
&\lambda_6=\begin{pmatrix}0&0&0\\0&0&1\\0&1&0\end{pmatrix};\ \lambda_7=\begin{pmatrix}0&0&0\\0&0&-\mathrm{i}\\0&\mathrm{i}&0\end{pmatrix};\ \lambda_8=\frac{1}{\sqrt{3}}\begin{pmatrix}1&0&0\\0&1&0\\0&0&-2\end{pmatrix}
\end{aligned} \tag{5.45}$$

这些生成元经指数函数的形式$\mathrm{e}^{\mathrm{i}\alpha^j\lambda_j}$（$\alpha^j$是8个实数）产生群表示的酉矩阵。依然能从中看出泡利矩阵的影子。结构啊，结构，结构和表示是unitary（合而为一、抱一）的。$SU(3)$群任意元素可以写成$\mathrm{e}^{\mathrm{i}\alpha^j\lambda_j}$的形式，其它等价的表示可以通过酉相似变换（unitary similarity transformation）得到，因为这样的变换保持对易式不变。

5.5 群$U(1)$, $SU(2)$, $SU(3)$的初级物理应用

群论提供了一种非常有效的描述自然的方法，它甚至是发展物理学的一种有效方法。特别地，量子力学的结构允许群论技术的广泛应用。对称性揭示联系，挖出系统的不变量。群论在物理学中的应用太广泛了。此处略述几个常见的例子，只可作入门景色之观。

5.5.1 $U(1)$群

从最简单的$U(1)$群开始。$U(1)$群是圆的群，可以用单位复数$e^{i\theta}$表示。关于李群G的规范场是这样的场A_μ（其在群的代数中取值，valued in the algebra of G），在局域规范变换$g(x)$下

$$A_\mu \to g^{-1} A_\mu g - \mathrm{i}\, g^{-1} \partial_\mu g \tag{5.46}$$

对于$U(1)$群，元素可表示为$g(x) = e^{i\alpha(x)}$，则有

$$A_\mu \to e^{-i\alpha} A_\mu e^{i\alpha} - \mathrm{i}\, e^{-i\alpha} \partial_\mu e^{i\alpha} = A_\mu + \partial_\mu \alpha \tag{5.47}$$

而这正是电磁势函数的规范变换。故有电磁场有$U(1)$规范对称性的说法。在量子电动力学中，自旋1/2的双旋量（bispinor）场记为ψ，其流的形式为

$$j^\mu = \psi^* \gamma^0 \gamma^\mu \psi \tag{5.48}$$

是守恒的$U(1)$流。

考察一个标量场$\phi(x)$，拉格朗日量密度为$L(\phi, \phi_\mu)$，规范不变性要求拉格朗日量密度在变换$\phi \to e^{i\alpha}\phi$下是不变的。对于无穷小α，有

$$\delta L = \mathrm{i}\alpha\left(\phi \frac{\partial L}{\partial \phi} + \phi_\mu \frac{\partial L}{\partial \phi_\mu}\right) + H.\,c. \tag{5.49}$$

变分条件$\delta L = 0$意味着

$$\partial_\mu j^\mu = 0 \tag{5.50}$$

其中

$$j^{\mu} = \mathrm{i}\left(\phi \frac{\partial L}{\partial \phi_{\mu}} - \phi^{*} \frac{\partial L}{\partial \phi_{\mu}^{*}}\right) \tag{5.51}$$

则有守恒量$Q = \int \mathrm{d}^{3}x\, j^{0}(x)$，容易验证$\dot{Q} = 0$。

对于狄拉克粒子，用旋量场$\Psi(x)$描述，其流为

$$j_{\mu} = \bar{\Psi}\gamma_{\mu}\Psi = \Psi^{*}\gamma_{0}\gamma_{\mu}\Psi \tag{5.52}$$

而表示守恒荷的厄米算符为

$$Q(t) = \int \mathrm{d}^{3}x\, \Psi^{*}\Psi \tag{5.53}$$

其可以看作无穷小规范变换的生成元。在无穷小参数α对应的规范变换下，任意算符作如下变换

$$O \rightarrow O - \mathrm{i}\alpha[Q, O] = U^{-1}(\alpha)OU(\alpha),\quad U(\alpha) \rightarrow 1 + \mathrm{i}\alpha Q \tag{5.54}$$

如果Q同哈密顿量H对易，则

$$\dot{Q} = \mathrm{i}\alpha[H, Q] = 0 \tag{5.55}$$

即Q为守恒量。在薛定谔图像*中，算符不变，状态变化，作$\phi \rightarrow \mathrm{e}^{\mathrm{i}\alpha Q}\phi$，因为$Q^{*} = Q$，故算符$U(\alpha) = \mathrm{e}^{\mathrm{i}\alpha Q}$是酉的。针对任意可加性量子数如电荷、重子数，都可以联系上一个不变群$U(1)$。

5.5.2 *SU*(2)群

SU(2)群和模为1的四元数依四元数乘法构成的群同构，故而和流形S^3微分同胚。四元数可以方便地用于描述物理空间的转动，请读者在阅读量子力学相关内容时注意。*SU*(2)群和旋量对称群之一的群*Spin*(3)同构，故而让转动的旋量表示成为可能。*SU*(2)用于描述电弱作用。李群*SU*(2)的李代数*su*(2)由迹为0的$n \times n$反厄米矩阵构成。以二维情形为例，迹为0的反厄米矩阵一般可写为

* 就是Schrödinger picture, das Schrödinger-Bild，汉译还有薛定谔绘景、图景等。

$$\begin{pmatrix} x_3 & -x_1+\mathrm{i}x_2 \\ x_1+\mathrm{i}x_2 & -x_3 \end{pmatrix} \tag{5.56}$$

可以为其选择三个基为式(5.39)，有对易关系式(5.40)，可以简记为$\boldsymbol{E}\times\boldsymbol{E}=\mathrm{i}\boldsymbol{E}$。

满足关系

$$\boldsymbol{J}\times\boldsymbol{J}=\mathrm{i}\boldsymbol{J} \tag{5.57}$$

的量$\boldsymbol{J}$可一概称为角动量。角动量是物理学最重要的概念之一，如何表示角动量，一些会数学的物理学家，也许是客串物理学家的数学家，为此花费了大量的精力。表示角动量从上述的生成元对易式开始。群$SU(2)$的李代数有角动量的对易式，它是描述角动量的绝佳选择。

换个基的选择，比如

$$\boldsymbol{A}_1=\frac{1}{2}\begin{pmatrix} 0 & \mathrm{i} \\ \mathrm{i} & 0 \end{pmatrix},\ \boldsymbol{A}_2=\frac{1}{2}\begin{pmatrix} 0 & -1 \\ 1 & 0 \end{pmatrix};\ \boldsymbol{A}_3=\frac{1}{2}\begin{pmatrix} \mathrm{i} & 0 \\ 0 & -\mathrm{i} \end{pmatrix} \tag{5.58}$$

则对易式为

$$[\boldsymbol{A}_2,\boldsymbol{A}_3]=\boldsymbol{A}_1,\ [\boldsymbol{A}_3,\boldsymbol{A}_1]=\boldsymbol{A}_2,\ [\boldsymbol{A}_1,\boldsymbol{A}_2]=\boldsymbol{A}_3 \tag{5.59}$$

对易关系是可观测的，是表示角动量的出发点。然而，对易式形式上是（循环）对称的，为其构造表示没有突破口。应该将其改造，得到不对称的形式，让突破口的选择变得容易。

引入如下一组新算符

$$\boldsymbol{B}_+=\frac{1}{2}\mathrm{i}(\boldsymbol{A}_1+\mathrm{i}\boldsymbol{A}_2),\ \boldsymbol{B}_-=\mathrm{i}(\boldsymbol{A}_1-\mathrm{i}\boldsymbol{A}_2);\ \boldsymbol{H}=\mathrm{i}\boldsymbol{A}_3 \tag{5.60}$$

对易关系变成了

$$[\boldsymbol{H},\boldsymbol{B}_+]=\boldsymbol{B}_+,\ [\boldsymbol{H},\boldsymbol{B}_-]=\boldsymbol{B}_-,\ [\boldsymbol{B}_+,\boldsymbol{B}_-]=\boldsymbol{H} \tag{5.61}$$

设$\boldsymbol{u}$是算符（矩阵）$\boldsymbol{H}$的关于本征值λ的本征矢量，$\boldsymbol{H}\boldsymbol{u}=\lambda\boldsymbol{u}$，这就有

$$\boldsymbol{H}\boldsymbol{B}_+\boldsymbol{u}=(\lambda+1)\boldsymbol{B}_+\boldsymbol{u},\ \boldsymbol{H}\boldsymbol{B}_-\boldsymbol{u}=(\lambda-1)\boldsymbol{B}_-\boldsymbol{u} \tag{5.62}$$

你看，这里有±1的事儿，是否让你想起原子物理里电子跃迁的选择定则以及光子的自旋为1？这角动量±1的事儿还是来自对易关系。愚以为说到底还是电子决定了光子的角动量1，或者电子的自旋和作为电磁场规范玻色子的光子的自旋，是一体的（unitary）。

设$\boldsymbol{u}_j$是实部最大的本征值j对应的$\boldsymbol{H}$的本征矢量（表示空间是有限维的），构造

$$\boldsymbol{B}_-\boldsymbol{u}_j = \boldsymbol{u}_{j-1}, \boldsymbol{B}_-\boldsymbol{u}_{j-1} = \boldsymbol{u}_{j-2}, \cdots \tag{5.63}$$

有

$$\boldsymbol{B}_-\boldsymbol{u}_m = \boldsymbol{u}_{m-1}, \boldsymbol{H}\boldsymbol{u}_m = m\boldsymbol{u}_{m-1}, m = j, j-1, \cdots \tag{5.64}$$

那么，m的下界在哪里呢？现在考察$\boldsymbol{B}_+\boldsymbol{u}_m = a_m\boldsymbol{u}_{m+1}$，其中$a_m$是个待定的因子。由$\boldsymbol{B}_+\boldsymbol{u}_{m-1} = a_{m-1}\boldsymbol{u}_m$和$[\boldsymbol{B}_+, \boldsymbol{B}_-] = \boldsymbol{H}$，可得迭代关系

$$a_{m-1} = a_m + m \tag{5.65}$$

注意$a_j = 0$（上位截止），故有

$$a_m = j + (j-1) + \cdots + (m+1) \tag{5.66}$$

可见$a_{-j-1} = 0$。也就是说$\boldsymbol{H}$的本征矢量只有$\boldsymbol{u}_j, \boldsymbol{u}_{j-1}, \cdots, \boldsymbol{u}_{-j}$这么多个。

那么，如何决定j呢？注意，李代数$su(2)$有Casimir（卡西米尔）算符

$$\boldsymbol{C} = -(\boldsymbol{A}_1^2 + \boldsymbol{A}_2^2 + \boldsymbol{A}_3^2) \tag{5.67}$$

其和各个生成元都对易，故它只能是$\alpha\boldsymbol{I}$。由于

$$\boldsymbol{C} = 2\boldsymbol{B}_-\boldsymbol{B}_+ + \boldsymbol{H} + \boldsymbol{H}^2,\ \boldsymbol{C}\,\boldsymbol{u}_m = \alpha\boldsymbol{u}_m \tag{5.68}$$

可由$\boldsymbol{u}_j$计算得

$$\boldsymbol{C}\,\boldsymbol{u}_m = j(j+1)\boldsymbol{u}_m \tag{5.69}$$

这是李代数的表示。在量子力学的课本里，一般会有如下的简单表述。角动量是西算符，构成群，有必要把角动量的不可约表示$\boldsymbol{D}_j$弄成西的。为角动量的表示选择表示空间的正交基$\psi(jm)$，角动量作用于这样的波函数上的结果是

$$
\begin{aligned}
&J_z\,\psi(jm)=m\,\psi(jm);\\
&J^2\,\psi(jm)=j(j+1)\,\psi(jm)\\
&J_\pm\,\psi(jm)=\sqrt{j(j+1)-m(m\pm 1)}\;\psi(jm\pm 1)
\end{aligned}
\tag{5.70}
$$

然后就是向原子物理的移植，有电子跃迁的选择定则，等等。如果认真先学会什么是转动，什么是转动的表示，也许学习原子物理和量子力学花费时间反而是少的。就算是没学透、学不会，至少你当时也不会困惑得怀疑人生。**鸡贼是最奢侈的任性。**注意，$\psi(jm)$是角动量表示的基，与物理的经典与量子之分无关。

1932年，海森堡提议中子和质子之间存在某种对称性，1936年经伯纳德·卡森（Bernard Cassen）* 和康顿（Edward Uhler Condon，1902—1974）发展成了同位旋的理论。引入算符

$$F_k=\frac{1}{2}\int \mathrm{d}^3x\,\bar{\Psi}\boldsymbol{\tau}_k\Psi,\ \ k=0,1,2,3 \tag{5.71}$$

其中矩阵$\boldsymbol{\tau}_k$为单位矩阵加上三个泡利矩阵。考察由四个算符F_k所产生的变换。对于无穷小变换，薛定谔图像

$$\phi\rightarrow\left(1+\mathrm{i}\sum\nolimits_{k=0}^{3}\epsilon_kF_k\right)\phi \tag{5.72}$$

其中ϵ_k是无穷小量。记$U(\epsilon_k)=1+\mathrm{i}\sum\nolimits_{k=0}^{3}\epsilon_kF_k$，对于场算符$\Psi_\alpha$，有

$$\Psi_\alpha\rightarrow U^{-1}(\epsilon_k)\Psi_\alpha U(\epsilon_k)=\Psi_\alpha-\mathrm{i}\epsilon_k[F_k,\Psi_\alpha]=\Psi_\alpha+\mathrm{i}\,\epsilon_k\left(\frac{1}{2}\boldsymbol{\tau}_k\right)_\alpha^\beta\Psi_\beta \tag{5.73}$$

也就是有酉变换

$$U_\alpha^\beta(\epsilon_k)=\mathrm{e}^{\mathrm{i}\,\epsilon_k\left(\frac{1}{2}\tau_k\right)_\alpha^\beta} \tag{5.74}$$

这样的变换构成$U(2)$群。取$\epsilon_1=\epsilon_2=0$，$U(2)$群退化为其子群$U(1)\otimes U(1)$。因为F_0和其它的F_k都是对易的，排除掉$F_0(\tau_0)$因子的变换构成$SU(2)$群，由此可

* 生卒年不详。

见$U(2)=U(1)\otimes SU(2)$。

顺便说一句，保二次型$x_1^2+x_2^2+x_3^2-x_4^2$不变的线性变换构成洛伦兹群。洛伦兹群有6个生成元

$$\boldsymbol{E}_1=\frac{\mathrm{i}}{2}\begin{vmatrix}0 & 1\\ 1 & 0\end{vmatrix},\ \boldsymbol{E}_2=\frac{\mathrm{i}}{2}\begin{vmatrix}0 & \mathrm{i}\\ -\mathrm{i} & 0\end{vmatrix},\ \boldsymbol{E}_3=\frac{\mathrm{i}}{2}\begin{vmatrix}1 & 0\\ 0 & -1\end{vmatrix};$$

$$\boldsymbol{E}_4=\frac{1}{2}\begin{vmatrix}0 & 1\\ 1 & 0\end{vmatrix},\ \boldsymbol{E}_5=\frac{1}{2}\begin{vmatrix}0 & -\mathrm{i}\\ \mathrm{i} & 0\end{vmatrix},\ \boldsymbol{E}_6=\frac{1}{2}\begin{vmatrix}1 & 0\\ 0 & -1\end{vmatrix} \tag{5.75}$$

其中可见关系$\boldsymbol{E}_4=-\mathrm{i}\boldsymbol{E}_1$，$\boldsymbol{E}_5=\mathrm{i}\boldsymbol{E}_2$，$\boldsymbol{E}_6=-\mathrm{i}\boldsymbol{E}_3$。洛伦兹群是狭义相对论的内核。

$U(2)$群可以描述三维物理空间的转动。一个三维空间的点，可以映射为一个迹为0的厄米矩阵（traceless Hermitian matrix）$\boldsymbol{H}$

$$\boldsymbol{H}(x)=\begin{pmatrix}x_3 & x_1-\mathrm{i}x_2\\ x_1+\mathrm{i}x_2 & -x_3\end{pmatrix} \tag{5.76}$$

乃是以泡利矩阵为基的三维线性空间的一个点。迹为0的厄米矩阵经酉相似变换映射到迹为0的厄米矩阵

$$\boldsymbol{U}\begin{pmatrix}x_3 & x_1-\mathrm{i}x_2\\ x_1+\mathrm{i}x_2 & -x_3\end{pmatrix}\boldsymbol{U}^+=\begin{pmatrix}x_3' & x_1'-\mathrm{i}x_2'\\ x_1'+\mathrm{i}x_2' & -x_3'\end{pmatrix} \tag{5.77}$$

可以显式写出来

$$x_i'=R_{ij}(\boldsymbol{U})x_j;\ R_{ij}(\boldsymbol{U})=\frac{1}{2}\mathrm{Tr}(\boldsymbol{\sigma}_i\,\boldsymbol{U}\,\boldsymbol{\sigma}_j\,\boldsymbol{U}^+)$$

$$\boldsymbol{U}(R)=\begin{pmatrix}\alpha_0-\mathrm{i}\alpha_3 & -\mathrm{i}\alpha_1-\alpha_2\\ -\mathrm{i}\alpha_1+\alpha_2 & \alpha_0+\mathrm{i}\alpha_3\end{pmatrix}=\alpha_0\boldsymbol{\sigma}_0-\mathrm{i}\boldsymbol{\alpha}\cdot\boldsymbol{\sigma} \tag{5.78}$$

每一个转动$R\in SO(3,\mathbf{R})$有两个上述变换的解$\boldsymbol{U}(R)$和$\boldsymbol{U}(-R)$。这里的$\boldsymbol{\sigma}_0$是2×2单位矩阵，$(\boldsymbol{\sigma}_0,\boldsymbol{\sigma})$是笛卡尔4-空间的基。你是不是在这里又看到了四元

数？模为1的四元数是描述三维物理空间转动的工具，它本就是因此被发现的。实际上，对称群$SU(2)$可以用于统一（unify）参照框架转动$R \in SO(3, \mathbf{R})$对于$\mathbf{R}^3$空间中的点以及（用于描述自旋的）内禀自由度的点的作用。

用四元数表示转动可方便地用于表述量子力学，参见J. J. Sakurai的Modern Quantum Mechanics, Cambridge University Press, 2020。

5.5.3 *SU*(3)群

SU(3)是8维简单李群。*SU*(3)群用来描述强相互作用的对称性，是强相互作用的规范群。*SU*(3)群表示的8维矢量空间，是盖尔曼想到自旋1/2的重子归类方案，即所谓八正道（eightfold way）的灵感来源（图5.3）。

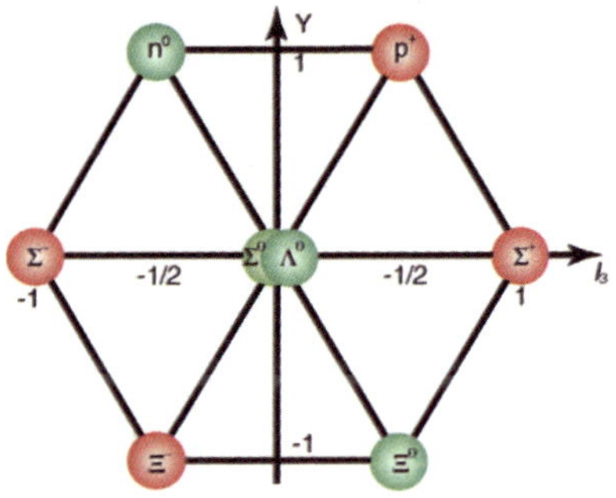

图5.3　eightfold way：盖尔曼的自旋1/2重子归类方案

物理图像的统一是物理学家持之以恒的追求，虽然为了简单常常因此把事情给弄复杂了。群论提供了统一物理图像的突破口和工具。当前还算比较成功的粒子物理标准模型可以简单地记为$SU(3) \times SU(2) \times U(1)$，见第6章“统一Unification”。

5.6 统一场论

从广义相对论出现伊始，就有构造新理论的尝试，其中引力同其它相互作用扮演同样的角色，即所有的场都付于几何诠释（geometric interpretation），其最终目的是各种场的统一。这样的理论被冠以unitary field theory或者unified field theory的名称，汉译统一场论。英文unified field theory，“统一了的”场的理论，是不是有点儿急躁了些？即便是看似带来了一些进展的标准模型，也多有可訾议处。至少，它处于未完成的状态。相较于unitary field theory，以及相应法语的la théorie unitaire du champ和德语的einheitliche Feldtheorie，unified field theory的说法显得粗鄙、粗糙、生硬了些，还带来误解。unitary field theory的说法，更多地是强调该理论应有的一种内在特质。随着物理理论的研究进展，“统一（unification）”的具体含义也经历了微妙的变化。

试图通过追寻各种自然现象背后的unifying principles，从而达成对自然的一致而自洽的理解，此乃unitary field theories背后的动力。早先，物理事实缺乏，不足以给出指向性的知识，探求unitary field theories的努力主要是受几何观念、概念（geometric notions）的刺激。卡当（Élie Cartan，1869—1951）把绝对平行性同统一场论相提并论 [Élie Cartan, Le parallélisme absolu et la théorie unitaire du champ, Hermann, 1932]，更是需要从几何观念的角度去理解。如今量子力学和粒子物理找到的统一方向，是外尔带来的规范场论。

5.7 别样的unitarity

除了unitary的，相关的还有赝酉的（pseudo-unitary）、反酉的（antiunitary），当然还有非酉的（non-unitary）标签。这些都是庞加莱群表示的特征标签（图5.4），可见其中知识的丰富。庞加莱群是时空的对称群，可惜我们学物理的普通人也很难学会用庞加莱群的视角来看待时空。

	Little groups	Orbit completion	Overall transformation
Massive particles:			
Dirac particles	Unitary	Pseudo-unitary*	Pseudo-unitary*
Vector mesons	Unitary	Non-unitary	Non-unitary
Cov. Harmonic Oscillators	Unitary	Unitary	Unitary
Massless particles:			
Neutrinos	Unitary	Non-unitary	Non-unitary
Photons: A_μ	Non-unitary	Non-unitary	Non-unitary
		Unitary up to gauge transformation	
Photons: A_μ with helicity gauge	Unitary	Unitary	Unitary
Photons: electric and magnetic fields	Unitary	Non-unitary	Non-unitary

图5.4　相对论粒子的庞加莱群表示，取自Y. S. Kim, Marilyn E. Noz, Theory and Applications of the Poincaré Group, D. Reidel Publishing Company, 1986一书表7.1

一个$(n+m)\times(n+m)$的复方阵$\boldsymbol{U}(n, m)$，满足

$$\boldsymbol{U}^+\begin{pmatrix}\boldsymbol{I}_n & 0\\ 0 & -\boldsymbol{I}_m\end{pmatrix}\boldsymbol{U}=\begin{pmatrix}\boldsymbol{I}_n & 0\\ 0 & -\boldsymbol{I}_m\end{pmatrix} \tag{5.79}$$

其中$\boldsymbol{I}$是单位矩阵，是赝酉的。这样的矩阵$\boldsymbol{U}(n, m)$用到$n+m$维矢量空间上，会保持量$|x_1|^2+\cdots+|x_n|^2-|y_1|^2-\cdots-|y_m|^2$不变。用于狄拉克旋量（Dirac spinors）的变换矩阵就属于赝酉表示，因为狄拉克方程是相对论性的。可将pseudo-unitary matrix转换成酉阵，那样研究起来简单。由赝酉矩阵表示的群是赝酉群。对应赝酉矩阵的是赝酉算符（pseudo-unitary operator），有赝酉

量子动力学（pseudo-unitary quantum dynamics），此处不论。

反酉变换（antiunitary transformation）见于维格纳定理。维格纳是因发现和应用基本对称原理而名垂青史的数学物理学家。维格纳定理表明，保内积绝对值的任何射线空间（ray space）变换，都可以表示为希尔伯特空间酉的或者反酉的变换，该变换，若不论相因子，是唯一的（unique up to a phase factor）。反酉变换指的是，若U: $V_1 \rightarrow V_2$是两个希尔伯特空间的映射，有

$$(U\boldsymbol{x}, U\boldsymbol{y}) = \overline{(\boldsymbol{x}, \boldsymbol{y})} \tag{5.80}$$

其中$\boldsymbol{x}, \boldsymbol{y}$分别是$V_1$, V_2空间中的矢量。若V_1, V_2是同一个希尔伯特空间，U可称为反酉算符（antiunitary operator）。反酉算符可以用来表示时间反演对称性。显然，若量子力学只要求不变变换

$$|(U\boldsymbol{x}, U\boldsymbol{y})| = |(\boldsymbol{x}, \boldsymbol{y})| \tag{5.81}$$

则U既可以是unitary的，也可以是antiunitary的。

多余的话

世界是变化的、运动的，物理在努力找寻其中的规律。时空的变换、参照框架的变化、坐标系的选择、表达方式的选择，都不会带来物理规律的改变，则相应的数学操作都应该为unitary的。经由unitary operators（酉算符、守一的操作）所表现的unitarity算是把变换不变性、不变的变分原理等思想表现得隐晦、深刻而又淋漓尽致。与unitary相关的数学概念，学物理的人一定要多下功夫。说酉群是研究理论物理的敲门砖，恐不为过。

第5章

用unitary修饰的数学、物理概念太多，此处只捡较为人们熟知的几个略做介绍。更多的带unitary的概念，笔者无力逐一阐述，故请读者参照具体的语境认真领会。举一例，规范理论中有酉规范（unitary gauge），这是一种特殊的规范选择，允许自发对称破缺。

关于酉阵、厄米阵及其同量子力学的关系，不妨多啰唆几句。酉阵满足$\boldsymbol{U}^* = \boldsymbol{U}^{-1}$，而厄米矩阵满足$\boldsymbol{H}^* = \boldsymbol{H}$，所以有$\boldsymbol{U} = \mathrm{e}^{-\mathrm{i}\boldsymbol{H}}$必为酉阵。酉阵的本征值模为1（unit modulus），可作为转动的变换；而厄米矩阵的本征值为实数，可作为物理量算符。哈密顿量算符$\hat{H}$是厄米的，则$\boldsymbol{U} = \mathrm{e}^{-\mathrm{i}\boldsymbol{H}t/\hbar}$可当作描述动力学过程的传播子，去描述酉演化（unitary evolution）。酉阵和厄米矩阵都满足对易条件

$$\boldsymbol{M}\boldsymbol{M}^* = \boldsymbol{M}^*\boldsymbol{M} \tag{5.82}$$

故而它们都可以对角化，即可找到酉阵$\boldsymbol{S}$，使得$\boldsymbol{SHS}^{-1}$、$\boldsymbol{SUS}^{-1}$是对角化的。这些内容简直就是为量子力学准备的。或者说，量子力学就是根据这些数学知识编造的传说，它为我们带来的新知是其正确性的证据之一。物理的直觉与数学基础在这个过程中各自扮演的角色，是笔者一直在试图思考明白的问题。这也带来了一个问题，最近比较热的研究是使用非厄米的哈密顿算符，相应的$\boldsymbol{U} = \mathrm{e}^{-\mathrm{i}\boldsymbol{H}t/\hbar}$不可作为描述动力学过程的传播子。那会演绎出什么样的量子力学传说呢？期待着。

建议阅读

[1] J. M. Charap, R. B. Jones, P. G. Williams. Unitary Symmetry. Reports on Progress in Physics, 1967, 30: 227-283.

[2] J. F. Cornwell. Group Theory in Physics: An Introduction. Academic Press, 1997.

[3] Peter Szekeres. A Course in Modern Mathematical Physics: Groups, Hilbert Space and Differential Geometry. Cambridge University Press, 2004.

[4] William J. Thompson. Angular Momentum: An Illustrated Guide to Rotational Symmetries for Physical Systems. Wiley-VCH, 1994.

[5] Simon L. Altmann. Rotations, Quaternions, and Double Groups. Oxford University Press, 1986.

[6] Jean-Marie Normand. A Lie Group, Rotations in Quantum Mechanics. Elsevier Science Ltd., 1981.

[7] K. N. Srinivasa Rao. The Rotation and Lorentz Groups and Their Representations for Physicists. Wiley, 1988.

[8] Francis D. Murnaghan. The Unitary and Rotation Groups. Spartan Books, 1966.

[9] P. Franklin. The Meaning of Rotation in the Special Theory of Relativity. Proceedings of the National Academy of Sciences, 1922, 8(9): 265-268.

[10] Louis Auslander, Calvin C. Moore. Unitary Representations of Solvable Lie Groups. American Mathematical Society, 1966.

[11] P. G. Bergmann. Unitary Field Theories. Physics Today, 1979, 32(3): 44-51.

[12] R. J. Finkelstein. On the Quantization of a Unitary Field Theory. Phys. Rev., 1949, 75: 1079-1087.

[13] Ali Mostafazadeh. Pseudo-Unitary Operators and Pseudo-Unitary Quantum Dynamics. J. Math. Phys., 2004, 45: 932-946.

[14] Susumu Okubo, Jacob Kuriyan, Joseph Schechter. Lectures on Unitary Symmetry. University of Rochester, 2006.

[15] P. A. Carruthers. Introduction to Unitary Symmetry. Interscience Publishers, 1966.

[16] Tianyu Cao. Conceptual Developments of 20th Century Field Theories. Cambridge University Press, 1998.

[17] Vladimir P. Vizgin. Unified Field Theories in the First Third of the 20th Century. Birkhäuser, 1994.

第6章　统一 Unification

自然一体性的信仰让人们相信关于自然的知识是一个有机的整体，对知识统一的追求是一贯的。物理学有幸见证了天上世界与地上世界的统一、电－磁－光的统一、电磁－弱相互作用的统一，以及标准模型的构建。统一的努力带来了知识的系统性，还让人见识到自然最深处的奥妙。统一引力与电磁学的努力至今未见成功，爱因斯坦为此探索了30余年，其间引入的许多理论物理研究方法却留下了深刻的影响。

天上世界（月上世界），地上世界（月下世界），天体，以太，物质与形式，电－磁－光的统一，麦克斯韦方程组，引力与电磁学的统一，五维空间，弱电统一，标准模型，大统一理论，终极理论

Mathematics compares the most diverse phenomena and discovers the secret analogies that unite them.

— Joseph Fourier*

6.1 统一的愿望

为了生存，人类必须了解我们存在于其间的自然，于是有一些人自发地琢磨自然的奥秘。自发产生的知识在很长的阶段里它会显得零碎。某一日，有人看到了碎片间的联系，便有了统一的曙光。统一的过程，几乎是科学发展到一定程度后必然会发生的过程。地上与天界物质构成的统一，地面与天上力学规律的统一，电与磁与光的统一，电磁与强、弱相互作用的统一，每一步统一都带来对世界更深刻、更广泛的理解。统一了的学问带来更多拓展的可能性。再后来，有人从公理出发去演绎学问，更见一个统一的知识体系的威力。

把各种科学领域统一在一个自洽的理论之下，既不是不可能的努力也不是什么圣杯。自打有历史之日算起，科学家、哲人、圣人们就一直本能地用整体观追求知识，顽固地相信普适性（universality）和相互联系。知识就不可能也不应该是碎片化的。

统一，不是简单地把分立存在的事物随便拉到一起，或者是形式上地组合（combine）一下。统一的方式可以从下层基础或者上层建筑着手。统一狭义相对论和量子力学，要统一其概念和用到的算术（to unify the concepts and algorithms）。你会发现量子力学和狭义相对论的数学基础是群（庞加莱

* 数学比较纷乱的现象，发现能将它们统一起来的隐秘的类比。——约瑟夫・傅里叶

群、洛伦兹群），那就可从群表示的角度着手。或者如统一不同的基本相互作用那样，发现它们都是规范理论。规范原理也许可看作是相互作用的上层建筑，描述相互作用的理论要有规范自由度。

统一也不是为了把不同的事物简单地放到一起。统一是为了达成更高级的层次或者境界。希尔伯特著有“Die Theorie der algebraischen Zahlkörper（代数数理论）”，那是他关于代数数的不朽篇章。外尔评价道：“希尔伯特所成就的，远超我们从Vereinigung（统一）一词所能期待的（what Hilbert accomplished is infinitely more than the **Vereinigung** could have expected）。”因统一而深化、扩展以至于带来意想不到的新生事物才是统一的意义所在。

统一是个循序渐进的过程，也是个有突兀跃变的过程。它期待有宏观眼界和突破能力的巨擘的出现。

6.2 地上与天上的统一

6.2.1 天地二分法

在中文中，宇宙的概念可追溯到战国时期，“上下四方曰宇，往古来今曰宙”（语出《尸子》）。英语的“宇宙”一词，universe，字面意思是“全体、一切存在”的意思。这个从德语的“宇宙”一词（das All）字面上来看更是一目了然。把这世间万物看作一体，纳入一个统一的“宇宙”一词，是人类认识之了不起的进步。

中国的神话认为起初天地浑然一体，盘古开天辟地。虽说阳清为天，阴浊为地，但后来并没有发展出对天上与地上之物质的分剖，或者两处自然规律的有所区别或者同一的问题。地球，确切地说是咱们自己的脚下，是人类观察世界的天然参照点。在西方，上、下的区分带来了把世界分成天上和地上*（celestial vs. terrestrial）两个部分的二分法。抬眼向天，离我们最近的物体是月亮，这也是个很友好的参照点，故西方思想史上又有月亮之下的世界（sublunar world）和月亮之上的世界（superlunar world）的两分法 [Lawrence M. Principe, The Scientific Revolution: A Very Short Introduction, Oxford University Press, 2011]。亚里士多德的学说就宣扬天与地的二分法（dichotomy between heaven and earth）。构成地上世界的元素包括水、土、火和气**，而构成天上世界的元素是aether，一种带有神性的物质（divine substance of the heavens）。以太，aether，字面意思是与aer（air）相对的上层存在***，是个以不同面目顽固地出没于19、20世纪物理学的概念。天界元素的另一个称呼为quintessence，汉译"精质"，其字面上是"第五存在"的意思，其中的essence就来自"是"动词essere，但不知道怎么在西方语言里就有了"精华、实质"的意思了。在*De caelo*（论天）和*Meteorologica*（气象）这两本书中，亚里士多德宣称以太是不生不灭的、不可穿过的。亚里士多德和新柏拉图学派的信条是宇宙是永恒的，天之结构是不变的（dogma of the eternity of the universe and the invariability of the structure of heaven）。其实，这种信条在各个文明中都是一样的，因为它是天然的。人是万物的尺度，不管这话对不对，我们的人就是以自身为参照理解世界的。相对于转瞬即逝的生命，那些无生命的存在——石头土块和日月星辰——都是永恒的。亚里士多德的哲学有许多世俗的（secular, terrestrial）基础。他坚信对自然现象的观察最

* 也有地下的概念。地下的世界叫地狱或者冥府，名字听着就不令人向往。

** 文献提及这种四元素说，会归于恩培多克勒（Empedocles，公元前490—公元前430）

*** 不知道为什么，看到以太我总会想到太乙。太乙，厉害者中排第二者也，排第一的叫太上。

终会导致对支配这些现象的自然规律的发现，这些规律本质上是神性的（natural laws are divine in nature）。

对于天上世界和地上世界，或者月亮之上的世界与月亮之下的世界的二分法，亚里士多德之后的学者中慢慢有了不同的声音。其中，以亚里士多德著作的评论者而留名后世的拜占庭希腊文献学者斐洛（John Philoponus，约490—约570）的观点特别值得关注。斐洛大约在公元517年撰写了对亚里士多德的《物理学》的评论。斐洛打破了亚里士多德－新柏拉图学派的传统，质疑方法论（methodology），最终走向了自然科学的经验主义。斐洛不认同亚里士多德的世界两分法，他认为宇宙是一个有机的统一体（the universe as a physical unity），这个观点同一神论*的信条相一致。一神论宣称宇宙乃由一个唯一的神所创造，自然天上世界和地上世界就没有什么本质上的区别。

斐洛对亚里士多德的物理学的批评，很多都意味着我们关于自然认识的巨大进步。比如，斐洛认为天体（celestial bodies）必是复合体，因此可以表现出大小、颜色以及运动的不同来。斐洛还曾指出，尺寸差不多的不同重量的物体同步下落，而伽利略（Galileo Galilei，1564—1642）是知道这一点的[Don S. Lemons，Drawing Physics: 2600 Years of Discovery From Thales to Higgs, MIT Press, 2017, p.80]。

基于对自然的研究结果，到了17世纪人们逐渐接受了天界现象与地界现象的物理同一性（a physical identity of celestial and terrestrial phenomena）。当然，最初的研究更多地是指对地上世界的观察。地上的世界，我们能研究的内容无外乎两者：物质组成与物体的运动。所谓的运动规律，就是回答世界是怎样运行的问题。进步是明显的，比如丹麦人斯台诺（Nicholas Steno，1638—1686）发现层状岩石隐藏着地球的历史以及晶体二面角恒定

* 一神论和多神论也反映人类关于宇宙的认识。

（这是晶体学的起点）；英国物理学家吉尔伯特（William Gilbert，1544—1603）在*De Magnete*（磁论）一书中阐述地球有磁极；意大利人伽利略把实验和数学引入对自然的描述获得了落体定律和单摆周期公式，他是近代科学的奠基人；托里切利（Evangelista Torricelli，1608—1647）发现空气是有重量的。亚里士多德的思想受到了全面的挑战，那是人类思想的进步。

月亮之下的世界我们能琢磨啥，关于月亮之上的世界我们就琢磨啥，那不外乎是物质的构成和物体运动的规律。大地上的存在是我们可触及的，天上的存在我们触及不到。但是，我们能看见，在人类终于能到月球表面铲了一些土壤带回来之前，通过光去“看”是我们唯一的研究天体的方式。当然，你可以说还有一些粒子到达地球表面，它们也可以被理解为信使，携带着附近宇宙的信息。这些信息要等人类的物理学发展到一定的程度才有意义，那是后话。**光是我们同远方的唯一联系。**那些来自天上的星体的不同颜色，在地上的比如火、萤火虫儿以及鱼鳞等物体那里也能找到对应。最重要的是，不同物质燃烧的火的颜色有所区别，这启发人们认识到不同颜色的星星其物质构成可能也是不一样的。天上的星星除了位置的不同与变动*以外，还有大小、颜色、亮度等，原因只能是出在构成物质的不同上。

天界现象与地界现象的物理同一性问题，至少要从物质构成和物体运动规律两个角度加以考察。

6.2.2 物质构成的一致

在古代，关于天界物质的思考，只能来自光，且是来自（一团）光的颜色。天上星星的颜色，在地上的火光里都能见到，这让人们认为构成星星的物质虽各有不同，但和地界物质应该是一样的。今天看来，这个思考逻辑有

* 能看出运动花样与相对关系的不同从而上升到理论层面，那才是高手，比如伽利略、开普勒者流。

不合理的地方。星星颜色和火光的同，更多的是因为我们的眼睛只能看到它能看到的内容。人眼能看到的波长大约在400—800 nm范围内。从颜色这个大致算是等测度的连续存在去判断发光体物质意义上的异同，有些勉强。如果两个发光体发出的光是单色的，严谨地说可看作测度为0的谱线，则意味着精确和更具判断力，那么若因谱线相同从而判断构成发光体的物质相同，这样的判断更有可信度。当然，我们今天知道，就算谱线相同也未必意味着发光体是相同的——发光的机理太多了。

幸运的是，地表上存在玻璃这种对（可见）光有操控能力的物质。在各种玻璃光学元件中，棱镜具有特别的意义。1802年，英国科学家沃拉斯通（William Hyde Wollaston，1766—1828）制作了第一个光谱仪，发现了太阳光谱中的暗线，他把这样的谱线当作颜色谱的分界线。1814年，德国人夫琅合费（Joseph von Fraunhofer，1787—1826）也发明了光谱仪，用光谱仪重新发现了太阳光谱中的暗线，后人称为夫琅合费线。光谱仪的重要组件为棱镜——棱镜把一团光按照频率的不同在空间上分离开来。夫琅合费标记了574条太阳光谱上的暗线。在这张图上用D标记的暗线，未来我们会知道那对应钠的特征双黄线（D_1，5 895.9 Å；D_2，5 890.0 Å）。再后来，人们认识到太阳光谱中的暗线是由吸收过程造成的。1859年前后，基尔霍夫在光谱研究中发现了（气体分子的）吸收谱线和发射谱线重合的现象。元素具有特征光谱，一个发光物体发射特定波长的光谱且吸收同样波长的光。来自太阳光球（photosphere）的光谱中有钠元素特征双黄线亮线。基尔霍夫由此推测天界（地外）物质也是由元素构成的。光谱学是判定月亮之上世界的物质构成的唯一手段。

第二号元素氦（helium）的发现，是讲述天界物质与地界物质相一致的更递进一级的绝佳案例。1868年8月18日，法国天文学家延森（Jules Janssen，

1824—1907）从太阳色球*的光谱中注意到了一根波长为5 874.9 Å的黄色明亮谱线。因为钠的双黄线太有名了，这条谱线第一时间被误认为是来自元素钠。同年10月20日，英国科学家洛克耶（Norman Lockyer，1836—1920）把这条谱线命名为D_3，但他认定其来自一种未知元素。洛克耶和另一位化学家弗兰克兰（Edward Frankland，1825—1899）用太阳（神）来命名这种未知元素。太阳神，在希腊神话里为ἥλιος，在罗马神话里为helios，故而这种元素名的写法为helium，汉语名氦来自音译。1895年，化学家们发现沥青铀矿（uraninite）会释放出具有同样谱线的气体，氦元素正式被发现。1893年，氦在美国的一处天然气矿中被大量发现，这个“大量”依然意味着“稀缺”，氦气是战略物资。氦是惰性元素的第一号，不和其它元素化合，这解释了它为什么在地球上那么稀缺**。

值得注意的是，地球上1到94号元素都有（确切点儿说，其中43号元素锝，符号Tc，几乎没有），这表明地球是一个具有物质完备性（completeness）的体系，这也是它独特性（uniqueness）的体现。此外，92号元素铀uranium、93号元素镎neptunium、94号元素钚plutonium分别是按照天王星（Uranus）、海王星（Neptune）、冥王星（Pluto）命名的，权且算是对天界和地界物质一致性的认可吧。

2020年12月，嫦娥5号在月面成功取样并带回了地面。我们看到了实实在在的来自月表的物质，正如此前我们已经建立的信念，其和地界物质是一样的***。

后来电磁学包括光学的研究进展，特别是狭义相对论，坐实了以太的不存在。麦克斯韦的真空是电介质的断言，足以排除（光）以太概念在电磁学中的存在必要。这是对天界与地界物质构成同一性观点的强化。

* chromosphere of the sun，位于光球和日冕之间的太阳大气层，温度由内向外升高。

** 不肯狼狈为奸者，稀！

*** 在具体的化学分子式和微结构的意义上可能有所不同，但那是另一回事。

6.2.3 运动规律的一致

自然的定律是一致的。其实，作为天界与地界规律的比较，那其实是说力学定律是一致的。在基于力学现象建立起自然定律的一致性观念以后，人们后来发现了更多新的自然规律，自然地不再有区别天界规律与地界规律的说法了。

时光进入17世纪，意大利人伽利略横空出世。伽利略对运动规律开展研究，研究结果与研究方法皆具开创性，让他成了严格意义上的近代科学奠基人。约是在1588年，伽利略开始关注悬挂物体的摆动等时性问题，1602年开始严肃研究单摆的运动周期同摆质量、摆长的关系，得出了摆动周期大约同摆质量无关、摆动周期平方同摆长成正比的关系，即

$$T^2 \propto \ell \tag{6.1}$$

在其1638年的著作*Discorsi e dimostrazioni matematiche intorno à due nuove scienze*（关于两种新科学的讨论与数学论证）中，伽利略描述了他如何得到落体定律。在一个斜面上（与地面的夹角小至17°），从顶部起每隔一定距离安装一个小铃铛，铃铛响声的间隔可以用于计时。调节铃铛的距离间隔，使得铃铛响声的时间间隔相等（当然是凭感觉*），测量此情形下铃铛之间的距离，得到距离之比约为1：3：5：7…。相应地，各铃铛到斜面顶部的距离之比为1：4：9：16…，由此得出结论，落体的下落距离同下落时间之间的关系为$\ell \propto t^2$。推而广之，匀加速运动的运动距离与时间平方成正比

$$\ell = \frac{1}{2}at^2 \tag{6.2}$$

其中a为加速度。详细内容参见此系列之《一念非凡》。

* 有文献说是以脉搏为时间基准。

有关天界与地界运动规律的比较，如下事实可能不该被忽视。天上的运动和地上的运动都有同样的特征，即运动都有一个对立的存在，这指的是转动有两种模式：自转和绕它者的转动。哥白尼的一大贡献是消除了地球在宇宙中的特殊地位，指出它只是围绕太阳转动的行星（planet）之一，也是个流浪者（πλανήτης）*。

地表上的物体下落，被认为是由于地球吸引的结果。在一只苹果从树上落下的过程中，它和地球没有接触，因此地球对它的吸引是无接触的。苹果落下，砸了牛顿的头，原因是牛顿的头挡住了苹果的去路。如果不是牛顿的头碍事儿，那个苹果应该砸到其下方的地面。如果在落地的地方挖个小坑，苹果会接着掉到坑里。那么，如果一直往下挖坑呢？苹果会一直往下掉以至于穿过地心（假设地球是数学意义上的球形的）。由此可以得出结论，引力是有心力。当然了，距离越远，这个吸引应该越弱。一个可能的选择是满足平方反比律。写成公式，引力为

$$F = G\frac{m_1 m_2}{r^2} \tag{6.3}$$

G是系数。那么，这个公式对吗？

无接触的有心力——引力——能解释苹果的下落，那月亮咋不掉下来呢？地球吸引苹果、月亮，应该也会吸引金星和火星。到1602—1609年那段时间，人们已经认识到把太阳当作参照点的话，金星和火星的路径是一条闭合的曲线（观测数据少，想象的成分多）。开普勒在第谷（Tycho Brahe，1546—1601）观测所得数据的基础上，总结出了行星运动的三定律：

* 人们啊，要习惯去读巨擘的原著，而不要听信二杆子的转述。学术巨擘的思想，哪里是平庸学者能理会的。

1) 行星的轨道是以太阳为一焦点的椭圆*；

2) 太阳同行星的连线在相同的时间内扫过相同的面积；

3) 不同行星的轨道，轨道周期的平方同轨道长轴的立方之比为常数。

如果牛顿的万有引力定律能解释开普勒的行星运动定律，那无疑地能确立它的正确性。

牛顿确实做到了这一点，在他的《自然哲学的数学原理（Philosophiæ Naturalis Principia Mathematica）》一书中，牛顿证明了平方反比的引力下，行星的轨道可以是椭圆和抛物线。注意，牛顿的证明不是用的微积分，而是用的平面几何知识！牛顿的《原理》深化了关于几何方法之普适性的信仰（belief in the universality of the geometrical approach）……，证明欧几里得几何是一正确的几何（prove that Euclidean Geometry to be the One True Geometry。这里的One，注意首字母要大写，也有唯一的意思）。顺便说一句，直线、圆、椭圆、抛物线、双曲线是一体的，表现出universality。不光规律是唯一的，现象也应该是一体的。更多内容见第7章。笔者在学习中注意到，相关知识介绍都没有直线和点的内容，愚以为必须强调这一点。没有直线和点，圆锥曲线的知识介绍是不完备的。关于完备性的思考，也是促进笔者撰写本书的动机之一。

万有引力解释了苹果下落和行星轨道，这佐证了天界与地界的自然规律，至少就引力规律而言，是同一的（identical）。至于其它物理作用的同一性问题，光与电磁波是同一的，而光首先来自天上的太阳和星星。地界的电磁学和天上的电磁学应该也是同一的，这么就容易接受了。其实，到了电磁波被产生的1887—1888年，谁还会怀疑自然规律的普适性呢？

* 椭圆可以只有一个焦点的定义。行星绕太阳（一个unique存在）的轨道已经暗示了我们这一点。

6.3 电 – 磁 – 光的统一

电*、磁和光都是自然现象。其实不如说，因为地球表面电、磁和光俱备，所以才有了生命这种奇迹。太阳源源不断地给大地送来光，火山以及雷电引起火光；山里有磁石，地球整体表现出了可观的磁性；摩擦让电行为得以体现，火山喷发的颗粒、高空中不同形态的水，都会因摩擦引起放电现象。物理学关于电、磁和光的知识，都起源于对自然现象的观察与领悟。当然，它们乍看起来是不同的（distinct）存在。

摩擦产生的电会通过放电消失。摩擦产生的电会顺着铜线溜走，于是有了电流的概念。既然电是水那样的一种流体，人们自然会想到可以用瓶子盛电。1745年，德国教士克莱斯特（Ewald Georg von Kleist，1700—1748）以及稍后一点儿荷兰的科学家穆申布鲁克（Pieter van Musschenbroek，1692—1761）发明了用来盛电的瓶子，后来被以穆申布鲁克所在的小镇Leyden命名，称为莱顿瓶。莱顿瓶当然是一个演化着的概念，先是内部有一层金属薄片，后来外部也加了一层金属薄片，这时候其电容器的身份就更容易辨识了。莱顿瓶放电提供的电流是（剧烈）变化的，且持续时间不够长。

1800年，意大利科学家伏打（Alessandro Volta，1745—1827）发明了电堆（voltaic pile），一种比较有名的电堆结构是用饱和盐溶液分隔的铜片和锌片。电堆的发明，让提供较长时间（小时量级）的稳定电流成为可能。有了稳恒电流，电现象得到了充分、系统的探索，这其中最重要的结果，是发现电和磁是一体的。

* 汉语的“電”，本义是闪電，是快速明灭的光，与下雨有关。

6.3.1 电流产生磁场

丹麦物理学家奥斯特（Hans Christian Ørsted，1777—1851）在1801年游历欧洲大陆时遇到了德国物理学家里特（Johann Wilhelm Ritter，1776—1810）。里特研究电现象，认为伽伐尼（Luigi Galvani，1737—1798）观测到的所谓生物电现象是因为化学反应产生的电。里特还认为电和磁是有联系的。奥斯特1799年获得博士学位。论文是基于康德的the Architectonics of Natural Metaphysics（自然形而上的结构设计），因此他很容易接受康德的自然一体的思想（unity of nature）。对于电和磁的联系，他心理上是有准备的。

1820年，奥斯特报道了他关于电流影响小磁针的观察[Hans Christian Ørsted, Experiments on the Effect of a Current of Electricity on the Magnetic Needle, Annals of Philosophy, 1820, 16: 273-276]。按他的说法："首批关于我当下要解释的主题的实验是我去年冬天做的，当时我正在大学教授电、电流与磁。（The first experiments respecting the subject which I mean at present to explain, were made by me last winter, while lecturing on electricity, galvanism, and magnetism, in the University.）"其实，他自1818年就在找寻电与磁之间的关系，但是从发现电流影响磁针（图6.1）到建立起电流产生磁场的图像，是一条漫长的路——小磁针的厘米级大小、存在极性及其磁针放置的方式（重力在干扰）等因素都妨碍对电流磁场的破解。那不是一

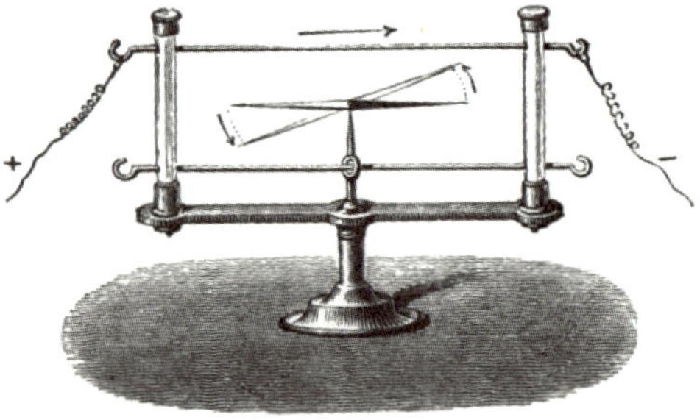

图6.1　奥斯特实验：电流扰动磁针

般的头脑能想明白的事情，而奥斯特是那个能写出*Der Geist in der Natur*（自然的精神）一书的人。一开始，奥斯特猜测电流之产生磁场是个放射过程，如同太阳之放射光芒，那也是电荷之电场的形象。这肯定不对，因为电流是（曲）线状的存在。经过长期细致的研究，改变磁针的位置外加思考，奥斯特最后得到了磁场环绕电流分布的形象。后来描述的磁场$\boldsymbol{B}$与磁矢势$\boldsymbol{A}$的关系，$\boldsymbol{B} = \nabla \times \boldsymbol{A}$，算法$\nabla \times$就叫curl（旋度），就和这个我们想象的磁场形象有关。

顺便说一句，奥斯特是思想者，他大约是在1812年引入了Gedankenexperiment（想象实验）一词，用到的是德语－拉丁拼法，在1820年用了其德语拼法Gedankenversuch。对于研究需要满足条件$\nabla \cdot \boldsymbol{B} = 0$的磁场分布，Gedankenexperiment确实是必要的针对性技术*——从习惯性用有心力解释的、直观的作用形象到环路的图像，不是一件容易的事儿[J. Witt-Hansen, H. C. Ørsted: Immanuel Kant, and the Thought Experiment, Danish Yearbook of Philosophy, 1976, 13: 48-65. 此文收录于Jon Stewart (ed.), Kierkegaard and His Contemporaries: The Culture of Golden Age Denmark, Walter de Gruyter, 2003, pp.62-77]。

电流是沿着导线流动的。容易想到，改变导线的走向会改变其上电流所产生的磁场的分布。电流（之路径）同所产生磁场强度$\boldsymbol{B}$的关系由Biot-Savart（比奥－萨伐尔）定理描述

$$\boldsymbol{B}(\boldsymbol{r}) = \frac{\mu_0}{4\pi}\int_C \frac{I\mathrm{d}\boldsymbol{\ell} \times (\boldsymbol{r} - \boldsymbol{r}')}{|\boldsymbol{r} - \boldsymbol{r}'|^2} \tag{6.4}$$

这里$\frac{\mu_0}{4\pi}$是方程成立的比例系数（其实，$\frac{1}{4\pi}$应该还是归于后面的距离平方反

* 实验不是如坊间传言那样纯粹地是让机器干活。

比项），$\boldsymbol{r}$是我们关切其上磁场的空间某点相对参照点的位置矢量，$\boldsymbol{r}'$是导线上此刻所选取的电流元的位置矢量，d$\boldsymbol{\ell}$是导线此点上的电流元矢量，符号× 此处是称为叉乘的算法（一个矢量同另一个矢量叉乘，会得到一个与此两个矢量所张成的平面垂直的一个矢量），C表示导线在空间中形成的路径。因此，公式(6.4)说，$\boldsymbol{B}(\boldsymbol{r})$是由电流的路径整体上（积分地）决定了的一个矢量。磁场由电流的路径整体上决定，这意味着世上存在着绕线圈这门艺术！未来，当我们学会了更深刻一点儿的数学时，比如几何代数，我们会知道磁场$\boldsymbol{B}$不是矢量，而是三维空间中和矢量有某种共轭关系的量。有些电磁学类的书籍会含含糊糊地称之为轴矢量或者赝矢量以示区别。

Biot-Savart定理，严格说起来有点儿令人费解。文献中所谓的Jean-Baptiste Biot（1774—1862）和Félix Savart（1791—1841）联合发表的论文[Note sur le magnétisme de la pile de Volta, Annales de chimie et de physique, 1820, 15: 222-223]，本质上是一页纸的会议记录，说Biot和Savart两位先生在10月30日这天的会议上报告了他们的实验结果，内中的这句“La force qui sollicite la molécule est perpendiculaire à cette ligne et à l’axe de fil. Son intensité est réciproque à la simple distance（施于分子*上的力垂直于这个连线，同时垂直于导线，其强度与距离成反比）”可以认为道出了公式的核心内容。然而，原始的论文却无迹可寻。此结果发表于1820年，那时候还没有“矢量”“叉乘”的概念，故不可能是式(6.4)那样的形式。关于Biot和Savart是否有表述他们发现的论文，以及又是谁给出了Biot-Savart定理的矢量积分形式的，笔者目前毫无头绪。

* 此处所谓的分子，是想象中最小的磁矩。

6.3.2 电的磁诱导

作为奥斯特发现的电流产生磁场的对应，1831年，法拉第发现变化的磁场（磁通量）能在导体里产生电流，称为electromagnetic induction。此现象由亨利（Joseph Henry，1797—1878）于1832年独立发现。electromagnetic induction及其汉译电磁感应都容易误解为**互相**感应，英文有时会用magnetic induction (of electricity)，汉语用“电的磁诱导”可能更好一些。

1831年8月29日，法拉第在一个铁环的两侧各缠上线圈，将其一连接到一个电流计上，另一连到电池上。当电池一侧的回路合上或者断开时，都会在另一侧的电流计上观察到一个瞬态电流信号，法拉第把它称为wave of electricity。另一个演示“电的磁诱导”的装置由两个柱状线圈组成。将小的线圈接上电源，使其在大线圈中插插拔拔，就能在后者连接的电流计中观察到电流的产生（图6.2）。电磁感应的最直接的用处是建造发电机和电动机，这是第二次工业革命的标志物。

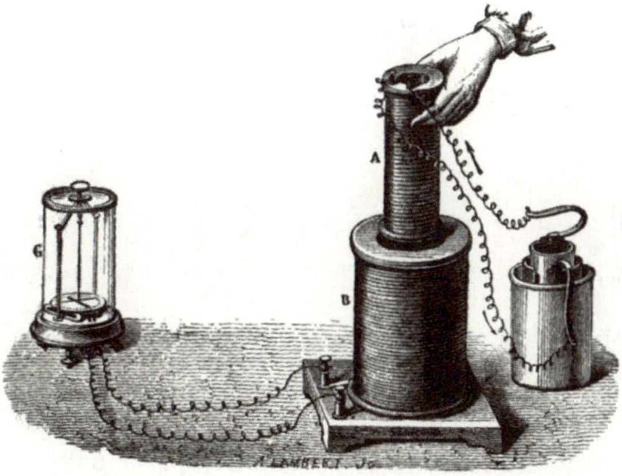

图6.2　法拉第1831年发现“电的磁诱导”的装置

法拉第电磁感应和奥斯特效应表明电－磁现象有密切的联系，但这还只是现象层面的联系，谈不上统一。

6.3.3 电磁统一与麦克斯韦方程组

电与磁的统一，体现在麦克斯韦方程组里。麦克斯韦，英国物理学家，在其出生的那一年法拉第发现了“电的磁诱导”现象。麦克斯韦属于那种天纵其才的类型，在14岁那年即凭借给出卵形线方程而一举成名。麦克斯韦对统计力学和电磁学都有重要的贡献，前者体现在麦克斯韦分布上，后者体现在麦克斯韦方程组上。特别地，麦克斯韦精研法拉第的《电的实验研究》[Michael Faraday, Experimental Researches in Electricity, Vols. I & II, Richard and John Edward Taylor, 1839, 1844; Vol. III, Richard Taylor and William Francis, 1855]，这为其在1861—1862年间统一电磁学打下了基础。

谈论电磁统一的问题，请允许我事先说句不讨喜的话，数学不学到一定程度是完全理解不了电磁学的。事后我还将重复这句不讨喜的话，数学不学到一定程度是完全理解不了电磁学的。

到了1860年前后，电磁学的规律渐渐有了比较齐全的眉目，关于电、磁以及它们间的相互影响有了四条定律（请自行补充电磁学预备知识）的微分版，分别是：

1. 高斯定律

高斯定律描述电荷分布如何产生了一个电场分布，由拉格朗日于1773年表述出来 [Joseph Louis Lagrange, Sur l’attraction des sphéroïdes elliptiques (论椭球间的吸引), Mémoires de l’Académie de Berlin, 1773: 85-120；收录在Oeuvres de Lagrange (拉格朗日著作), Tome 3, pp.619-658]，后来又经高斯于1813年重新表述[Carl Friedrich Gauss, Theoria attractionis corporum sphaeroidicorum ellipticorum homogeneorum methodo nova tractata (用新方法得到的均匀球体、椭球体间吸引的理论), 1877；收录入《高斯全集》卷五]，都是在研究椭球吸引问题的情景下提出的*。用现代表述形式，真空中的高斯定律为

$$\nabla \cdot \boldsymbol{E} = \frac{\rho}{\varepsilon_0} \tag{6.5}$$

其中$\boldsymbol{E}$是电场强度（矢量），ρ是电荷体密度（极性标量），ε_0是真空介电常数（纯数值**），$\nabla \cdot$是微分算符∇同其作用对象间的内积。此处$\nabla \cdot \boldsymbol{E}$的意思是电场的散度。

2. 法拉第定律

法拉第于1831年、亨利于1832年发现了“电的磁诱导”现象。法拉第用“lines of force（力线）”的概念解释这个现象。麦克斯韦接受了法拉第的这个概念，并以此为基础发展了他的电磁理论。在亥维赛德（Oliver Heaviside，1850—1925）版本中——就是亥维赛德提出的法拉第定律的说法——法拉第定律表述为

$$\nabla \times \boldsymbol{E} = -\frac{\partial \boldsymbol{B}}{\partial t} \tag{6.6}$$

其中$\nabla \times$是微分算符∇同其作用对象间的叉乘（由外积$\nabla \wedge$的共轭而来）。此处$\nabla \times \boldsymbol{E}$的意思是电场的旋度。这个公式说电场$\boldsymbol{E}$的旋度由磁场$\boldsymbol{B}$随时间的变化所决定，由此可见$\boldsymbol{B}$自带某种旋转的东西。$\boldsymbol{B}$不是矢量！

3. 磁的高斯定律

磁的高斯定律是对微积分中的高斯定理（Gauss theorem）的应用，由高

* 如果是球体，可以当作质点对待，直接写出电场强度分布公式好了。当然，质点的情形是出发点。

** 相对介电常数ε_r是个无量纲但是依赖于介质和电磁场双方的张量。

斯于1813年发现，当然此前此后都有人得到过同样的结果。磁的高斯定律就是重述了没有磁单极的存在的事实。关于不存在磁单极的想法*，最初由马力库（Petrus Peregrinus de Maricourt）约在1269年提出，后经吉尔伯特在其1600年的名著*De Magnete*中得到了广泛传播。磁铁两极不能分裂成单极，这个同安培环流（circular current）模型相一致，即磁的微观形象为磁偶极（magnetic dipole）。磁的高斯定律的微分形式为

$$\nabla \cdot \boldsymbol{B} = 0 \tag{6.7}$$

这可以诠释为磁场线是闭合的。如果写成$\nabla \cdot \boldsymbol{B} = 0$的形式，它传达了更强的信息。

4. 安培定律

安培定律将通过闭合环路的电流同磁场沿环路的积分联系起来。1862年，麦克斯韦在“On Physical Lines of Force”一文中用流体力学的知识得到了这个定律（安培环路定律是科里奥利力型的方程），1865年把它推广到包含位移电流的情形。安培定律的微分形式，使用磁场$\boldsymbol{H}$来表达，为$\nabla \times \boldsymbol{H} = \boldsymbol{j}$。有些文献会把安培定律写成$\nabla \times \boldsymbol{H} = \boldsymbol{j}_f$的形式，强调 $\boldsymbol{j}_f$是自由电流密度。所谓自由电流、束缚电流，以及自由电荷、束缚电荷的概念，让很多学电磁学的人感到一头雾水，对电磁学的教学带来了很大的困难。这其实就是无厘头（totally nonsense）。没有明确地分辨何为自由电荷、何为束缚电荷的物理判据。关于电磁学，重要的是理解为什么三维空间的电磁学要引入$(\boldsymbol{E}, \boldsymbol{D}; \boldsymbol{B}, \boldsymbol{H})$这四个角色，以及它们是什么样的数学量、物理量。

好了，我们现在有了关于真空中电磁现象的四个定律，把它们写到一

* 估计是磁铁砸碎了，发现磁铁碎块依然保持了两极的结构。科学史上类似的事件有晶体砸碎了，对晶体碎块外形的观察激发出了晶体单胞的概念。

起，得到方程组

$$
\begin{aligned}
\nabla \cdot \boldsymbol{E} &= \frac{\rho}{\varepsilon_0} \\
\nabla \times \boldsymbol{E} &= -\frac{\partial \boldsymbol{B}}{\partial t} \\
\nabla \cdot \boldsymbol{B} &= 0 \\
\nabla \times \boldsymbol{H} &= \boldsymbol{j}
\end{aligned}
\tag{6.8}
$$

每个式子都是左边一项，右边一项。

麦克斯韦对电磁学的一大贡献，是他认识到对于电磁学来说，真空是介质。对于电介质，麦克斯韦引入了电位移（electric displacement）的概念，$\boldsymbol{D} = \varepsilon_0 \boldsymbol{E} + \boldsymbol{P}$，其中电极化$\boldsymbol{P}$是介质的性质。在磁性方面，在有磁性介质存在的情形下，有本构关系$\boldsymbol{H} = \dfrac{\boldsymbol{B}}{\mu_0} - \boldsymbol{M}$。考虑到这些情形，上述的方程组被改造为如下形式

$$
\begin{aligned}
\nabla \cdot \boldsymbol{D} &= \rho \\
\nabla \times \boldsymbol{E} &= -\frac{\partial \boldsymbol{B}}{\partial t} \\
\nabla \cdot \boldsymbol{B} &= 0 \\
\nabla \times \boldsymbol{H} &= \boldsymbol{j} + \frac{\partial \boldsymbol{D}}{\partial t}
\end{aligned}
\tag{6.9}
$$

第四个方程中的$\dfrac{\partial \boldsymbol{D}}{\partial t}$称为位移电流。此即所谓的麦克斯韦方程组的微分版。

麦克斯韦方程组中不易理解的是电位移和位移电流的引入。这个问题，

在研究带平行板电容器的电路时引入电位移，动机就明显了。有了电位移和位移电流，连续性方程得到了保证。对方程第四式两侧求散度，因为 $\nabla\cdot\nabla\times\boldsymbol{H}\equiv 0$，故有

$$\nabla\cdot\boldsymbol{j}+\frac{\partial\nabla\cdot\boldsymbol{D}}{\partial t}=\nabla\cdot\boldsymbol{j}+\frac{\partial\rho}{\partial t}=0 \tag{6.10}$$

正是电荷的连续性方程。电位移和位移电流是电－磁－光统一的构件。但是，请记住，记住有一个$\varepsilon_0\boldsymbol{E}+\boldsymbol{P}$这样的物理量即可，它的名称electric displacement是误导性的，电位移是从弹性理论借用的词汇。我们在发展概念过程中有错误认识，那种错误认识得到纠正但错误用语保留了下来，这不是唯一的一例。

更重要的是，这个displacement应该是带转向的位移而非沿直线的位移（angular displacement instead of linear displacement），类似偶极矩随外场的取向调整那样的。仅从方程形式上看，对于各向同性的$\boldsymbol{j}$的分布，$\nabla\times\boldsymbol{H}=\boldsymbol{j}$就无法成立，因此应该有额外的另一项，其必然包含rotation的元素。

6.3.4 麦克斯韦波动方程与电－磁－光的统一

感谢亥维赛德，现在我们有了麦克斯韦方程组(6.9)。对着这么优美的方程*，我们应该从中捣腾出点儿什么才对。

将方程组(6.9)换一种顺序，形式为

$$\begin{aligned}&\nabla\cdot\boldsymbol{B}=0\\&\nabla\times\boldsymbol{E}+\frac{\partial\boldsymbol{B}}{\partial t}=0\\&\nabla\cdot\boldsymbol{D}=\rho\end{aligned} \tag{6.11}$$

* 一个方程是否优美，取决于你是否有赋予她以优美、理解她的优美的能力。

$$\nabla \times \boldsymbol{H} - \frac{\partial \boldsymbol{D}}{\partial t} = \boldsymbol{j}$$

前两个有文献称为齐次的，后两者称为非齐次的，其实就是有源项。重要的是，方程左侧变成了两个只有一项、另两个有两项的样子。

对于真空中的微小区域，$\rho = 0$，$\boldsymbol{j} = 0$，加上$\boldsymbol{D} = \varepsilon_0 \boldsymbol{E}$，$\boldsymbol{B} = \mu_0 \boldsymbol{H}$，有

$$\nabla \times \boldsymbol{E} = -\frac{\partial \boldsymbol{B}}{\partial t}, \quad \nabla \times \boldsymbol{B} = \mu_0 \varepsilon_0 \frac{\partial \boldsymbol{E}}{\partial t} \tag{6.12}$$

注意，此时有$\nabla \cdot \boldsymbol{E} = 0$，$\nabla \cdot \boldsymbol{B} = 0$，故利用数学恒等式$\nabla \times \nabla \times A = \nabla(\nabla \cdot A) - \nabla^2 A$，可以得到

$$\mu_0 \varepsilon_0 \frac{\partial^2 \boldsymbol{E}}{\partial t^2} - \nabla^2 \boldsymbol{E} = 0, \quad \mu_0 \varepsilon_0 \frac{\partial^2 \boldsymbol{B}}{\partial t^2} - \nabla^2 \boldsymbol{B} = 0 \tag{6.13}$$

这恰是波的传播方程。暂记$\mu_0 \varepsilon_0 = \frac{1}{c^2}$，其中$c$是电磁波的速度，当然，前提是如果有电磁波的话。

从$\nabla \cdot \boldsymbol{B} = 0$入手（四个方程中就它特殊），纽曼（Franz Ernst Neumann，1798—1895）于1845年引入了磁矢势$\boldsymbol{A}$，依定义

$$\boldsymbol{B} = \nabla \times \boldsymbol{A} \tag{6.14}$$

这样的磁矢势定义，使得$\nabla \cdot \boldsymbol{B} = 0$自动成立。进一步地，将$\boldsymbol{B} = \nabla \times \boldsymbol{A}$代入(6.11)第二式，得

$$\nabla \times \left(\boldsymbol{E} + \frac{\partial \boldsymbol{A}}{\partial t} \right) = 0 \tag{6.15a}$$

故可引入一个标量势φ，有

$$\boldsymbol{E} = -\nabla \varphi - \frac{\partial \boldsymbol{A}}{\partial t} \tag{6.15b}$$

由$\nabla \cdot \boldsymbol{D}=\rho$，可得

$$-\nabla^2\varphi-\frac{\partial}{\partial t}\left(\nabla \cdot \boldsymbol{A}\right)=\rho/\varepsilon_0 \tag{6.16}$$

由$\nabla \times \boldsymbol{H}-\frac{\partial \boldsymbol{D}}{\partial t}=\boldsymbol{j}$，可得

$$-\nabla^2\boldsymbol{A}+\frac{1}{c^2}\frac{\partial^2\boldsymbol{A}}{\partial t^2}-\nabla\left(\nabla \cdot \boldsymbol{A}+\frac{1}{c^2}\frac{\partial\varphi}{\partial t}\right)=\mu_0\boldsymbol{j} \tag{6.17}$$

由于经$\boldsymbol{B}=\nabla \times \boldsymbol{A}$，$\boldsymbol{E}=-\nabla\varphi-\frac{\partial \boldsymbol{A}}{\partial t}$引入的电磁势有冗余，即在变换

$$\boldsymbol{A} \to \boldsymbol{A}'=\boldsymbol{A}+\nabla\chi \tag{6.18a}$$

$$\varphi \to \varphi'=\varphi-\partial\chi/\partial t \tag{6.18b}$$

下，麦克斯韦方程组不变。也就是说，可以给电磁势引入一个约束条件，比如

$$\nabla \cdot \boldsymbol{A}+\frac{1}{c^2}\frac{\partial\varphi}{\partial t}=0 \tag{6.19}$$

此条件称为Lorenz规范，可得

$$\frac{1}{c^2}\frac{\partial^2\boldsymbol{A}}{\partial t^2}-\nabla^2\boldsymbol{A}=\mu_0\boldsymbol{j} \tag{6.20a}$$

$$\frac{1}{c^2}\frac{\partial^2\varphi}{\partial t^2}-\nabla^2\varphi=\rho/\varepsilon_0 \tag{6.20b}$$

这是有源的波动方程。

这个关于电磁场或者电磁势的方程，让麦克斯韦认识到也许存在电磁波。更值得注意的是，$\mu_0\varepsilon_0=\frac{1}{c^2}$，由当时已知的$\mu_0$，$\varepsilon_0$值计算得到的光速$c$，同

当时测量得到的光速值约为27万公里/秒，太接近了*，因此麦克斯韦进一步猜测，难道光是电磁波？1887—1888年，德国人赫兹（Heinrich Hertz，1857—1894）用感应电路在实验室里产生了电磁波，证实了存在电磁波（图6.3）。光是电磁波，则光对电磁场的响应，比如光偏振方向的法拉第旋转，就容易理解了。至此，电磁现象同光实现了统一。

图6.3　赫兹用来产生电磁波的实验装置

笔者注意到，因为$\mu_0\varepsilon_0=\frac{1}{c^2}$，这里没有任何参照框架的问题，因此一个合理的，或许是不得不接受的事实是，光速与参照框架无关。也就是说，对于来自不同运动状态的光源的光，作为观察者我们能获知的光速是一个常数。爱因斯坦从这个前提出发，就能得出若原子发出能量为E而总动量为0的光束（不是光子），这个可以通过向相反的方向发射来实现，则原子质量的改变满足关系式

$$\Delta m=E/c^2 \tag{6.21}$$

*　不是数值如何接近，而是就没有其它的可相比拟的速度。

这是质能关系的滥觞。进一步地，笔者注意到，因为$\mu_0\varepsilon_0=\frac{1}{c^2}$，因此至少这里的光速$c$不是一个矢量！实际上，机械波的波速也不可能是一个矢量。波，或者场，是个全局的概念，其传播的速度从根本上讲就无法是个矢量。对于这类不是矢量的速度，其物理意义是什么，这需要深入的思考。愚以为，这个问题非常值得深入思考。

6.4 统一引力与电磁场的努力

6.4.1 爱因斯坦的努力

统一场论（unified field theory）是爱因斯坦后期的追求。在1923年之后30多年的时间里，虽然同时忙于多个方向的研究，但爱因斯坦一直在思考统一场论的问题。爱因斯坦人生的最后一篇论文还是关于统一场论的，在辞世的前一天晚上他还要人去找他最近关于统一场论的几页计算。早在1917年，也就是他的引力场方程正式发表（1916年3月）后不过一年，他就想到我们的理论也许永远是不合宜的。牛顿的理论用一个势函数ϕ就完备地表示了，但它有不足，所以被时空度规函数$g_{\mu\nu}$取代了。爱因斯坦认为深化理论的过程没有尽头。他想统一电磁场论和引力场论。

刚进入1920年那会儿，只有引力和电磁相互作用。引力－电磁这两者的分立其实并没有造成什么冲突或者悖论。外尔和爱因斯坦等人想完成引力－电磁的统一，动机也许纯粹就是想知道，大自然就这么两个长程力场，说不定有相同的起源呢？

1920年代稍后的物理学突然就变了画风，量子力学和量子场论在1924年和1925年前后脚出现，不断有新的粒子被发现，有新的力要引入，1926年海森堡引入了交换作用[Werner Heisenberg, Mehrkörperproblem und Resonanz in der Quantenmechanik (量子力学中的多体问题与共振), Zeitschrift für Physik, 1926, 38(6-7): 411-426]。爱因斯坦关切的还是电磁与引力的统一，他认为力的统一和解决量子力学的悖论（那时候量子力学只是崭露头角，还未接受其它物理学问的自洽性审视）是相互联系的迫切需求（connected desiderata）。他找寻统一可能性的方向有两个：时空向五维的拓展、黎曼几何的推广。爱因斯坦的统一努力最终都是徒劳无功的，但那是值得为之付出的事业（a worthy cause），那是他的宿命（all in vain ... That was his destiny）。

爱因斯坦在五维理论上花的工夫较少，而是给惯常的四维流形赋予比黎曼几何更具一般性的几何。

统一电磁场论和引力场论的努力，可以看成是对相对论研究的继续，爱因斯坦必然是主角。据不完全统计，爱因斯坦共在经典场论方向发表了如下论文：

1) Beweis der Nichtexistenz eines überall regulären zentrisch symmetrischen Feldes nach der Feld-Theorie von Th. Kaluza (基于卡鲁查场论的关于处处规则之中心对称场的不存在证明), Scripta Universitatis atque Bibliotecae Hierosolymitanarum: Mathematica et Physica, Vol. 1, 1923, pp.1-5. (coauthored with Jakob Grommer)
2) Zur affinen Feldtheorie (仿射场论), Sitzungsberichte der Preussischen Akademie der Wissenschaften, Physikalisch-mathematische Klasse, 1923, pp.137-140.
3) Bietet die Feldtheorie Möglichkeiten für die Lösung des Quantenproblems? (场论为量子问题的解决提供了可能性吗？), Sitzungsberichte der

Preussischen Akademie der Wissenschaften, Physikalisch-mathematische Klasse, 1923, pp.359-364.

4) Elektron und allgemeine Relativitätstheorie (电子与广义相对论), Physica, 1925, 5: 330-334.

5) Einheitliche Feldtheorie von Gravitation und Elektrizität (引力与电的统一场论), Sitzungsberichte der Preussischen Akademie der Wissenschaften, Physikalisch-mathematische Klasse, 1925, pp.414-419.

6) Zu Kaluzas Theorie des Zusammenhanges von Gravitation und Elektrizität (引力与电之间关系的卡鲁查理论), Sitzungsberichte der Preussischen Akademie der Wissenschaften, Physikalisch-mathematische Klasse, 1927, pp.23-30.

7) Über die Formale Beziehung des Riemannschen Krümmungstensors zu den Feldgleichungen der Gravitation (黎曼曲率张量同引力场方程之间的形式关系), Mathematische Annalen, 1927, 97: 99-103.

8) Allgemeine Relativitätstheorie und Bewegungsgesetz (广义相对论与运动规律), Sitzungsberichte der Preussischen Akademie der Wissenschaften, Physikalisch-mathematische Klasse, 1927, pp.2-13. (coauthored with Jakob Grommer)

9) Allgemeine Relativitätstheorie und Bewegungsgesetz, Sitzungsberichte der Preussischen Akademie der Wissenschaften, Physikalisch-mathematische Klasse, 1927, pp.235-245.

10) Riemann-Geometrie mit Aufrechterhaltung des Begriffes des Fernparallelismus (保远程平行性概念的黎曼几何), Sitzungsberichte der Preussischen Akademie der Wissenschaften, Physikalisch-

mathematische Klasse, 1928, pp.217-221.

11) Neue Möglichkeit für eine einheitliche Feldtheorie von Gravitation und Elektrizität (一种引力与电的统一场论的新可能性), Sitzungsberichte der Preussischen Akademie der Wissenschaften，Physikalisch-mathematische Klasse, 1928, pp.224-227.

12) Zur einheitlichen Feldtheorie (统一场论), Sitzungsberichte der Preussischen Akademie der Wissenschaften, Physikalisch-mathematische Klasse, 1929, pp.2-7.

13) Einheitliche Feldtheorie und Hamiltonsches Prinzip (统一场论与哈密顿原理), Sitzungsberichte der Preussischen Akademie der Wissenschaften, Physikalisch-mathematische Klasse, 1929, pp.156-159.

14) Sur la théorie synthéthique des champs (场的集成理论), Revue générale de l'électricité, 1929, 25: 35-39. (coauthored with Théophile de Donder)

15) Théorie unitaire du champ physique (物理场的统一理论), Annales de l'Institut H. Poincaré, 1930, 1(1): 1-24.

16) Auf die Riemann-Metrik und den Fern-Parallelismus gegründete einheitliche Feldtheorie (基于黎曼度规与远程平行的统一场论), Mathematische Annalen, 1930, 102: 685-697.

17) Die Kompatibilität der Feldgleichungen in der einheitlichen Feldtheorie (统一场论中场方程的相容性), Sitzungsberichte der Preussischen Akademie der Wissenschaften, Physikalisch-mathematische Klasse, 1930, pp.18-23.

18) Zwei strenge statische Lösungen der Feldgleichungen der einheitlichen Feldtheorie (统一场论中场方程的两个严格静态解), Sitzungsberichte der

Preussischen Akademie der Wissenschaften, Physikalisch-mathematische Klasse, 1930, pp.110-120. (coauthored with Walther Mayer)

19) Zur Theorie der Räume mit Riemann-Metrik und Fernparallelismus (具有黎曼度规与远程平行的空间的理论), Sitzungsberichte der Preussischen Akademie der Wissenschaften, Physikalisch-mathematische Klasse, 1930, pp.401-402.

20) Systematische Untersuchung über kompatible Feldgleichungen, welche in einem Riemannschen Raume mit Fernparallelismus gesetzt werden können (对在可具有远程平行的黎曼空间中的相容场方程的系统研究), Sitzungsberichte der Preussischen Akademie der Wissenschaften, Physikalisch-mathematische Klasse, 1931, pp.257-265. (coauthored with Walther Mayer)

21) Einheitliche Theorie von Gravitation und Elektrizität (引力与电的统一理论), Erste Abhandlung (第一篇), Sitzungsberichte der Preussischen Akademie der Wissenschaften, Physikalisch-mathematische Klasse, 1931, pp.541-557. (coauthored with Walther Mayer)

22) Einheitliche Theorie von Gravitation und Elektrizität, Zweite Abhandlung (第二篇), Sitzungsberichte der Preussischen Akademie der Wissenschaften, Physikalisch-mathematische Klasse, 1932, pp.130-137. (coauthored with Walther Mayer)

23) On a Generalization of Kaluza's Theory of Electricity, Annals of Mathematics, 1938, 39(3): 683-701. (coauthored with Peter Bergmann)

24) A Generalization of the Relativistic Theory of Gravitation, Annals of Mathematics, 1945, 46(4): 578-584.

25) A Generalization of the Relativistic Theory of Gravitation, II, Annals of Mathematics, 1946, 47(4): 731-741. (coauthored with E. G. Straus)

26) A Generalized Theory of Gravitation, Reviews of Modern Physics, 1948, 20(1): 35-39.

27) The Bianchi Identities in the Generalized Theory of Gravitation, Canadian Journal of Mathematics, 1950, 2: 120-128.

28) Algebraic Properties of the Field in the Relativistic Theory of the Asymmetric Field, Annals of Mathematics, 1954, 59(2): 230-244. (coauthored with Bruria Kaufman)

29) A New Form of the General Relativistic Field Equations, Annals of Mathematics, 1955, 62(1): 128-138. (coauthored with Bruria Kaufman)

爱因斯坦拓展广义相对论的努力，一是为了把电磁学纳入引力理论；再者则是统一相对论与量子论（to unify relativity and quantum theory）。这方面的研究，他差不多隔个5年就尝试一次五维理论，中间则是尝试各种四维的联络。后者的底色是引力（广义相对论），试图把电磁纳入引力的表述中，走的还是基本度规张量$g_{\mu\nu}$ → 联络$\Gamma^{\rho}_{\mu\nu}$ → 曲率张量$R_{\mu\nu}$，遵循最小作用量原理的路子。

爱因斯坦一开始是回应卡鲁查以及爱丁顿（Arthur Eddington，1882—1944）的理论，接着他为自己设立的任务是，如果40个分量的联络$\Gamma^{\rho}_{\mu\nu}$是（黎曼几何的）基本量，类似于广义相对论中关于10-分量的度规张量$g_{\mu\nu}$的场方程，那关于$\Gamma^{\rho}_{\mu\nu}$的场方程该是什么样子？爱因斯坦发现从他能得到的关于$\Gamma^{\rho}_{\mu\nu}$的场方程无法得到无源的麦克斯韦方程组。1925年，爱因斯坦找到了一个新方案，其中联络和度规张量$g_{\mu\nu}$都是非对称的。这俩加起来有80个分量。仿引力场方程的方案，他为此引入的作用量为$\int g^{\mu\nu}R_{\mu\nu}\sqrt{g}\,\mathrm{d}^4x$。爱因斯坦将度规张量$g_{\mu\nu}$的对称部分当作引力，反对称部分$g_{\underline{\mu\nu}}$对应电磁场，但是反对称部分$g_{\underline{\mu\nu}}$却不是旋度。这条路走不通。

1928年，爱因斯坦发展了Fern-Parallelismus（远程平行）的概念，英文也叫absolute parallelism或者teleparallelism，对应的情形是非对称的联络可以用16-分量的度规张量表示且曲率张量为零，是几何学家嘉当（Élie Joseph Cartan，1869—1951）早已注意到的一种特例。这个方案无法分离出旧有的引力和电磁部分，故也走不通。但是，爱因斯坦的努力引起了广泛的反响，据说1929年的“Zur Einheitlichen Feldtheorie”一文在英国贴在临街的橱窗里供行人研读。1929年，爱因斯坦的进展是认识到量$B^{\rho}_{\mu\nu}=\Gamma^{\rho}_{\mu\nu}-\Gamma^{\rho}_{\nu\mu}$是个三阶张量。

1945年后，爱因斯坦又回到联络和度规张量$g_{\mu\nu}$都是非对称的统一场论方案。1945年他提议假设$g_{\mu\nu;\rho}\equiv\dfrac{\partial g_{\mu\nu}}{\partial x^{\rho}}-g_{\mu\lambda}\Gamma^{\lambda}_{\rho\nu}-g_{\lambda\nu}\Gamma^{\lambda}_{\mu\rho}$，再后来得到了所谓最终的场方程

$$
\begin{aligned}
&g_{\mu\nu;\rho}=0\\
&\Gamma^{\lambda}_{\mu\lambda}-\Gamma^{\lambda}_{\lambda\mu}=0\\
&R_{\underline{\mu\nu}}=0\\
&R_{\utilde{\mu\nu};\lambda}+R_{\utilde{\lambda\mu};\nu}+R_{\utilde{\nu\lambda};\mu}=0
\end{aligned}
\qquad(6.22)
$$

其中$R_{\underline{\mu\nu}}$, $R_{\utilde{\mu\nu}}$分别是曲率张量$R_{\mu\nu}$的对称和反对称部分。这个方案也被证明走不通。

爱因斯坦统一场论的工作，对于欲学习理论物理的朋友来说是值得认真钻研的，有兴趣的读者可参阅派斯的详细解读[Abraham Pais, Subtle Is the Lord: The Science and the Life of Albert Einstein, Oxford University Press, 1982]。爱因斯坦后半生跨越30年的构造统一场论的努力（图6.4），付诸东流。实际

上，将引力同其它相互作用统一至今没有令人信服的进展。但是，其它三种相互作用，强、弱和电磁作用，却顺利地被统一了。统一的基础是规范场论，那却是统一电磁场与引力之努力的成果。把所有基本相互作用用一个共同的表示统一到一个单一的理论中（unifying all fundamental interactions in a single theory by one common representation），依然是物理学（家）的梦想。

图6.4 爱因斯坦在讲解相对论

6.4.2 五维方案

统一电磁学和引力的一个路径是扩展空间维度。1914年，芬兰物理学家诺德斯托姆（Gunnar Nordström，1881—1923）突发奇想，给出了一个通过把闵可夫斯基时空拓展一维的方案来统合电磁场与引力场 [Über die Möglichkeit, das elektromagnetische Feld und das Gravitationsfeld zu vereinigen (论统一电磁场和引力场的可能性), Physikalische Zeitschrift, 1914, 15: 504-506]。这篇文章的投稿时间是1914年4月3日，比爱因斯坦的引力场论文正式发表时间（1916年3月）差不多提前了两年整。这是在广义相对论出现之前，自然其中论及的时空是平直空间，属于狭义相对论的范畴。该论文内容大略引述如下。

第 6 章

狭义相对论用闵可夫斯基的6-矢量表征以太的电磁状态，旧理论中则是用两个场矢量表示。如果此外还考虑以太中的引力场，那用一个矢量表征以太状态的做法就失效了。在本人[G. Nordström, Physik. Zeitschr. 13, 1126, 1912; Ann. d. Phys. 40, 872, 1913; 42, 533, 1913]*和米[Gustav Mie, Ann. d. Phys. 40, 25, 1913]**的引力理论中，引力场是用一个4-矢量表征的。电磁6-矢量可以记为$\boldsymbol{f}_{xy}$, $\boldsymbol{f}_{yz}$, $\boldsymbol{f}_{zx}$, $\boldsymbol{f}_{xu}$, $\boldsymbol{f}_{yu}$, $\boldsymbol{f}_{zu}$，其中$u = \mathrm{i}ct$，对应的磁场强度$\boldsymbol{B}_x = \boldsymbol{f}_{yz} = -\boldsymbol{f}_{zy} \cdots$；电场强度$-\mathrm{i}\boldsymbol{E}_x = \boldsymbol{f}_{xu} = -\boldsymbol{f}_{ux} \cdots$（其它分量依此类推）。纯粹形式地（rein formal）引入引力4-矢量$\boldsymbol{f}_{wx}$, $\boldsymbol{f}_{wy}$, $\boldsymbol{f}_{wz}$, $\boldsymbol{f}_{wu}$，其中w是一个新维度的坐标，且各分量相对其指标是反对易的，即$\boldsymbol{f}_{wx} = -\boldsymbol{f}_{xw} \cdots$（其它分量依此类推）。可写出如下两组方程

$$
\begin{aligned}
&\frac{\partial f_{xy}}{\partial y} + \frac{\partial f_{xz}}{\partial z} + \frac{\partial f_{xu}}{\partial u} + \frac{\partial f_{xw}}{\partial w} = \frac{1}{c} j_x ;\\
&\frac{\partial f_{yx}}{\partial x} + \frac{\partial f_{yz}}{\partial z} + \frac{\partial f_{yu}}{\partial u} + \frac{\partial f_{yw}}{\partial w} = \frac{1}{c} j_y ;\\
&\frac{\partial f_{zx}}{\partial x} + \frac{\partial f_{zy}}{\partial y} + \frac{\partial f_{zu}}{\partial u} + \frac{\partial f_{zw}}{\partial w} = \frac{1}{c} j_z ;\\
&\frac{\partial f_{ux}}{\partial x} + \frac{\partial f_{uy}}{\partial y} + \frac{\partial f_{uz}}{\partial z} + \frac{\partial f_{uw}}{\partial w} = \frac{1}{c} j_u ;
\end{aligned}
\qquad \text{(I)}
$$

* 应该是Relativitätsprinzip und Gravitation (相对性原理与引力), Physik. Zeitschr., 1912, 13: 1126-1129; Träge und schwere Masse in der Relativitätsmechanik (相对论力学中的惯性质量与引力质量), Annalen der Physik, 1913, 345(5): 856-878和Zur Theorie der Gravitation vom Standpunkt des Relativitätsprinzips (相对原理视角下的引力论), Annalen der Physik, 1913, 347(13): 533-554。在广义相对论出现之前，爱因斯坦、Nordström和Mie等人对相对论（电磁学）和引力的统一视角下的考察值得关注。

** 应该是Gustav Mie的三部曲Grundlagen einer Theorie der Materie (物质理论基础) I, Ann. d. Phys., 1912, 37: 511-534; II, Ann. d. Phys., 1912, 39: 1-40; III, Ann. d. Phys., 1913, 40: 1-66。其中III的part 2 为Ann. d. Phys., 1913, 40: 25-66。

$$\frac{\partial \boldsymbol{f}_{wx}}{\partial x}+\frac{\partial \boldsymbol{f}_{wy}}{\partial y}+\frac{\partial \boldsymbol{f}_{wz}}{\partial z}+\frac{\partial \boldsymbol{f}_{wu}}{\partial u}=\frac{1}{c}\boldsymbol{j}_{w};$$

以及

$$\frac{\partial \boldsymbol{f}_{yz}}{\partial x}+\frac{\partial \boldsymbol{f}_{zx}}{\partial y}+\frac{\partial \boldsymbol{f}_{xy}}{\partial z}=0;$$

$$\frac{\partial \boldsymbol{f}_{zu}}{\partial y}+\frac{\partial \boldsymbol{f}_{uy}}{\partial z}+\frac{\partial \boldsymbol{f}_{yz}}{\partial u}=0;$$

$$\frac{\partial \boldsymbol{f}_{xu}}{\partial z}+\frac{\partial \boldsymbol{f}_{uz}}{\partial x}+\frac{\partial \boldsymbol{f}_{zx}}{\partial u}=0;$$

$$\frac{\partial \boldsymbol{f}_{yu}}{\partial x}+\frac{\partial \boldsymbol{f}_{ux}}{\partial y}+\frac{\partial \boldsymbol{f}_{xy}}{\partial u}=0;$$

$$\frac{\partial \boldsymbol{f}_{zw}}{\partial y}+\frac{\partial \boldsymbol{f}_{wy}}{\partial z}+\frac{\partial \boldsymbol{f}_{yz}}{\partial w}=0; \qquad \text{(II)}$$

$$\frac{\partial \boldsymbol{f}_{xw}}{\partial z}+\frac{\partial \boldsymbol{f}_{wz}}{\partial x}+\frac{\partial \boldsymbol{f}_{zx}}{\partial w}=0;$$

$$\frac{\partial \boldsymbol{f}_{yw}}{\partial x}+\frac{\partial \boldsymbol{f}_{wx}}{\partial y}+\frac{\partial \boldsymbol{f}_{xy}}{\partial w}=0;$$

$$\frac{\partial \boldsymbol{f}_{uw}}{\partial x}+\frac{\partial \boldsymbol{f}_{wx}}{\partial u}+\frac{\partial \boldsymbol{f}_{xu}}{\partial w}=0;$$

$$\frac{\partial \boldsymbol{f}_{uw}}{\partial y}+\frac{\partial \boldsymbol{f}_{wy}}{\partial u}+\frac{\partial \boldsymbol{f}_{yu}}{\partial w}=0;$$

$$\frac{\partial \boldsymbol{f}_{uw}}{\partial z}+\frac{\partial \boldsymbol{f}_{wz}}{\partial u}+\frac{\partial \boldsymbol{f}_{zu}}{\partial w}=0$$

这两组方程关于坐标x, y, z, u, w都是（置换）对称的。粗看起来这两组方程没有什么物理意义。但是，如果令关于坐标w的偏微分为零，则场方程会过渡到电磁场方程和引力场方程，对应的j_x, j_y, j_z, j_u为电流密度4-矢量，而$-\frac{1}{c}j_w$为静止引力质量密度，它们一起构成一个5-电流密度矢量，满足连续性方程。方程(I)第五式是引力场方程，方程(II)的后六式描述引力场的无旋性（Wirbellosigkeit）。上述的10-矢量全面表征以太的物理状态（der letztere Vektor charakterisiert vollständig den physikalischen Zustand des Äthers）。五个坐标轴是正交的，在此空间中，10-矢量在所有点上关于坐标w的偏微分都为零。10-矢量可以表述为一个5-势函数（$\Phi_x, \Phi_y, \Phi_z, \Phi_u, \Phi_w$）的外微分，即$f_{mn}=\frac{\partial \Phi_n}{\partial m}-\frac{\partial \Phi_m}{\partial n}$。

公式(I, II)也让为电磁－引力场统一地构造动量－能量定律（den Impuls-Energiesatz für das kombinierte elektromagnetische und Gravitationsfeld in einheitlicher Weise aufzustellen）成为可能。这个工作具有形式上将电磁场和引力场用一个单一的场（ein einziges Feld）表达出来的优点。这些方程当然没有被赋予新的物理内容（Ein neuer physikalicher Inhalt ist natürlich den Gleichungen damit nicht gegeben），也许这里的形式对称性会有深意。

请注意，在诺德斯托姆这里是将4-矢量的引力势通过空间第五维的引入加到电磁6-矢量上完成的统一（统合），表现为一个10-矢量的形式。从数学上看，5×5反对易矩阵有10个独立变量，这就是理论的基础。数学家对此心知肚明。

拓展时空到五维空间以统一电磁学和引力，后世一般都会归功于两位数学家，即德国人卡鲁查和瑞典人克莱因（Oscar Klein，1894—1977）。该理论后来被称为Kaluza-Klein理论，不过他们俩的工作是独立的、不同的，且前后相差5年。卡鲁查1921年发表了《物理学中的一体性问题》[Theodor Kaluza, Zum Unitätsproblem in der Physik, Sitzungsber. Preuss. Akad. Wiss. Berlin, 1921, pp.966-972]一文，其英文译本“On the Unification Problem of Physics”似乎多有不妥处。

在广义相对论中，对物理的表征除了用到度规张量$g_{\mu\nu}$外，电磁4-矢量$\boldsymbol{q}_\mu$也应该纳入考虑。欲克服同时存在电磁与引力这种两重性，这要求一个全面一体的世界图景（ein restlos unitarisches Weltbild）。此前有一个大胆的尝试来自外尔，基于几何学的考量，其在度规张量$g_{\mu\nu}$之外引入了一个几何基本矢量，可诠释为电磁势。外尔的尝试有诠释上的困难*。可以有另一种途径，即认为引力和电磁场源于单一的普适张量（einem einzigen universellen Tensor）。

凭猜测，电磁场强张量$\boldsymbol{f}_{\mu\nu}$可能是3-指标的量，即Christoffel符号

$$\Gamma^k_{i\lambda}=\begin{bmatrix} i\lambda \\ k \end{bmatrix}=\frac{1}{2}(g_{ik,\lambda}+g_{k\lambda,i}-g_{i\lambda,k}) \tag{6.23}$$

的某种截断**。因为在四维空间里只有上述这一个3-指标的量，不得已只好求助于引入第五个维度以扩展空间这样的奇怪想法。五维空间有35个Christoffel符号。

记新引入的第五维坐标的指标为0，从前的4-时空的坐标指标为1, 2, 3, 4。在采用了柱条件（Zylinderbedingung，即关于坐标x^0的导数取为零），以及四维时空（x^1, x^2, x^3, x^4）约为欧几里得空间的近似条件下，发现曲率张量

* 仅仅一年后，即1922年，薛定谔就送上了一个新的诠释；等1924—1926年有了量子力学以后，外尔的尝试最终很快导向了规范场论。参见拙著《云端脚下》。

** 德语原文verstümmlte、英译本的truncated、这里笔者选择的汉译截断，都不能表达真实的情形。1) 学问初创，原作者也未能精准把握。何况是未能确立其正确性的理论。2) 真正的把握只在数学公式中。读者请细品。

$R_{\mu\nu}$的15个分量可分解为：

1) 引力场方程的左侧部分；

2) 电磁场的麦克斯韦方程组（对应的内容）；

3) 一个泊松方程$R_{00} = -\square(g_{00}/2)$，意义不明（记$g_{00} = \phi^2$。这个卡鲁查标量场$\phi$后来引出了太多的故事）。

特别说明，指认麦克斯韦方程组要求速度分量u^0正比于e/m。

这个尝试提供了把引力和电看作一个普适场之表现（Gravitation und Elektrizität als Äußerungen eines universellen Feldes zu erkennen）的希望。

1926年4月28日克莱因递交了一篇题为《量子理论与五维相对论》[Oscar Klein, Quantentheorie und fünfdimensionale Relativitätstheorie, Zeitschrift für Physik, 1926, 37: 895-906]的论文，开篇即指明这是对卡鲁查用五维空间统合电磁学与引力的理论同德布罗意/薛定谔的量子理论之间的结合。注意此时薛定谔奠立量子力学的经典论文“Quantisierung als Eigenwertproblem（量子化是本征值问题）”的四部分还只发表了两部分。当年9月3日克莱因又投稿了论文[The Atomicity of Electricity as a Quantum Theory Law, Nature, 1926, 118 (2971): 516]，文中把第五维度当作是闭合的（closed in the direction of x^0），以一个同普朗克常数h有关的周期在振荡。在这个图景里，电磁学（狭义相对论）、引力（广义相对论）和量子力学，以及数学的黎曼几何，有机地结合到一起。这让讲明白这个故事的尝试显得非常吃力*。有读者如欲深入理解相关内容，派斯的爱因斯坦传记*Subtle Is the Lord*的“17d. Relativity and Post-Riemannian Differential Geometry（相对性与后黎曼微分几何）”一节是特别棒的总结，极具参考价值。

* 此可作为作者也不懂的充分证据。

针对所谓的五维相对论，写出五维空间的黎曼线元$\mathrm{d}\sigma^2 = \sum \gamma_{ik}\mathrm{d}x^i\mathrm{d}x^k$，其中$i, k = 0, 1, 2, 3, 4$。为了同通常的四维时空（$x^1, x^2, x^3, x^4$）里的记号相区别，这里五维度规张量用记号$\gamma_{ik}$。五维度规张量有15个协变分量。在五维理论中引入一个特别的假设，即γ_{ik}不依赖于第五维坐标x^0。由此，又可以假设$\gamma_{00} = \alpha$是一常数。如果要在五维线元表示中有另立的、通常四维时空的线元表示$\mathrm{d}s^2$，即形式上有$\mathrm{d}\sigma^2 = \alpha\mathrm{d}\theta^2 + \mathrm{d}s^2$，这可以通过令

$$\gamma_{0i} = \alpha\beta\phi_i \tag{6.24}$$

$$\gamma_{ik} = g_{ik} + \alpha\beta^2\phi_i\phi_k$$

来达成，这里的$i, k = 0, 1, 2, 3, 4$，而4-矢量ϕ_i可以同电磁势相类比。仿广义相对论，引入不变量

$$P = \gamma^{ik}(\Gamma^u_{i\mu, k} - \Gamma^u_{ik, \mu} + \Gamma^\nu_{i\mu}\Gamma^\mu_{k\nu} - \Gamma^\mu_{ik}\Gamma^\nu_{\mu\nu}) \tag{6.25}$$

上式中对Christoffel符号$\Gamma^\nu_{i\mu}$的“逗号后加指标”是指对该指标的坐标求微分。构造作用量

$$J = \int P\sqrt{-\gamma}\,\mathrm{d}x^0\mathrm{d}x^1\mathrm{d}x^2\mathrm{d}x^3\mathrm{d}x^4 \tag{6.26}$$

运用最小作用量原理，即要求$\delta J = 0$，得到运动方程

$$R^{ik} - \frac{1}{2}g^{ik}R + \frac{\alpha\beta^2}{2}S^{ik} = 0,\quad \frac{\partial\sqrt{-g}\,F^{i\mu}}{\partial x^\mu} = 0,\quad i, k = 0, 1, 2, 3, 4 \tag{6.27}$$

第一个式子看起来是爱因斯坦引力场方程，第二个让人想起麦克斯韦方程组。如果用$P + k\gamma_{ik}\Theta^{ik}$，$i, k = 0, 1, 2, 3, 4$，代替$P$，这是描述电磁－引力场同物质作用的情形，由此得到的运动方程，加上连续性方程，可以归结为一个方程

$$P^{ik} - \frac{1}{2}\gamma^{ik}P + k\,\Theta^{ik} = 0 \tag{6.28}$$

这里的$i, k = 0, 1, 2, 3, 4$，但i, k不能同时为0，共有14种情形，恰好是10个

分量对应引力的张量，4个分量对应电磁势矢量。接下来，由拉格朗日量走向哈密顿力学，又和量子化搭上了关系。量子力学从一个不同的角度建议应对场方程的几何做根本性的改变。

在发表在《自然》上的论文中，克莱因直接写出线元的表达式

$$d\sigma^2 = (dx^0 + \beta\phi_i ds^i)^2 + \sum\gamma_{ik}dx^i dx^k,\ \ i, k = 0, 1, 2, 3, 4 \tag{6.29}$$

其中选择$\beta = \sqrt{2k}$，k为爱因斯坦引力常数，则爱因斯坦理论可以用这个线元中的度规张量所导出的曲率张量表示。表示粒子运动之测地线的拉格朗日函数可选择如下形式

$$L = \frac{1}{2}m\left(\frac{d\sigma}{d\tau}\right)^2 \tag{6.30}$$

由于（假设）不含有x^0，则动量p_0沿测地线为常数。如果选$p_0 = \epsilon/\beta c$，则其它四个动量分量就是通常四维时空里的带电粒子动量的形式。注意电荷是电子电荷e的整数倍，故有

$$p_0 = Ne/\beta c \tag{6.31}$$

这个公式建议电的不可分性（this formula suggests that the atomicity of electricity）可以诠释为某种量子规律*。如果进一步假设五维空间是闭合的，长度周期为l，则$l = \frac{hc\sqrt{2k}}{e} \approx 8 \times 10^{-33}$ m，这是一个普朗克长度的尺度。这是对第五个维度不出现（non-appearance）的解释。

为时空拓展一个额外维度不是一件小事。如果不引入柱条件，全变量的相对论的数学因为这一个额外的自由度会变得极为复杂。完全的卡鲁查方程的曲率张量就得借助软件推导，而在2020年才有人宣称给出了五维协变形式

* 不得不说，瞎联系是一种重要的物理学研究方法。

的能量－动量张量$T_{\mu\nu}$的正确形式[L. L. Williams, Field Equations and Lagrangian of the Kaluza Energy-Momentum Tensor, Advances in Mathematical Physics, 2020: 1263723]，包括电磁场贡献$T_{\mu\nu}$、卡鲁查标量场项，以及一个额外的复杂表达式。在后两者中卡鲁查标量场ϕ以ϕ^{-1}的面貌出现，总让人心里不太踏实。关于Kaluza-Klein理论名义下的通过空间扩展的方式以求统一（甚至纳入强－弱相互作用）的理论，应该说到目前为止尚未有实验观察到额外维度存在的报道。Kaluza-Klein理论是弦论的先驱。

时空到底是3 + 1维的还是4 + 1维的，还是一个争议中的问题。在笔者看来，也许3 + 1维的时空容量不够大。但是，简单地拼接一个维度的做法未必奏效。空间的特性更多地在于结构而非仅仅是维度。Geometry is algebraic! 几何是代数的，必须考虑对应的代数结构。3 + 1维时空的诸多物理恰当性，可能与$(ict; x, y, z)$的双四元数（biquaternion）结构有关，其退化的$(x; ict)$二元数（复数）结构、四元数结构$(r; x, y, z)\in Q$以及作为四元数作用之对象的旋量，给表述物理学提供了相当有效的数学工具。4 + 1维时空有什么样的代数结构呢？没有powerful algebraic structure就难免让人心虚。比如五元代数肯定不是可除代数，就会至少限制其运算。拿一点儿黎曼几何和非黎曼几何技巧就当作物理捣腾那么多年，也是真不怕人家数学家笑话。我瞎说哈，也许某个4 + 2维时空会提供一体化处理物理的相互作用的自然几何结构和相应的代数结构。

对于不同作用的统合、统一，不是简单地把它们纳入一个表达式，比如高维的空间里的一个表达，或者在某个表达式比如拉格朗日量里多添那么几项，然后在某些无支撑的假设下得到了分立的旧有表述。作为好的统一，旧有的理论要么自然而然地出现，要么是作为升级版的理论的近似，与此同时要带出新的物理以作为如此统一的合理性的证据。此外，两种作用在新的理论中要表现出某种耦合（coupling）来，否则统一没有意义，作为分立的两个理论岂不更好。

统一是否有进展的一个判据应该是看是否产生了一些新内容且同时再现了一些旧有内容（to produce something new and to reproduce something old）。对统一的追求，爱因斯坦1901年有段话说得特别好，“it is a wonderful feeling to recognize the unifying features of a complex of phenomena which present themselves as quite unconnected to the direct experience of the senses（认识到对于直接的感官体验表现得毫不相干的一团现象之统一特征，那感觉真是好极了）”。

五维理论给笔者的印象是，看似朝向统一，又仿佛是在做分割。笔者无意于充分阐述这方面的理论，故略去不提。读者朋友们知道追求物理理论统一的征途上我们曾经过这些风景就好。

6.4.3 规范场论

福克和外尔也都有五维空间理论，而且联系到了量子力学。外尔对相对论和黎曼几何的发展[Hermann Weyl, Gravitation und Elektrizität (引力与电), Sitz. Kön. Preuss. Akad. Wiss., 1918, 26: 465-478; Eine neue Erweiterung der Relativitätstheorie (对相对论的一个新的扩展), Annalen der Physik, 1919, 59 (10): 101-133; Elektron und Gravitation (电子与引力) I., Zeitschrift für Physik, 1929, 56(5-6): 330-352]，其间经过薛定谔 [Erwin Schrödinger, Über eine bemerkenswerte Eigenschaft der Quantenbahnen eines einzelnen Elektrons (论单电子量子轨道的一个值得关注的特性), Zeitschrift für Physik, 1922, 12: 13-23]和福克[Vladimir Fock, Über die invariante Form der Wellen- und der Bewegungsgleichungen für einen geladenen Massenpunkt (带电质点的波方程和

运动方程的不变形式), Zeitschrift für Physik, 1922, 39: 226-232]的工作，发展成了规范场论。规范场论是统一场论（标准模型）的理论基础。薛定谔也一直研究统一场论的问题，这也是他和爱因斯坦、外尔可为伯仲的地方。薛定谔的《时空结构》一书是修习相对论、统一场论的绝佳入门参考书。有趣的是，统一引力与电磁作用的努力自身付诸东流，后来发现的强弱相互作用却一定程度上实现了与电磁作用的统一，且是在规范场论的框架中实现的统一。

规范场论的基本思想是，一个相对于一个刚性连续群G不变的局域场论，在对称性群变成了时空依赖的群$G(x)$时，如果把拉格朗日量中通常的微分替换为协变微分$\partial_\mu \to D_\mu = \partial_\mu + A_\mu(x)$，其中$A_\mu(x)$为矢量场。替换$\partial_\mu \to D_\mu = \partial_\mu + A_\mu(x)$称为规范原理而微分$D_\mu$称为协变的，因为其关于群$G(x)$协同变换，$D_\mu \to g^{-1} D_\mu g$，其中$g \in G(x)$ [参见L. O'Raifeartaigh, The Dawning of Gauge Theory, Princeton University Press, 1997，以及同名作者1996年的网文“The Evolution of the Gauge Principle”]。必须说，群论、几何学（黎曼几何，后黎曼几何）、相对论、量子力学、量子场论与规范场论等是基本的入门功课。感兴趣的读者请参阅相应的专著。

6.5 弱电统一与大统一理论

6.5.1 强相互作用

在1920年代，人们逐渐确立了如下的图像：原子核由质子和中子在一个典型尺度为10^{-15} m的空间上构成。在这样的尺度上质子间存在强烈的电磁排斥*，但是原子核却是相当稳定的，这让人们猜测质子（包括中子）间存在某种强烈的吸引作用。强相互作用将质子、中子这些核子约束在一起，构成稳定的原子核（如果质子太多，也可能因为电磁作用变得不那么稳定了，于是有核裂变现象）。1930年代，维格纳用强弱两种核力解释原子核的行为，强的核力负责解释质子（中子）之间的吸引以形成原子核，在这个意义上质子、中子是等价的（同位旋对称性）；弱的核力解释原子核的衰变。同位旋（isospin）是一种对称性，也是一个量子数。1932年，海森堡提议质子和中子是某种对称意义下的同一种粒子[Werner Heisenberg, Über den Bau der Atomkerne (原子核的构造) I., Zeitschrift für Physik, 1932, 77: 1-11]，这可以解释它们具有相同的质量。1937年，维格纳为这种新的性质取名同位旋[Eugene Wigner, On the Consequences of the Symmetry of the Nuclear Hamiltonian on the Spectroscopy of Nuclei, Phys. Rev., 1937, 51: 106-129]。1935年，日本物理学家汤川秀树（Hideki Yukawa, 1907—1981）构造了一个场论，其中提议存在介子（meson）中介核子间强的核力。那个具体的介子，π介子，在1947年被实验证实。

粒子碰撞实验，特别是质子散射的结果让人们注意到，类似质子、中子以及其它的重子是有内部结构的。1964年，盖尔曼和茨威格（George Zweig，1937—）独立提出了夸克模型。简单说来，夸克共有6种（up, down; top, bottom; charm, strange）。夸克带有色荷，夸克间通过交换胶子（gluon）发生强相互作用。强相互作用描述夸克间的相互作用。在重子（目前已知有200余种）的层面上，世界是无色的（colorless），即色荷之和为零。质子、中子这些核子间的吸引，所谓的核力，是强相互作用的残余

* 氢原子是例外，其原子核中只有一个质子，其氕同位素的原子之原子核甚至只有一个孤零零的质子。氢是独特的（unique），学物理、化学、材料和生物的读者都请记住这一点。

（residual effect），类似电中性颗粒间的范德瓦尔斯力是电磁作用的残余。

强相互作用用量子色动力学（quantum chromodynamics）描述。量子色动力学是基于规范群$SU(3)$的非阿贝尔规范场论。量子色动理论的色荷有三种，夸克间的相互作用为强相互作用，由胶子中介。描述量子色动力学的拉格朗日量密度为

$$L_{\mathrm{QCD}} = \bar{\psi}_i[\mathrm{i}\gamma^{\mu}(D_{\mu})_{ij} - m\delta_{ij}]\psi_i - \frac{1}{4}G^a_{\mu\nu}G^{\mu\nu}_a \tag{6.32}$$

其中$\psi_i(x)$是夸克场，γ^{μ}是连接洛伦兹群的旋量表示和矢量表示的矩阵。特别地，规范协变导数$(D_{\mu})_{ij} = \partial_{\mu}\delta_{ij} - \mathrm{i}g(T_a)_{ij}A^a_{\mu}$，其中$T_a$是$SU(3)$的生成元，$g$是耦合常数，而

$$G^a_{\mu\nu} = \partial_{\mu}A^a_{\nu} - \partial_{\nu}A^a_{\mu} + g f^{abc}A^b_{\mu}A^c_{\nu} \tag{6.33}$$

表示胶子场强张量，其中A^a_{μ}是胶子场，而f^{abc}是$SU(3)$群的结构常数。

6.5.2 弱相互作用

中子会衰变为一个质子和一个电子，后来又加上一个新概念——中微子——以解释该过程的能量守恒与动量守恒，再后来这里的中微子被确定为反电子中微子，$n \rightarrow p^+ + e^- + \bar{\nu}_e$。1933年费米（Enrico Fermi，1901—1954）构造了一个理论来解释β衰变，定义了一种新的作用，即弱相互作用[Enrico Fermi, Versuch einer Theorie der β-Strahlen (β射线理论初探) I, Zeitschrift für Physik, 1934, 88(3-4): 161-177]。弱相互作用影响标准模型里的所有费米子，以及希格斯玻色子。中微子只参与弱相互作用和引力。参与弱相互作用的费米子交换三种粒子，所谓的力携带者，即W^+, W^-, Z^0三种玻色子。弱相互作用的一个独特之处是调换夸克的味（flavor）量子数。中子衰变反应$n \rightarrow p^+ + e^- + \bar{\nu}_e$可以理解为弱相互作用把中子里的一个下夸克（d quark）给变

成了上夸克（u quark），见图6.5。弱相互作用遵循宇称不守恒和电荷 – 宇称不守恒。在弱相互作用中，用于描述与W^+相互作用中的粒子标签，类似电荷之于电磁相互作用或者色荷之于强相互作用，是弱同位旋，用于描述与Z^0相互作用中的粒子标签则称为弱荷。

图6.5　将中子（udd）中的一个d quark换成u quark，就变成了质子（uud）

描述弱相互作用的理论称为量子味动力学（quantum flavordynamics）。不过，也许是在量子味动力学发展的过程中统一场论的思想已经深入人心，弱相互作用在电 – 弱理论中得到了更好的表述。弱相互作用也许是因为牵扯的对象太多，显得不是那么数学，因此不是那么令人信服。

6.5.3 电 – 弱相互作用

描述基本粒子间电磁相互作用的理论是量子电动力学，融入了量子力学和相对论的内容，由朝永振一郎（Sin-Itiro Tomonaga，1906—1979）、费曼和施温格（Julian Schwinger，1918—1994）于1940年代独立地完成。其中，狭义相对论的洛伦兹变换反映的是描述电磁现象的麦克斯韦方程组的对称性

（之一部分）*。电磁学纳入了量子力学内容，描述力之强度的参数为结构常数$\alpha=\dfrac{e^2}{\hbar c}$。作为量子场论的外行，我得说，量子电动力学的拉格朗日量密度

$$L_{\text{QED}}=\bar{\psi}_i[\mathrm{i}\gamma^{\mu}D_{\mu}-m]\psi_j-\frac{1}{4}F^{\mu\nu}F_{\mu\nu} \tag{6.34}$$

是优雅的。模仿量子电动力学构造的其它作用的拉格朗日量也是优雅的。

电磁相互作用和弱相互作用看似截然不同，却是在理论上被描述为同一个作用的不同侧面，格拉肖（Sheldon Glashow，1932—）[The Renormalizability of Vector Meson Interactions, Nucl. Phys., 1959, 10: 107-117]、萨拉姆(Abdus Salam，1926—1996) [Abdus Salam, J. C. Ward, Weak and Electromagnetic Interactions, Nuovo Cimento, 1959, 11(4): 568-577]和温伯格[A Model of Leptons, Phys. Rev. Lett., 1967, 19(21): 1264-1266]对统一弱电相互作用做出了贡献。轻子（lepton）的概念是比利时物理学家罗森菲尔德（Léon Rosenfeld，1904—1974）于1948年提出来的，指电子那样的只受弱相互作用影响的费米子。

1954年Yang-Mills（杨－米尔斯）场的提出，让用场论方法统一弱－电作用成为可能，所用的规范群为$SU(2)\times U(1)$。群$SU(2)$的3个生成元被命名为弱同位旋(T)，群$U(1)$的1个生成元被命名为弱超荷（weak hypercharge，Y）。这些带来了中介电弱作用的、对应弱同位旋的W玻色子和对应弱荷的B玻色子。这些玻色子都是无质量的。在发生自发对称破缺后，加上经由希格斯机制，表现出的可观测的粒子为有质量的W^+，W^-，Z^0，以及无质量的

* 麦克斯韦方程组还有其它的对称性，而且也有重要的物理。比如，玻尔兹曼在1897年就指出，麦克斯韦方程组在变换$t\to -t$；$\boldsymbol{E}\to\boldsymbol{E}$；$\boldsymbol{B}\to -\boldsymbol{B}$下是不变的。

光子。

描述电弱作用的拉格朗日量密度为

$$L_{\mathrm{EW}} = \overline{\psi}_i\gamma^\mu\left[\mathrm{i}\partial_\mu - \frac{1}{2}g'Y_W B_\mu - \frac{1}{2}g\vec{\tau}_\mathrm{L}\vec{W}_\mu\right]\psi_j - \frac{1}{4}W^a_{\mu\nu}W^{\mu\nu}_a - \frac{1}{4}B^{\mu\nu}B_{\mu\nu} \tag{6.35}$$

其中B_μ是$U(1)$规范场，Y_W是$U(1)$群的生成元，$\vec{W}_\mu$是$SU(2)$规范场，$\vec{\tau}_\mathrm{L}$是$SU(2)$群的生成元（这里的L指的是只对左手性费米子起作用），g', g是耦合常数，$W^{\mu\nu}_a$和$B^{\mu\nu}$是相应场的场强张量。

这个规范场论的麻烦是，无法把费米子质量加进去，因为$m\overline{\psi}\psi$在群$SU(2)\times U(1)$不是不变的。此外，也无法为两个规范场添加质量项。这事儿，得全盘考虑。将来会有希格斯机制来救驾。

6.5.4 标准模型

电弱模型的成功，激起了人们为粒子世界提供统一图像的热情。1967年，温伯格[Steven Weinberg, A Model of Leptons, Physical Review Letters, 1967, 19(21): 1264-1266]和萨拉姆[Abdus Salam, J. C. Ward, Electromagnetic and Weak Interactions, Physics Letters, 1964, 13(2): 168-171]把希格斯机制[F. Englert, R. Brout, Broken Symmetry and the Mass of Gauge Vector Mesons, Physical Review Letters, 1964, 13(9): 321-323; P. W. Higgs, Broken Symmetries and the Masses of Gauge Bosons, Physical Review Letters, 1964, 13(16): 508-509; G. S. Guralnik, C. R. Hagen, T. W. B. Kibble, Global Conservation Laws and Massless Particles, Physical Review Letters, 1964, 13(20): 585-587]引入了格拉肖的电弱理论，就得到了标准模型。标准模型这个词就来自温伯格。希格斯机制在1964年被很多人提出，如同1956年空气里到处飘扬着对弱相互作用宇称守恒的怀疑。这证明了罗素曾阐述的新思想的产生机制，一个思想在

同时代的许多人脑海里酝酿，某一天在某些人的头脑中突然结晶了。标准模型试图在一个统一的框架下描述强－弱－电磁三种作用，以及对基本粒子的分类（图6.6）。到了1970年代，大量的粒子被发现，但图像也逐渐变得清晰起来。有3个轻子－夸克家族，$\begin{pmatrix}\nu & e\\ u & d\end{pmatrix}$、$\begin{pmatrix}\nu' & \mu\\ c & s\end{pmatrix}$和$\begin{pmatrix}\nu'' & \tau\\ t & b\end{pmatrix}$，它们在群表示和规范耦合的意义下是相同的，以同种方式但是不同的质量参数同希格斯场耦合。

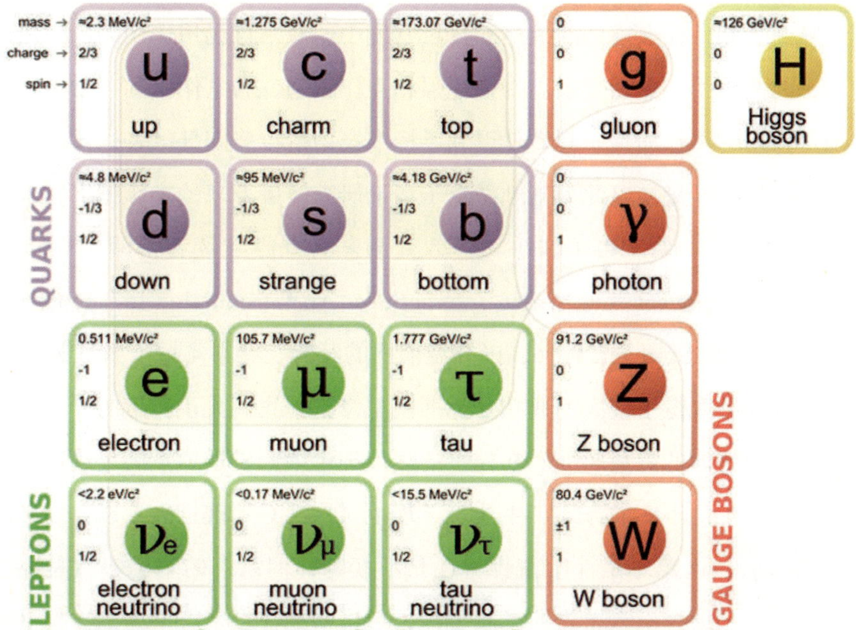

图6.6　标准模型的角色谱，计有夸克（6）、轻子（6）、规范玻色子之光子（1）、弱作用玻色子（3）、胶子（8），以及希格斯玻色子（1）

在标准模型中，希格斯场是对应$SU(2)_L$群（L指作用于左手性费米子）的复标量

$$\varphi = \frac{1}{\sqrt{2}}\begin{pmatrix}\varphi^{+} \\ \varphi^{0}\end{pmatrix} \tag{6.36}$$

两个分量的弱荷都为1，此处的(+ , 0)是电荷指标。含希格斯场的拉格朗日量密度为

$$L_{\mathrm{H}} = \left|\left[\partial_{\mu} + \frac{\mathrm{i}}{2}(g'Y_W B_{\mu} + g\vec{\tau}_{\mathrm{L}}\vec{W}_{\mu})\right]\varphi\right|^{2} - \frac{\lambda^{2}}{4}(\varphi^{+}\varphi - v^{2}) \tag{6.37}$$

其中v是希格斯场的真空期望值，是手动加入的（put in by hand）。这个拼凑的表达式丑陋且令人生疑。

除此之外，标准模型的拉格朗日量密度中还有来自汤川作用的L_{Y}，描述费米子间的作用，更加复杂。将描述强相互作用的、弱电作用的、希格斯场和汤川作用的贡献加到一起，就得到了标准模型的拉格朗日量表达式。如此复杂的拉格朗日量，以此为基础做量子场论研究，接下来的工作超出作者的理解能力，不（无）再（法）做深入介绍。有兴趣的读者请阅读Florian Scheck著Electroweak and Strong Interactions: An Introduction to Theoretical Particle Physics, Springer, 1996，以及温伯格的经典三卷本《量子场论》。

标准模型取得了极大的成功。标准模型修正了我们关于质量的概念。从前，质量是物体的内禀属性。在粒子的规范理论中，质量项不满足规范对称性。为了以规范不变的方式产生质量，规范对称性必须被打破，以自发破缺的方式打破。这意思是，哈密顿量还是不变的，但系统的基态不再是不变的。此目标是通过引入希格斯场实现的，希格斯场在真空态不为零。标准模型还以极大的精度预言了弱中性流和$(W^{\pm}, Z^{0})$玻色子的性质。

2012年希格斯玻色子的发现标志着标准模型的完成。标准模型也遗留诸多未能解释的问题，因而被认为不是一个完备的理论，比如它没纳入中微子振荡和中微子质量问题。不过，有人把它没有解释由宇宙学观测得来的一些

关于物质或者粒子的结论也当作它的缺陷，这就有点儿强人所难。另一方面，有人夸赞标准模型是the theory of almost everything，也有些夸张了[R. Oerter, The Theory of Almost Everything: The Standard Model, the Unsung Triumph of Modern Physics, Penguin Publishing Group, 2006, p.2]。

6.5.5 大统一理论

任何试图把强相互作用与电－弱相互作用在高能段统一起来的理论都是大统一理论（grand unified theories, GUT）。所谓的统一，如果经由规范场论来实现，那首先是一个找到一个更大的、恰当的（包含低阶群但表示的维度不是特别高*）高阶群的问题。故事依然是基于在一个紧致半单李群G下不变的拉格朗日量去构造恰当的量子场论。已知电磁作用的规范群是$U(1)$群，弱相互作用的规范群是$SU(2)$群，强相互作用的规范群是$SU(3)$群。在低能近似下，这个群可以选择为$G_{SM} = SU(3) \times SU(2) \times U(1)$，这是标准模型。大统一理论想统一强－弱－电磁这三种相互作用，其规范群至少应该满足包含$G_{SM} = SU(3) \times SU(2) \times U(1)$的条件。可选的维度最低的群为$SU(5)$群或者$SO(10)$群。$SU(n)$有$n^2 - 1$个生成元，故$SU(2)$群有3个生成元（可用泡利矩阵表示），$SU(3)$群有8个生成元（可用盖尔曼矩阵表示）。$SU(5)$群有24个生成元，其最小不可约表示有5维和10维的。选择5维（5×5矩阵）表示，可以将前8个生成元左上角的3×3矩阵选为$SU(3)$的8个生成元（其它未说明的元素为0。下同），将第9, 10, 11生成元右下角的2×2矩阵选为$SU(2)$的3个生成元。在此基础上，利用归一化条件

$$\mathrm{Tr}[L^a, L^b] = 2\delta^{ab} \tag{6.38}$$

可以唯一地确定一个迹为零的5×5矩阵，指定为第12个生成元。进一步利用生成元的交换关系，就可以确定全部的24个生成元了。这只是万里长征的第

*　可惜，其实没法低。

一步。把粒子的属性按照群表示分类、指认，解释费米子之间的质量关系，构造出一个令人信服的理论，太具有挑战性了。笔者不懂，打住。

$SU(5)$是能想象到的最优雅的、简单到不能再简单了的统一夸克与轻子的理论，将标准模型里的（粒子）性质清晰地予以编码。然而，它依然不是个令人信服的理论，至少不是无可指责的，比如它暗示了许多无法证实的现象，比如质子衰变。目前还没有令人信服的、自洽的大统一理论。

6.6 终极理论

标准模型、大统一理论对强－弱－电磁三种作用的统一还未做到免于饱受挑剔的程度，但这不妨碍人们思索把引力也一并统一了的努力。统一全部四种基本相互作用的理论被称为the theory of everything，也称为终极理论（the final theory）、统一场论等等。所谓的终极理论，应该是包罗万象的理论，能解释这个宇宙中所有的物理现象。

有一种观点认为，广义相对论和量子力学是最具最终理论的气质的了。于是，所谓的终极理论在一些场合被理解成了统一量子力学和广义相对论。有观点认为这两种理论的不兼容体现在引力是大尺度的理论而量子力学只是在微观尺度上成立，这多少对量子力学有些误解。笔者的个人观点是，广义相对论，以及热力学、经典力学和规范场论，是那种原理性的理论，而量子力学不是——它是一种实用主义的拼凑。量子力学虽然在其诞生阶段涉及的是微观问题，在原子以及亚原子尺度上展现出威力，但没有任何理由认为它的地盘是微观领域。为了解决量子力学与广义相对论之间不兼容的问题，就要找到把相对论和量子力学的地盘（realm）和谐地拼成一个无缝的整体

（seamless whole）的方案，否则恐怕会是竹篮打水。如果量子力学是未来的终极理论的有机部分，那首先它自身的完善是必须的。温伯格认为，量子场论是更恰当的量子理论。

大统一理论尚有缺漏，至于终极理论，那是愿望，是梦想，目前看也是幻觉。不管是先前的统一电磁学与引力，还是后期的统一引力与量子力学，都没看到一丝希望。似乎问题出在我们对引力的理解上。重力（gravity）束缚了人类的身体，也束缚了人类的大脑。

构建终极理论，笔者以为，最重要的是找到这四种作用都现身的物理情景（situation），而不是对着当前的广义相对论和量子力学的公式费力琢磨。在撰写《黑体辐射——一只会下物理金蛋的鹅》一书的过程中，笔者注意到普朗克的黑体辐射公式$\rho_{\upsilon}\mathrm{d}\upsilon=\frac{8\pi\upsilon^2}{c^3}\frac{h\upsilon}{\mathrm{e}^{h\upsilon/k_{\mathrm{B}}T}-1}\mathrm{d}\upsilon$是将$k_{\mathrm{B}}$, h, c三个普适常数集于一身的公式，可与其相媲美的大概只有欧拉公式$\mathrm{e}^{\mathrm{i}\pi}+1=0$了，后者一身集齐了0, 1, i, e, π这五个数学要素。普适常数k_{B}, h, c出没于电磁理论，在弱相互作用和强相互作用的理论中出没的也还是这三个普适常数中的两个，h, c。笔者忽然想到，如果有一个公式能同时纳入G, e, h, c这四个普适常数，这可能算是统一理论了。显然，这个理论对应的物理情景应该在黑体辐射之上。狭义相对论和广义相对论结合，辐射与引力场共存，这样的场景可能是G, e, h, c融合的场合。

笔者是粒子物理盲，无力理解粒子物理的诸多内容。此处只是就粒子物理追求理论统一的努力给出几句外行式的介绍，读者或可感知到构造统一理论的艰难。统一意味着紧致、简单，但有能力统一的理论必然有更高的维度、包容更多的内容，也许会要求更复杂的数学，因此追求统一是一项异于寻常的挑战。

第 6 章

多余的话

物理理论是受人类数学能力限制的卑微游戏。

初学量子力学时很容易遇到如下说法，玻恩－海森堡－约当的矩阵力学版量子力学，同薛定谔的波动力学相结合，提供了关于量子力学的统一的形式体系（unified formalism）。这个说法有些太急躁。笔者以为，没有泡利的方程、狄拉克的方程以及冯·诺伊曼关于希尔伯特空间的论述，量子力学的形式体系远谈不上完备。这些，如果再加上外尔和维格纳基于群论对量子力学表述的发展，也许才能提供一个关于量子力学的大概、粗略、初步的描述。

认识（知识）的统一，是对存在一体性、普适性的顺应。宇宙为一！

建议阅读

[1] Hasan S. Padamsee. Unifying the Universe: The Physics of Heaven and Earth. IOP Publishing, 2002.
[2] Judy Franklin, Ellyn Davis. The Physics of Heaven. Destiny Image Publishers, 2015.
[3] Giorgio de Santillana. The Origins of Scientific Thought. Plume, 1970.
[4] Wolfram Hergert, Thomas Wriedt. The Mie Theory: Basics and Applications. Springer, 2012.
[5] Frank Wilczek. The Lightness of Being: Mass, Ether, and the Unification of Forces. Basic Books, 2010.
[6] Robert Edward Grant, Talal Ghannam. Philomath: The Geometric Unification of Science & Art Through Number. independently published, 2021.
[7] John Joseph Fahie. A History of Electric Telegraphy to the Year 1837. E. & F. N. Spon, 1884.
[8] Dan Ch. Christensen. Hans Christian Ørsted: Reading Nature's Mind. Oxford

University Press, 2014.

[9] A. P. French, J. R. Tessman. Displacement Currents and Magnetic Fields. Am. J. Phys., 1963, 31: 201-204.

[10] P. A. Mello. A Remark on Maxwell's Displacement Current. Am. J. Phys., 1972, 40: 1010-1013.

[11] Tianyu Cao. From Current Algebra to Quantum Chromodynamics: A Case for Structural Realism. Cambridge University Press, 2010.

[12] Jeroen van Dongen. Einstein's Unification. Cambridge University Press, 2013.

[13] Richard Talman. Geometric Mechanics: Toward a Unification of Classical Physics, second edition. Wiley-VCH, 2007.

[14] Abraham Pais. Subtle Is the Lord: The Science and the Life of Albert Einstein. Oxford University Press, 1982.

[15] 曹则贤. 云端脚下——从一元二次方程到规范场论. 世界图书出版公司, 2021.

[16] Jiri Hořejší. Introduction to Electroweak Unification: Standard Model from Tree Unitarity. World Scientific, 1994.

[17] Robert Delbourgo. An Eventful Journey to Unification of All the Fundamental Forces. World Scientific, 2020.

第7章 普适性 Universality

普适性的规律具有强大的诠释能力和预言能力。数学、物理的研究都在意对普适性的追求。圆锥曲线是一大类曲线，正好表示万有引力下物体的运动轨迹。热力学、经典力学、相对论、规范场论都是由一个普适性原理支配的理论。互反原理是理解自然过程的一个普适性原理。临界现象是普适的现象，临界指数可归入不多的普适类。普适性带来简单性。

宇宙，普适性，普适类，圆锥曲线，万有引力，互反关系，临界点，临界现象，简单性

Et universaliter, ...

—Isaac Newton*

7.1 引子

“一”作为整体、全部而论，最极端处那就是整个宇宙了。宇宙是绝对的1（oneness），是唯一的（unique）。汉语的宇宙，“上下四方曰宇，往古来今曰宙”（《尸子》），字面大概对应英文的时空（spacetime）。用宇宙（时空）表示全部存在（oneness, wholeness）没啥问题，英语的universe、德语的das All，这些表示宇宙的词儿也都是囊括一切的意思，虽然我们也不知道宇宙的边界在哪儿。注意，汉语中宇宙的概念，是先空后时；西语也是这样，是spacetime（英语），是Raumzeit（德语），是espace-temps（法语）。这符合认识的历史真实，space是直观的，在前；而time则是抽象的，是要经过一番思考才能引入的概念，在后。汉语表述的物理学把spacetime译成“时空”，估计是按照把partition译成配分（分配）、transport译成输运（运输）一样的路子故意颠倒译文的，也可能是为了对应spacetime坐标的$(t; x, y, z)$写法。请注意，$(t; x, y, z)$或者$(ict; x, y, z)$的时－空坐标写法照顾到了spacetime数学的（双）四元数结构，把t, ict作为标量写在前面是更合适的写法。四元数是为了描述电磁学才发展起来的。

宇宙，universe，由uni（1）和versus组成。拉丁语versus是动词vertere（变化、变动）的过去分词形式，所以universe可以理解为“变动中的一个整体”，这么看，宇宙就有了动态的图像。宇宙是一个整体，那关于

* 普适地，……——牛顿

universe的科学原理、哲学啥的应该是universal（普适的），即“放之四海而皆准的”。形容词universal用于学问，大概相当于博学淹通、无所不精。比如，促成牛顿写出《自然哲学的数学原理》一书的哈雷*（Edmond Halley，1656—1742），就被誉为a man of the greatest intelligence and of universal learning（具大智慧、博学淹通者）。牛顿在《自然哲学的数学原理》第一版的序言中夸奖哈雷最敏锐且博学淹通（the most acute and universally learned）。这样的学者，历史上有几位，感兴趣的读者请参阅拙著《磅礴为一》。形容词universal或还可作“同一的”解。所谓的由放射性物质、加热物质或者被光照射的物质所产生的带负电粒子是universal的，是说它们是同一个存在，即电子。universal作为名词，指共有的（抽象）性质或品格，是可以由很多不同事物表现出来的，或者就当成一个普适的存在。举例来说，生命的一个universal可归于生命都是开放的热力学系统。不是非要把universal都理解为“普适原理”“普适原则”那么高大的。一个universal之所以是universal在于其有同时预言许多事情的能耐，在这个意义上，universal可以理解为“普适原理”。而当我们说“universal的多重现身只当它被默认为一个事物时才显得是荒谬的（the multipresence of the universal seems paradoxical only if the universal is tacitly treated as a thing）”，这个时候universal显然是指某个具有普适性的存在，但具体内容很难认定。一个universal的事物不可以看作同其特例是截然不同的。圆锥曲线相对于圆、椭圆、抛物线和双曲线是一个universal，但一个不是圆、不是椭圆也不是抛物线、不是双曲线的圆锥曲线是很难想象的。再比如，当我们谈论物质这个universal存在时，不能不联想到一些特定的性征比如质量、化学活性、导电性、导热性什么的。

* 哈雷在1705年计算了后来于1758年用他的名字命名的哈雷彗星的周期。

与universe同源的词有university。university来自拉丁语的universitas magistrorum et scholarium，意为“教师与学者社团”，后来成了专门进行高等教育与学术研究的机构。这样看来，university若作大学（太学）解的话，确实不涉及大楼。笔者曾想当然地从universe, universal的角度强行去理解今日的university，大学，以为它该有囊括一切学问的架势，显然属于望文生义了。大学的出现，对人类文明起到了极大的促进作用。欧洲第一所大学是意大利的博洛尼亚大学（Università di Bologna），始建于1088年，但丁、哥白尼是它的校友。稍晚一些的有意大利的帕多瓦大学、那不勒斯大学，英国的牛津、剑桥大学，捷克的布拉格大学等，校史均在七八百年的量级。对于学物理的人来说，特别值得一提的是荷兰的莱顿大学。该校建于1575年，物理书中的很多内容都来自这所大学，包括小数点、折射定律、摆钟、光的波动说、塞曼效应、洛伦兹力、洛伦兹变换、莱顿瓶、范德瓦尔斯力、临界现象和超导，等等。差点儿忘了，还有自旋（Eigenrotation, spin）。

由universe进一步衍生而来的还有universally, universalize和universality，都是科学表达中常遇到的。universally（拉丁语为universaliter）简直就是牛顿在表述万有引力时的口头禅。在例句“只有借助这个规则我们才对事物之本性一视同仁地予以判断（it is only by this rule that we make judgments about the nature of things universally）”中，universally应是强调规则的通用性。至于动词universalize，有universalize your ideas, universalize your theory的说法，意即使得思想或理论包含尽可能多的内容，可理解为“使普遍化”“使针对更多对象成立”。感觉universalize要比“使普遍化”有气势得多。宇宙中变动（vertere）的内容服从一定的物理规律，表现出简单性。物理规律在一定层次上应该是普适的，表现出普适性（universality）来。所谓的universality of theory, universality of law，指不依赖于具体对象或者其它细节的理论或规律。数学、物理学研究都有追求普适性的习惯。传统上，普适性的问题是多如何归于一、如何上升到一的问题。

论及普适性，就要追问到存在的全体，而存在的全体不是我们作为存在之极小部分里的个体所能全部把握的，因此普适性常常是我们推广我们的理念的结果，是抽象的产物，可能是根基不牢的。举例来说，物体都有外延（大小），这来自我们的感觉；在我们能感知的范围之外有的是物体，但因为所谓我们能感知到的物体都有大小，则大小这个性质可以毫无例外地（universally）赋予所有的物体。

追求普适性原理（groping for universal principle），在普朗克和爱因斯坦那里是一贯的。希尔伯特对数学的影响是全面无死角的（Hilbert's influence was universal）。为什么他能做到这一点呢？那是他对于数学的洞见、创造力和广泛兴趣让他成为对该领域最有影响力的贡献者之一。（His deep insight; his creative power and his broad interest in mathematical sciences made him one of the most impressive contributors to the subject.）在给胡尔维茨（Adolf Hurwitz，1859—1919）的悼词中，希尔伯特提到“……我们俩曾经花了8年的时间谈及数学的每一个角落”。笔者以为，也许希尔伯特从一开始学习的时候就不对学问做无谓的区分。universalist指那种事事皆达洞明境界的人。与希尔伯特同时代的法国科学家庞加莱被誉为the last universalist! 在其所处时代存在的各领域中，庞加莱都是最优秀的（since he excelled in all fields of the discipline as it existed during his lifetime）。对于近代物理出现的“量子化是否是得到黑体辐射谱分布的普朗克公式的充分必要条件”这样的问题，大概只有庞加莱这样集数学家、物理学家和哲学家于一身的universalist才能一锤定音。在相对论和量子论形成的那些年里（formative years），庞加莱的标志是“originality and universality（原创+普适）”，他对量子论和相对论都做出了一锤定音式的贡献。就作为universalist而言，同庞加莱可比的还有此前英国的杨、法国的帕斯卡等那么几位（参见拙著《磅礴为一》）。与universalist意思相近的名词有polymath（通才型学者）和encyclopedist（百科全书型学者）。

7.2 圆锥曲线

在笔者学习几何的过程中，圆、椭圆、抛物线和双曲线是作为不同的对象对待的。及至有一天学到了圆锥曲线（conic section）的概念和经典力学里用微分方程求解太阳引力下行星轨道问题，我才知道圆、椭圆、抛物线和双曲线属于同一类曲线。再到后来，笔者自己教授经典力学课程，也翻阅了圆锥曲线的专著，终于明白了点、直线、圆、椭圆、抛物线和双曲线实际上都可以通过用平面切（section，动词）圆锥（cone）得到，都是圆锥曲线（图7.1）。它们也都是平面中的二阶代数曲线（quadratic curve, plane algebraic curve of degree 2），由同一个代数方程

$$Ax^2 + Bxy + Cy^2 + Dx + Ey + F = 0 \tag{7.1}$$

给出。方程(7.1)是圆锥曲线的universal equation。所谓的圆锥，实际上是指两条交叉的直线（形如×），绕其中心对称轴旋转而得的曲面，或者其一绕另一条为轴旋转而得的曲面。物理模型可用两个全等的锥状胡萝卜沿中心轴尾尾相连构成，拿把菜刀就可以研究圆锥曲线了。沿着中心轴切，可得到一个交叉线（×形）；把刀落到尾－尾相连处，得到一个点；斜着过连接点刚刚碰到胡萝卜，可得到一条直线；将刀以同中心轴垂直的角度切下去，胡萝卜的断面外缘是一个圆；刀略倾斜，断面外缘是一个椭圆；继续倾斜至刀面

同胡萝卜的外缘线平行，此时刀还只能切到一个胡萝卜，断面外缘是一个抛物线；将刀同中心对称轴平行靠外侧下刀，断面外缘最终变成了双曲线（图7.1）。注意，汉语抛物线是对parabola的意译，而parabola的字面意思是“话说得刚刚好”，对应切胡萝卜时刀和胡萝卜的一侧外缘恰好平行；又或者对应用焦点（focus）和准线（directrix）定义抛物线时，抛物线上的点到焦点的距离与到准线的距离之比刚刚好是1。抛物线和圆都是特例。hyperbola的字面意思是“话说得有点儿过”，对应切胡萝卜时刀的方向比切出抛物线时更斜一点儿，因此是能同时切到这两根胡萝卜的，故而hyperbola有两个不相连的分支，这也是汉语称之为“双曲线”的原因。

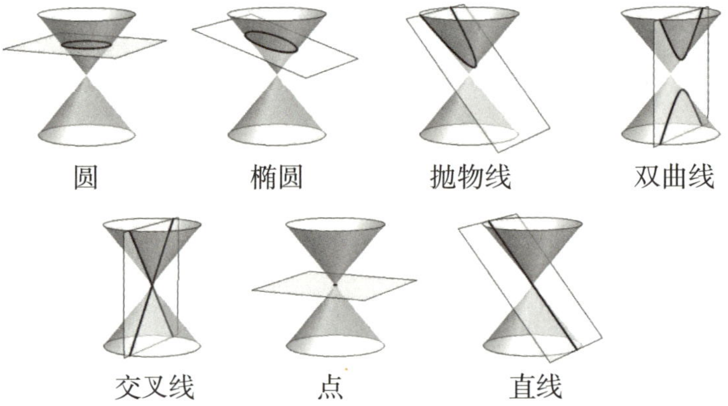

图7.1　圆锥曲线作为用平面切圆锥的结果

点、直线、圆、椭圆、抛物线和双曲线皆为圆锥曲线，是数学意义上的统一。在万有引力下的物体的运动轨迹，特别是行星的轨道，表现出这些圆锥曲线来，则是物理意义上的统一。直线、抛物线和双曲线是开放的，椭圆（圆）是闭合的。当物体初始速度不在其同大质量吸引中心的连线上时，依赖于其能量，从高到低对应的轨道依次为双曲线、抛物线、椭圆和圆。当物体的初始速度同吸引中心共线时，运动轨迹是直线（若初始时物体远离吸引中心但动能不足，那是折线）。在大质量吸引中心上静止的物体，比如坐在地球上的我们，轨迹可以看作是一个点。动能不足的物体被万有引力作用，轨迹终于一个点是宿命。

可以说，没有此前逾千年的对圆锥曲线的系统研究，我指的是，局限于欧几里得几何意义上的研究（图7.2），就没有牛顿的万有引力理论。牛顿的伟大之处在于用平面几何证明了平方反比力下行星的轨道是圆锥曲线。

7.3 万有引力

明确强调普适性（universality）的理论，首推牛顿的万有引力理论，the theory of universal gravity，或者the theory of universal gravitation。牛顿在其1687年的《自然哲学的数学原理（Philosophiæ Naturalis Principia Mathematica）》一书中对万有引力（universal gravity, universal gravitation）做了详尽、深刻的表述。此理论从我们人类对“重（gravity）”的感觉而来，历史上我国曾将之翻译为《重学》。牛顿强调重力现象、理论的普适性，他的话术是表述一个定理或者引理时，起手第一句为Et universaliter，英语直译为And universally，法语版则为Et généralement，汉语可译为“一般地、普适地”。如果怕误解，不妨直白些：“如下所言总成立”。*Philosophiæ Naturalis Principia Mathematica*是一部影响人类社会演化方向的经典，西方会简称其为*Principia*，我国也有将之简称为《原理》的做法。作为一个学物理的人而不能阅读这本书的原文，殊为憾事。对着Igitur sol in planetas universos gravitat（太阳施与行星万有引力）这样的文字，有想读懂

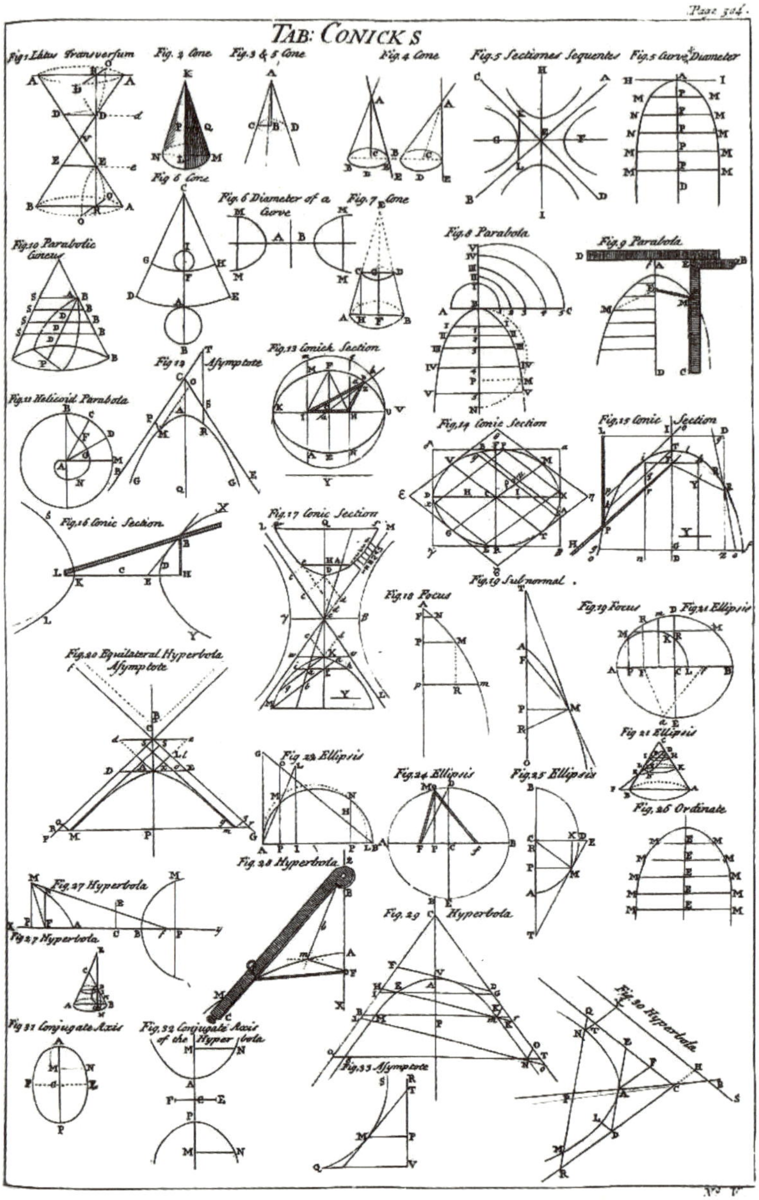

图7.2 圆锥曲线表，见于Ephraim Chambers（伊弗雷姆·钱伯斯）编纂的百科全书*Cyclopædia: or, An Universal Dictionary of Arts and Sciences*（百科全书：或艺术与科学通用词典），1728年第一次出版

的冲动，但靠蒙与猜根本行不通。

牛顿在《原理》一书中用了太多的universal and universality。所谓的de rerum universarum，关于世间万物的学问，正是引力之普适性的写照。然而，引力是universal的（普适的、同理的），但引起人们意识到引力问题的物体之重量却是局域的（weight is local），认识到后面这一点是构造引力理论的关键。1672—1673年间，法国人黎舍（Jean Richer，1630—1696）的科考发现，物体的重量是个随纬度改变的量。黎舍科考本来的使命是到不同地点去测量the length of a seconds pendulum，即摆动一个来回所需时间为2秒的摆长，结果发现在圭亚那所需的摆长比在巴黎要短。从伽利略的单摆周期近似公式

$$\tau\approx\sqrt{\ell/g} \tag{7.2}$$

可知，对于给定的周期τ，摆长ℓ的不同意味着重力加速度g的不同，也即同一个物体重量的不同。读者们请注意，如果用天平或者杆秤称重，就没有这个发现了。重量是个“局域的”性质，不可以作为一物体中物质的量的普适度量（hence weight is a “local” property and cannot be used as a universal measure of a body’s quantity of matter），这促使人们去探求一团物质所包含的物质的量到底是什么意思。所以，你看，研究universal gravity还要关注这些不能作为普适量度的内容，把universal gravity简单地理解为“万有引力”是有失偏颇的。牛顿思考普适性问题的方方面面，而笔者这样的人听闻一个概念不求甚解就沾沾自喜，这就是人与半神的差别。

就重力（引力）存在于所有的物体中（gravity exists in all bodies universally）这一点而言，把universal gravity翻译成“万有引力”似乎很准确。然而，存在于所有物体中，这只是universality of gravity的一个侧面。“这些可普适地看作是所有物体的品质，即宇宙中任何地方的物体（these are to be considered qualities of all bodies universally, that is, of bodies everywhere in the universe）”，这里universally强调的是在任何地方“普适地”成立。而在如下这句中，“因此，普适地，所有在地表或地球附近的物体皆朝向地球而显重，所有离地心等距离的物体重量恰如其中物质的量。[Therefore all bodies universally that are on or near the earth are heavy (or gravitate) toward the earth, and the weights of all bodies that are equally distant from the center of the earth are as the quantities of matter in them.]”，这里的universally强调引力现象中的某些普适性内容，即我们习惯说的“放之四海而皆准”的内容。《礼记·祭义》载“曾子曰：‘夫孝，置之而塞乎天地，溥之而横乎四海，施诸后世而无朝夕，推而放诸东海而准，推而放诸西海而准，推而放诸南海而准，推而放诸北海而准。’”，此普适性之谓也。

牛顿的万有引力公式为

$$F = G\frac{m_1 m_2}{r^2} \tag{7.3}$$

其中G是引力常数，为物理基本常数之一。$G = 6.674 \times 10^{-11}\ \text{m}^3 \cdot \text{kg}^{-1} \cdot \text{s}^{-2}$。这个公式看起来很简单，但隐含太多的内容。$m$是质量，但什么是质量？这个问题就够物理学回答的了。此外，笔者想指出，当年这个公式写出来时太仓促，未能照顾到平方反比律得自物理空间是三维空间的事实，那个距离平方r^2的确切意义是三维空间中的球面面积为$4\pi r^2$。笔者以为，如果万有引力公式也如库仑公式一样，写成

$$F = \frac{1}{G}\frac{m_1 m_2}{4\pi r^2} \tag{7.4}$$

的形式，则其物理意义会更明确，万有引力常数G同真空介电常数ε_0可以更合理地比较，而后来的许多物理公式都可以显得简单一些。比如普朗克的那

些普适单位表达式会更简单（见第2章），容易看出其物理意义，而爱因斯坦引力场方程

$$G_{\mu\nu}=\frac{8\pi G}{c^4}T_{\mu\nu} \tag{7.5}$$

就会被写成

$$G_{\mu\nu}=\frac{2}{Gc^4}T_{\mu\nu} \tag{7.6}$$

的形式，那么我们就会注意到这个公式右侧值得关注的因子是2，其同平方项里的2有关，是3－1＝2里的那个2[有基础的读者请参照Stokes（斯托克斯）定理来理解这句话]。笔者写这一段个人感悟，有渎神的感觉。然而，牛顿、爱因斯坦这样的半神式科学家也是有血有肉的思想者，他们对从前的半神式人物也是怀着崇高的敬意但不妨碍持批判态度的。期待我中华少年也养成批判的精神与习惯，以及对学术进行批判的能力。批判是有心继承与发展的表现。

牛顿如果要证明他的平方反比律是正确的，这是万有引力的核心，就必须证明平方反比重力的吸引（attractive gravitation）下行星的轨道是圆锥曲线。太阳对行星（以及其它任何物体）的吸引是一视同仁的（universal），各种轨道都应该得自同一个引力定律。将行星轨道纳入一个相同的数学表达，有能力证明这样的轨道符合引力的平方反比律，那么这样的引力定律就有了普适性。牛顿在《原理》一书中给出了平方反比引力下的椭圆轨道和抛物线轨道，用的是平面几何知识（平面的维度是2！）。这个证明的难度太大*，很难看懂，有兴趣的读者请参阅钱德拉塞卡（Subrahmanyan

* 我们的老师不肯教我们如何用平面几何计算平面曲线的曲率。300多年前的牛顿会。

Chandrasekhar，1910—1995）为我们普通人准备的详细解释版[Newton's Principia for the Common Reader, Clarendon Press, 1985]。

普适性意味着强制性，普适性的规律具有强大的预言能力。1821年，布瓦尔（Alexis Bouvard，1767—1843）依据牛顿的万有引力计算了天王星的轨道，发现与观察有较大的偏离，人们预言存在一颗影响天王星轨道的未知行星。1846年，亚当斯（John Couch Adams，1819—1892）和勒维耶（Urbain Le Verrier，1811—1877）依据牛顿万有引力预言了这颗行星在夜空中的位置，一天之内海王星即被发现。依据引力定律的预言被观测证实，是对引力和引力定律之普适性的支持。牛顿的万有引力在水星轨道的近日点进动问题上遭遇了挫折。这个问题在1915年的爱因斯坦的广义相对论那里得到了解释。有说法认为这是牛顿引力理论的失效，这个说法，愚以为，有商榷的余地。爱因斯坦的广义相对论并不排除平直三维空间中的平方反比律（引力的势能表示依然是$\propto -\frac{1}{r}$），失效的是牛顿力学处理引力场和引力场中运动的方式。其实，关于电子运动的量子力学方程，其中电荷的作用势同样是平方反比律的结果。

Newton's law of universal gravitation，牛顿的万有引力定律，意思是该定律对任何物体直到基本粒子层面都成立。再强调一遍，引力是人类第一个为之构造了系统理论的相互作用，the theory of universal gravity，或者说the theory of universal gravitation，探讨了很多方面的普适性内容。这些普适性的内容，至少在电磁相互作用中也同样地体现。对牛顿的万有引力理论，随着认识的深入，我们对其中涉及的内容都要重新打量。质量的定义、空间以及空间中距离的定义，这些在牛顿万有引力理论中不言自明的概念，都成了研究的对象。

普适性也是有层次的。

有趣的是，牛顿在序言里给了个关于几何的定义："几何基于机械实践，不过就是普适机械（力学）中把测量技艺约化为命题和证明的那部分。（Therefore geometry is founded on mechanical practice and is nothing other than that part of universal mechanics which reduces the art of measuring to exact propositions and demonstrations.）"知道了力学同几何的这层关系，笔者想从头再修习一遍几何和经典力学。

7.4 万物皆流

这个宇宙，universe，是一个整体，依据一套简单的*普适性原理（universal principles）在运行着。运动是存在的方式，表示运动的量是速度$\boldsymbol{v}$，将表示运动主体的物理量同速度结合，就是流，运动构成流。古希腊的赫拉克利特曾云："万物皆流（πάντα ῥεῖ）"（图7.3），更完整点儿的句子是"万物皆流，无一停滞（τὰ πάντα ῥεῖ καὶ οὐδὲν μένει）"。万物皆流是普适性的原理。记

$$\boldsymbol{j}=\rho\boldsymbol{v} \tag{7.7}$$

若ρ是质量体密度，则$\boldsymbol{j}$是质量流密度；若ρ是电荷体密度，则$\boldsymbol{j}$是电流密度。物质守恒定律表现为连续性方程

$$\frac{\partial\rho}{\partial t}+\nabla\cdot\boldsymbol{j}=0 \tag{7.8}$$

这个方程在流体力学和电磁学中都是一样的。

* 简单，simple, einfach，也是"一"的意思，单一。

图7.3　朴素的普适性原理："万物皆流"

薛定谔的波动力学方程中的波函数ψ，按照玻恩在德国哥廷恩给出的诠释*，其意义为$\rho = \psi^* \psi$是发现粒子的概率体密度。把自由粒子的流写成

$$j = \frac{1}{2m}(\psi^* \hat{p}\psi - \psi \hat{p}\psi^*) \tag{7.9}$$

其中$\hat{p} = -\mathrm{i}\hbar\nabla$，则连续性方程(7.8)即是概率的守恒律，也就是质量为m的自由粒子的薛定谔方程

$$\mathrm{i}\hbar\partial_t\psi = \frac{\hat{p}^2}{2m}\psi \tag{7.10}$$

物理学中重要的动力学方程可以都看作是关于流的方程。量子力学和量子场论的关键都在构造恰当的流的表示，比如弱相互作用同电磁相互作用的统一，重要的一步就是发现弱中性流（weak neutral current）。相关内容太过艰深，笔者不熟，略而不论。

关注普适性让物理学习变得简单有条理。热力学的地位很高，因为它就建立在一条道理即卡诺原理之上："（对于热机来说）凡是不以做功为目的的传热都是浪费。"这是一条普适的原理，非常简单，它都没有错的余地。光学、电磁学和力学包括量子力学，都遵循最小作用量原理，构造力学理论

*　请注意，玻恩的这个诠释就出现在薛定谔1926年的量子力学论文（分四部分）发表的过程中。

便是去寻找拉格朗日量的恰当表述以便利用最小作用量原理得到动力学方程。对于不涉及时间的静态问题，最小作用量原理退化为最小能量原理。笔者和合作者李超荣一起就证明了弹性能最小是决定瓜果形貌的普适性原理，那是一个力学问题而非生物学问题。相对性原理（principle of relativity）是普适的，物理理论与参照框架的选择无关，其表示也不依赖于坐标系的选择，故应表示为不依赖于坐标系的形式。规范场论中的规范原理也是普适性的，它要求理论必须具有规范自由度。

科学中存在一个更普遍的普适性原理，那就是互反性原理（the principle of reciprocity）。存在各种意义下的互反性原理以及互反关系。举例来说，一种互反性是说一个物理体系，将其输入和输出互换不改变系统对给定激励的响应。这类互反关系有光学成像系统中的物与像的互换，电磁学中的一个天线如果是好的发射天线就一定是好的接收天线，等等。对应后者更一般的情形是基尔霍夫的热辐射定律，谓好的电磁波吸收体必是好的发射体，此发现开启了占据理论物理前沿70年之久的黑体辐射研究，参见拙著《黑体辐射》。理论上探讨比较深入的还有所谓的昂萨格互反关系（Onsager's reciprocal relations），见于昂萨格（Lars Onsager，1903—1976）1931年的经典论文[Reciprocal Relations in Irreversible Processes, Phys. Rev.,1931, 37: 405-426; II. 38: 2265-2279]中，值得细细品味。

昂萨格互反关系涉及热力学体系不同的力－流对（pairs of force and flow）。强度量A的梯度会驱动流j_A，强度量B的梯度会驱动流 j_B，若一个体系同时有强度量A和B，强度量A不变时强度量B的梯度也会驱动流j_A，则强度量B不变时强度量A的梯度也会驱动流j_B，且如果体系满足时间可逆性，强度量B的单位梯度驱动的流j_A与强度量A的单位梯度所驱动的流j_B（其实就是流关于力的表达式中的系数）相等。具体地，比如压强的梯度会驱动物质流，温度的梯度会驱动热流，对于一个同时有强度量压强和温度的体系，压强不变时温度的梯度也会驱动物质流，而温度不变时压强的梯度也会驱动热流，且此流关于彼力的系数相等。1931年，昂萨格用统计力学证明了这个结果。当然对于有多个力－流对的体系，这个互反关系也成立，它具有普适性。

考察一变质量的热力学体系，主方程为

$$\mathrm{d}U = T\mathrm{d}S - p\mathrm{d}V + \mu\mathrm{d}M \tag{7.11}$$

其中U, S, V, M分别是广延量内能、熵、体积和质量，T, p, μ分别是强度量温度、压强和化学势。如果保持体积不变，则可用单位体积的广延量来表示，方程改写为

$$\mathrm{d}u = T\mathrm{d}s + \mu\mathrm{d}\rho \tag{7.12}$$

进一步，写成关于单位体积内熵的方程

$$\mathrm{d}s = \frac{1}{T}\mathrm{d}u + \frac{-\mu}{T}\mathrm{d}\rho \tag{7.13}$$

因此可以说单位体积内能u和质量密度ρ关于单位体积熵的共轭量分别为$\frac{1}{T}$和$\frac{-\mu}{T}$。

当只有温度梯度时有热流

$$j_u = -k\nabla T \tag{7.14a}$$

其中k是热导率，可改写为

$$j_u = kT^2\nabla(1/T) \tag{7.14b}$$

相应地，可引入如下形式的质量流

$$j_\rho = D' \nabla\left(\frac{-\mu}{T}\right) \tag{7.15}$$

其中D'是类似扩散系数的物理量。上述两个流的形式都是唯象的。

当两种流同时存在时，有流的唯象理论表达式

$$j_u = L_{uu}\nabla\left(\frac{1}{T}\right) + L_{u\rho}\nabla\left(\frac{-\mu}{T}\right) \tag{7.16}$$

$$j_\rho = L_{\rho u}\nabla\left(\frac{1}{T}\right) + L_{\rho\rho}\nabla\left(\frac{-\mu}{T}\right) \tag{7.17}$$

昂萨格互反关系就是

$$L_{u\rho} = L_{\rho u} \tag{7.18}$$

昂萨格关系具有一定的普适性。

7.5 临界点的普适性

理想气体状态方程

$$pv = nRT \tag{7.19a}$$

是对关于空气的测量结果的理想化，是关于物态方程研究的出发点。荷兰物理学家范德瓦尔斯（Johannes Diderik van der Waals，1837—1923）在其1873年的博士论文中对理想气体状态方程做了如下修正以描述实际气体

$$(p + a/V^2)(V - b) = nRT \tag{7.19b}$$

其中a, b皆取正值。注意，你可以把这个方程看成是关于体积V的一元三次方程，而这是不多的出现一元三次方程的场景。范德瓦尔斯研究$p - V$平面上的等温线，会注意到在温度低于某个临界温度T_c时，一个p值会对应三个体积V

值。范德瓦尔斯把最小的体积理解为对应液态体积，最大的体积理解为对应气体体积，中间的那个不管（凭什么啊？），这样就能理解气－液相变。在临界温度T_c以上，等温线是单调的，即关于体积V的一元三次方程只有一个根。这个方程从有三个根变为只有一个根V_c时的参数（T_c, p_c）表征了临界点。临界点是一个重要的普适性概念（图7.4）。解关于体积V的一元三次方程，得

$$V_c = 3b，p_c = a/27b^2，nRT_c = 8a/27b \tag{7.20}$$

将体积、压强和温度用V_c, p_c, T_c各自归一化后，气体状态方程为

$$(p + 3/V^2)(V - 1/3) = 8T/3 \tag{7.21}$$

这个方程是普适的，不包含具体气体的参数。

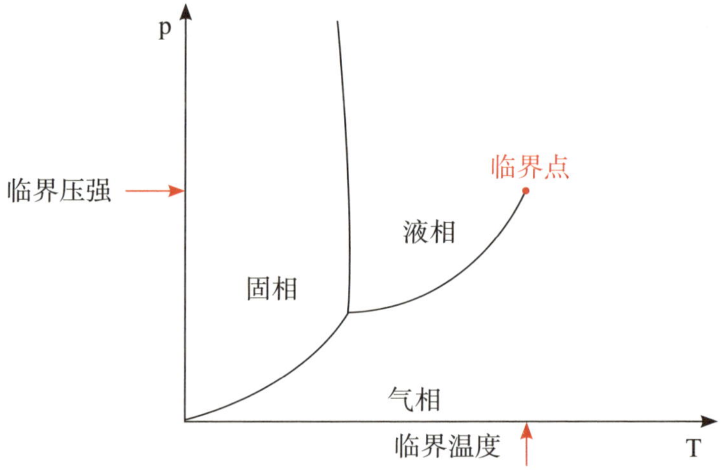

图7.4　p–T相图。临界点以上处于超临界状态

临界点是卡尼亚尔（Charles Cagniard de la Tour，1777—1859）于1822年在CO_2上发现的，$p_c = 73$ atm，$T_c = 31$ ℃ [Charles Cagniard de la Tour, Exposé de quelques résultats obtenu par l’action combinée de la chaleur et de la compression sur certains liquides, tels que l’eau, l’alcool, l’éther sulfurique et l'essence de pétrole rectifiée (对水、酒精、硫化乙醚以及精炼石油施加热与压力共同作用所得到的一些结果), Annales de Chimie et de Physique, 1822, 21: 127-132]。这个条件极容易实现，且CO_2还无害，故而成就了绿色化学。门捷列夫（Дмитрий Иванович Менделеев，1834—1907）于1860年、安德鲁（Thomas Andrew，1813—1885）于1869年命名了临界点这个概念。气态水虽然是大气中最容易液化的气体，但水的临界点在$p_c \approx 218$ atm，$T_c \approx 374$ ℃，不是很容易实现。认识到存在临界现象是普适的现象，对于后期液化法拉第口中的永久气体如氢、氦等，具有重要的指导意义。普适性现象可以用普适性的方法对付。

7.6 临界现象的普适类

在临界点附近的物理被称为临界现象。在临界点附近，系统的相关长度发散。当系统接近临界点时，物理量（序参数）会发散，遵循

$$A(T) \propto (T - T_c)^{\alpha} \tag{7.22}$$

的规律，一般来说在T_c上下指数α的值相同。这些指数有专有名称——临界指数。临界指数甚至会表现出普适性，即对不同的物理体系临界指数取相同的值。动力学量在临界点也会表现出发散现象。特征时间τ的发散同热相关长度ξ的发散满足关系$\tau = \xi^z$，其中z是动态指数。动态临界指数满足标度（scale，尺度）关系

$$z = d + x_{\eta} \tag{7.23}$$

其中d是系统所处空间的维度。独立动态临界指数是唯一的。

对于特定的物理体系，其具体描述自然地在很多方面是标度依赖的。但

是当接近临界点时，大量的相互作用的部分关联起来，标度依赖的参数变得不那么重要了，而标度不变的部分变成主导性的。一大类系统会表现出不依赖于动力学细节的性质来，序参数不依赖于系统的细节，系统就表现出标度极限意义上的普适性。出现普适性是因为只有极少的标度不变理论*。渐近现象，比如临界指数，相同的模型可归于一个普适类（universality class）。临界指数的值由几个普适类所支配。统计物理中著名的普适类包括Ising模型、XY模型、Heisenberg模型、3态Potts模型，等等。对于普适的内容，可以用普适类中之最简单的模型来研究。统计物理中的普适类问题可由重整化群理论来解释。普适类还出现在费米子真空态（fermionic vacua）的语境中，此处不论。

相变与临界现象是个复杂程度远超我们想象的话题。有卷帙浩繁的Phase Transitions and Critical Phenomena（相变和临界现象）系列专著，感兴趣的读者在学习到相变与临界现象时不妨找来拿在手上摩挲一番，可免未识学问深浅却生傲慢之心的浅薄。此处只要记得临界现象表现出普适性即可。

普适性不敢说遍地都是，但也很普遍。当某一结构的定量特征（如渐近行为）可以由少量的全局参数导出而不依赖对具体细节的了解时，都可以算是表现出了普适性。在简单的表现周期分岔的单变量函数 $f(x)$上，费根鲍姆**（Mitchell J. Feigenbaum，1944—2019）研究函数迭代

$$x_{i+1}=f(x_i) \tag{7.24}$$

竟然发现分岔点（图7.5）参数a_n有极限

$$\delta=\lim_{n\to\infty}\frac{a_{n-1}-a_n}{a_n-a_{n+1}}=4.669\ 201\ 609... \tag{7.25}$$

此极限为一普适常数，称为费根鲍姆常数δ。对于实变量函数比如 $f(x)=a-x^2$、

* 这是否和希尔伯特研究的不变理论（invariant theory）有关？

** 费根鲍姆是个非常独特的学者。他能思考很深入的内容，但他的表述常常是上句不接下句，可能是因为思绪在无规则地跳跃。笔者此前翻译费根鲍姆的著作时对此多有领教。

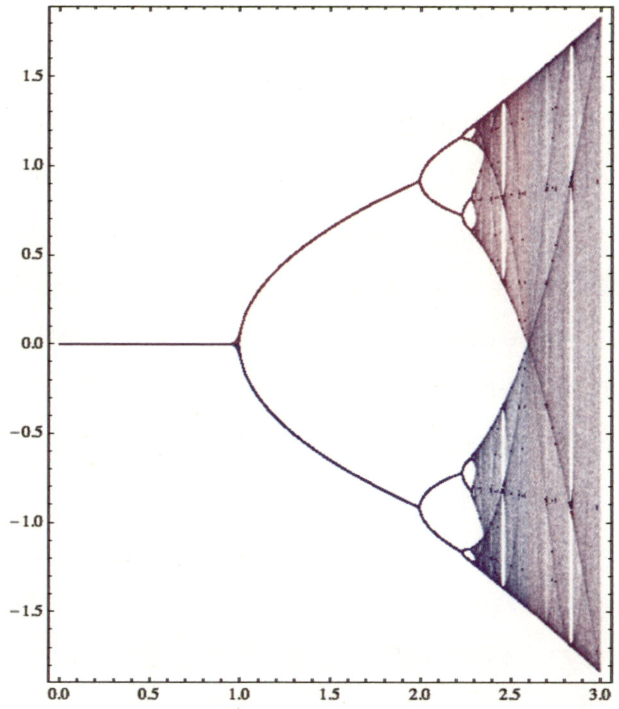

图7.5　迭代函数 $f(x)=ax(1-x)$的周期分岔行为。分岔点间距（横轴）同后续分岔点间距之比的极限为费根鲍姆常数 $\delta=4.669\ 201\ 609...$。此图最妙处在于告诉我们有时候3出现在1, 2, 4, 8, ⋯ ,∞之后

$f(x)=ax(1-x)$、复变量函数 $f(z)=c+x^2$等，容易验证常数δ的值都一样。还有其它几个普适的费根鲍姆常数，此处不做介绍了。

多余的话

对于我们在自然科学中遇到的问题，普适性应该是个重要的关注

角度。我们关于世界各有独特的（unique）感知，但我们通过交流达成共识（uniformal understanding），进而走入普适性（universality）规律掌控的王国。找出问题的普适性（striving for universality），如果有的话，既可以对问题有更全面的了解，也或者借助对同属一类的其它问题的研究而得到充分的认识，哪怕获得一些启发也是好的。普适性带来简单性，至少对物理学来说是这样。简单性是普适性的本质（simplicity is the essence of universality）。模型、理论的普适性，使得研究可以在一个简单的体系上进行，而所得结论对其它体系成立。

一个事物的集合归于一个普适类，那说明它们有共通的地方。从普适性的角度看问题，能看到许多事物的通性，易于理解。说到理解，拉丁语为comprehendere，法语和英语中分别变形为comprendre和comprehend，意思就是“一起拿”。对，看到普适性，将普适性涉及的对象一起拿，才能达到深刻、全面的理解，也轻松不是。

学者中的universalist是格外令人钦羡的，他们是天才，还是觉醒很早的、勤奋的人。年轻的希尔伯特曾遍历数学的每一个角落，不说能力，试问几人有这种觉悟？不知道将来谁有能力browse through every corner of physics？从前的开尔文、庞加莱或许尝试过。

普适性关联着整体。在基本逻辑中，与一个universal的肯定论述相矛盾的是一个特别的否定，而无需是universal的否定。一个宣称其有普适性的方法，必然能够发展成一套全面的科学方法论。基于普适性原理构造的理论，即从一个原理出发用严谨的数学构造的理论，其一致性是有保证的，也更加可靠。普适的基础不塌，即不从根本上否定那个普适性原理，则理论就成立。反过来，我们要会发现普适性之下的物理（the physics underlying the universality）。

牛顿的《原理》充分阐释了普适性，故有普适的价值。温伯格2015年对牛顿的《原理》有过一个独具慧眼的评价：“仅仅指出《自然哲学的数学原理》确立了运动定律和万有引力原理仍是对其重要性的低估，因为牛顿还用《自然哲学的数学原理》给后世树立了一个模式，告诉人们**物理理论应该是什么样子的，那就是用一组简单的数学原理，以明确的方式描述大量的不同现象**”[Steven Weinberg, To Explain the World: The Discovery of Modern Science, Harper Collins, 2015]。经典力学接下来发展的“最小作用量原理”就是对牛顿这个伟大思想的实践！

建议阅读

[1] Abraham Pais. Subtle Is the Lord: The Science and the Life of Albert Einstein. Oxford University Press, 2005.

[2] Georg Glaeser, Hellmuth Stachel, Boris Odehnal. The Universe of Conics: From the Ancient Greeks to 21st Century Developments. Springer, 2016.

[3] Isaac Newton. Mathematical Principles of Natural Philosophy, revised by Florian Cajori, translated by Andrew Motte. University of California Press, 1966.

[4] Mitchell J. Feigenbaum. Universal Behavior in Nonlinear Systems. Physica D: Nonlinear Phenomena, 1983, 7(1-3): 16-39.

第8章 完备性 Completeness

完备性是一个数学上很严格的要求，也不易证明。理论系统追求完备性，也当尊重完备性。洛伦兹变换的效应必须在3 + 1维时空里考察。四面漏风的量子力学被爱因斯坦指责其不完备，算不得多大的挫折，哥德尔的非完备性证明则断了数学公理化的念头。

完备性，闭合性，非完备性，函数空间，洛伦兹变换，量子力学，EPR悖论，公理化，哥德尔证明

天衣本非针线为也。

——[唐]牛峤《灵怪录·郭翰》

我觉得吧，尽可能全面地介绍一个领域，要比给出吸睛的思想、堆砌所有领域里最漂亮的结果来得更重要。*

——欧也妮·维格纳

A mathematician who is not also something of a poet will never be a complete mathematician.

— Karl Weierstrass**

8.1 引子

提及整体（entirety, unity, oneness），容易让人联想到完备性（completeness）这个词儿。complete，com + plere，意思是“填满”。completeness，完全、完整、完备，是理论体系的关键追求。与complete相对的是incomplete，医学上会用imcomplete的形式。

自然是一体的，自然规律存在连续性，因此对任一事物的完备理解包含对所有事物的完备理解（a complete understanding of any one thing entails a

* 语出Eugene Wigner的名著*Gruppentheorie und ihre Anwendung auf die Quantenmechanik der Atomspektren*（群论及其在原子谱量子力学中的应用），原文为：Es schien mir aber wichtiger, ein Gebiet möglichst vollständig zu behandeln, als der verlockenden Idee nachzugeben, aus allen Gebieten die schönsten Resultate zusammenzustellen.

** 一个不差不多也算个诗人的数学家不是完备的数学家。——卡尔·魏尔斯特拉斯

complete understanding of everything），据信这是斯宾诺莎（Baruch Spinoza，1632—1677）的哲学。但是，完全性/完备性是个太高的要求。狄拉克就指出，（关于量子电动力学）除非解答了所有的问题否则无法完全地解答任何一个问题（It will be impossible to answer any one question completely without at the same time answering them all.见第5章的文献*QED and the Men Who Made It: Dyson, Feynman, Schwinger, and Tomonaga*）。现实是，不完全性才是正道，是无法避免的。即便因果律存在，因为只可能获得有限的关于原因的知识（比如因为相对论里过去光锥的存在），你也不能基于完全的原因集合去做结果的研判。不确定性和非完备性总是横在路上。

数学和物理理论有追求完备性的倾向。所谓的完备性，那就是完整、完美、无所遗漏（completeness, the quality of being whole or perfect and having nothing missing）。数学强调提供系统的闭合性和完备性。一个系统地构造的理论是句法完备的理论，原则上没有什么是悬而不能决的（prinzipiell nichts mehr offen bleibt）。一个理论的理想境界，是能提供关于结构的完全描述以及具有句法完备性的（full description of a structure and syntactic completeness）。所谓句法完备性，即理论能够证明所有该理论的语言所表达的句子为真或为非。句法完备性同真理的连通性有关。完备性值得追求。胡塞尔（Edmund Husserl，1859—1938）云：一个理想完备的理论给出了关于逻辑以及实验科学之客观性的独立标准。

就追求完备性而言，物理理论几乎从来都是无力的。很难想象一个不是从公理出发的理论体系如何去证明其完备性，而从公理出发的物理理论也不能完全覆盖该理论所企图的适用范围。比如，热力学就不能够提供关于系统的行为的完备描述。它针对不同的状态（平衡态），但无力讲述状态之间变迁的过程（关于量子力学状态的跃迁，我们干脆认为这不是一个好的问题）。伴随这个非完备性的就是对某些实用方案的需求，比如用弛豫时间来搪塞。量子力学的不完备性一直是个热闹的话题，但对量子力学的应用似乎没什么妨碍。戴逊（Freeman Dyson，1923—2020）就认为不完备不一定意味着不正确。他觉得量子电动力学是不完备的，因为有发散问题故数学上是不完备的，只能处理不多的问题因而物理上是不完全的，但它不是不正确的。我们总是需要，但也许永远不会有一个更好的、更完备的理论。

久负盛名的欧几里得几何建立在完备的一组公设上。希尔伯特曾全力投入几何的公理化问题。几何公理化，就是要为几何建立起一组公理，其要满足一致性（相互间不能有矛盾）、独立性（没有冗余），还有完备性（所有为真的定理都可以得到证明）。1931年哥德尔证明了数论的任何公理化都可能是不完备的，而数论的一致性不可能在公理化范围内得到证明。

本章讲解完备性与非完备性的问题，试图用实例全面地展现从完备性到非完备性之间的丰富曲折。先谈论电磁学方程和矢量空间得自完备性的益处，借助洛伦兹变换讲述相对论传说中的一个不顾及完备性闹出来的笑话，谈论几句关于量子力学是完备的还是非完备的争论，最后剖析一位逻辑学家带来的一个残酷的非完备性论断。

凡事求全，是优点也是魔怔。

8.2 电磁学的完备性问题

1860年前后，电磁学发展到了能系统描述电、磁现象以及电磁感应的层面。1862年，麦克斯韦修改了安培环路定律，用现代表述形式来表达，其形式为

$$\nabla \times \boldsymbol{H} = \boldsymbol{j} \tag{8.1}$$

其中矢量$\boldsymbol{H}$是磁场强度，$\boldsymbol{j}$是电流密度*，将其改写为

$$\nabla \times \boldsymbol{H} = \boldsymbol{j} + \partial \boldsymbol{D}/\partial t \tag{8.2}$$

其中$\boldsymbol{D}$是电偏置，$\partial \boldsymbol{D}/\partial t$是偏置电流**。一般技术层面的叙述，会说安培定律是关于闭合电路中稳恒电流的情形，不适用于开放电路（平行板电容器提供了一个绝佳的、肉眼可见的例子。对于非稳恒电流的情形，开放的电路包括整个空间，因此必须引入场的概念）。麦克斯韦1862年引入偏置电流是纯理论的举措[James C. Maxwell, On Physical Lines of Force, Philosophical Magazine, 1862, XXIII: 12-24]，其动机之一被认为是追求理论的完备性（the quest for theoretical completeness）。麦克斯韦哀叹1856年时的电磁理论特别不适合引入猜想，虽然那时候的关于电现象的知识是基础牢靠的，但也是不完备的（while knowledge of electrical phenomena was substantial, it was also quite incomplete）。静电理论、电流有关的理论虽然都已归于数学公式，但与科学的其它部分尚未建立起联系。电磁理论不仅要提供静电与动电（electricity at rest and current electricity）之间的关系，还要提供这两种状态下电的感应效应之间的关系。公式$\nabla \times \boldsymbol{H} = \boldsymbol{j}$对开放电路不适用是麦克斯韦修补安培定律的动因，但麦克斯韦把目的设定在从理论上纳入全部的电磁现象（the totality of electromagnetic phenomena）。完备性成了麦克斯韦电磁理论的一个目标。其实，哪个学问不追求完备性呢？

笔者在撰写这一段时领悟到，电（磁）学的完备性是要协调地处理electricity at rest and current electricity，即静电与动电。静电与动电都是电，

* 一般书里会保存j_f，即自由电流的说法。自由电流、束缚电流是不成立的概念。

** electric displacement是麦克斯韦类比谐振子描述电磁场引入的概念，意指电磁状态相对无场空旷空间的正常状态（normal state of field free, empty space）的偏离，displacement汉译位移，但不可按照汉语意义僵硬理解。

静者，用标量（scalar）描述，动者，用矢量（vector）来描述！电荷分布和电流是两个层次的一体（可类比热力学的结构），用数学的语言来说，就是标量部与矢量部的关系（此乃电的连续性方程的意义）。电磁学完备性的描述，恰当的语言是四元数。哈密顿引入四元数时没能想到这一点，但后来的物理学发展却一直遵循这一点。笔者还注意到，标量部与矢量部的结构，正映射着势能与动能（矢量部分的模平方）的结构。完备性的判据也是变动着的。

理论不仅是一体总揽的（comprehensive），还应该是完备的（complete）。我感觉麦克斯韦的这个思想影响了爱因斯坦。爱因斯坦应该是对麦克斯韦的工作研究得很透彻，他一直强调量子力学的弱点在于其非完备性。后世那些所谓用实验证明量子力学如何如何的人，似乎不关心爱因斯坦说量子力学是不完备的到底是在说啥。

8.3 矢量空间的完备性

有一种说法，完备性是数学的品质（completeness is the quality of mathematics）。在关于数学的描述中，完备性会是一个经常会跃入眼帘的概念。即便对于我们熟知的实数、测度空间的概念，完备性都是要考虑的问题，而且一般来说都是看似平淡但实际上很难理解的。一个测度空间是完备的，如果其中每一个点的柯西序列（足够靠后的点之间距离总是足够小）都是收敛于其中的。测度空间的完备性是实数的一种完备形式。

实话实说，在笔者这样的数学外行看来，数学领域里出现的完备性问题大体都是个何必拿来自寻烦恼的问题。然而，对于物理学习者来说，有一个和完备性相联系的概念却是必须要深入领会的，那就是完备正交归一基（complete orthonormal basis），这是数学物理的核心概念之一。

8.3.1 自伴随算符的完备性

在谈论自伴随算符之前，有必要交代一下希尔伯特空间的概念。希尔伯特空间是对欧几里得空间概念的推广。设想有一个抽象的线性空间，空间中的存在为矢量。如果针对该空间定义了矢量的内积，$\boldsymbol{v}_1 \cdot \boldsymbol{v}_2$，则量$\sqrt{\boldsymbol{v} \cdot \boldsymbol{v}}$是矢量$\boldsymbol{v}$的长度。定义了矢量长度的抽象线性空间是有度规的（metric），是希尔伯特空间。希尔伯特空间可以是无限维的。

希尔伯特空间有一组完备基，$\boldsymbol{e}_1, \boldsymbol{e}_2, \cdots, \boldsymbol{e}_n$，空间中任意的矢量都可以表示为

$$\boldsymbol{v} = \alpha_1\boldsymbol{e}_1 + \alpha_2\boldsymbol{e}_2 + \cdots + \alpha_n\boldsymbol{e}_n \tag{8.3}$$

的形式。如果对于任意的$i \neq j$，有

$$\boldsymbol{e}_i \cdot \boldsymbol{e}_j = 0 \tag{8.4}$$

则$\boldsymbol{e}_1, \boldsymbol{e}_2, \cdots, \boldsymbol{e}_n$为一组完备正交基。给定的希尔伯特空间$H$和一组正交矢量$\boldsymbol{S}$，可以用正交矢量$\boldsymbol{S}$张成一个空间$V$。如果集合$\boldsymbol{S}$是不完备的正交集，$V$应该比$H$小；如果$\boldsymbol{S}$是一个完备正交集，$V$就是$H$本身。

希尔伯特空间的相关理论是从抽象线性空间逐步发展而来的。冯·诺伊曼为了建立量子力学的数学理论，对希尔伯特空间相关理论进行了深入研究，1929年提出了abstract Hilbert space的概念[John von Neumann, Allgemeine Eigenwerttheorie Hermitescher Funktionaloperatoren (厄米函数算符的一般本征值理论), Mathematische Annalen, 1929, 102: 49-131]。希尔伯特空间的概念很快为其他学者所接受，比如见于外尔1931年的经典著作《群论与量子力学》[Hermann Weyl, Gruppentheorie und Quantenmechanik, Verlag von S. Hirzel,

1931]。谈论量子力学，厄米算符、本征值、希尔伯特空间是其数学基础。

自伴随算符（self-adjoint operator），在有限维空间的情形会被称为厄米算符，是一类具有特殊物理重要性的算符，在特别是量子力学领域中扮演着表示物理可观测量的关键角色。作用到希尔伯特空间V上的自伴随算符$\boldsymbol{A}$是等于其伴随的、从V到V的线性映射。记$\boldsymbol{\varphi}, \boldsymbol{\psi}$为空间$V$上算符$\boldsymbol{A}$定义域中的两个矢量，若

$$\langle \boldsymbol{A\varphi}, \boldsymbol{\psi} \rangle = \langle \boldsymbol{\varphi}, \boldsymbol{A\psi} \rangle \tag{8.5a}$$

或者写成

$$\int_{\Omega} (\boldsymbol{A\varphi})^{*} \boldsymbol{\psi} \mathrm{d}\tau = \int_{\Omega} \boldsymbol{\varphi}^{*} \boldsymbol{A\psi} \mathrm{d}\tau \tag{8.5b}$$

则算符$\boldsymbol{A}$是自伴随算符。如果空间是有限维的，这等价于说矩阵$\boldsymbol{A}$是个厄米矩阵，$\boldsymbol{A} = \boldsymbol{A}^{\dagger}$，其中$\boldsymbol{A}^{\dagger}$是$\boldsymbol{A}$的转置（复）共轭。

若置于合适的边界条件下，自伴随算符因为拥有如下三个性质而在物理上显得格外重要。这三个性质分别是：

1) 厄米算符的所有本征值都是实的；

2) 厄米算符的本征函数是正交的；

3) 厄米算符的本征函数构成一个完备集。

这第三条性质不是普适的（universal）。对于Sturm-Liouville（施图姆－刘维尔）形式的线性二阶微分算子，它是成立的。关注理论严谨性的读者，请自行补充Sturm-Liouville理论的相关知识。

上述性质的第一条容易证明。记

$$\mathcal{L} u_i + \lambda_i \omega u_i = 0 \tag{8.6a}$$

其中$\omega(x)$是密度函数（density function），或者说是空间的测度，此为算符$\mathcal{L}$的本征值问题。再写下

$$\mathcal{L} u_j + \lambda_j \omega u_j = 0 \tag{8.6b}$$

对(8.6b)取复共轭，得

$$\mathcal{L}^* u_j^* + \lambda_j^* \omega u_j^* = 0 \tag{8.6c}$$

由式(8.6a)、(8.6c)分别乘上u_j^*和u_i后相减，得

$$u_j^* \mathcal{L} u_i - u_i \mathcal{L}^* u_j^* = (\lambda_j^* - \lambda_i)\omega u_i u_j^* \tag{8.7}$$

在函数的定义域$a \leqslant x \leqslant b$上积分式(8.7)，得

$$\int_a^b u_j^* \mathcal{L} u_i \mathrm{d}x - \int_a^b u_i \mathcal{L}^* u_j^* \mathrm{d}x = (\lambda_j^* - \lambda_i)\int_a^b \omega u_i u_j^* \mathrm{d}x \tag{8.8}$$

算符$\mathcal{L}$是厄米算符，故式(8.8)左侧的积分为0，因此有

$$(\lambda_j^* - \lambda_i)\int_a^b \omega u_i u_j^* \mathrm{d}x = 0 \tag{8.9}$$

对于$i = j$的情形，式(8.9)的积分部分不可能为0，因此只能有

$$\lambda_i^* = \lambda_i \tag{8.10}$$

即本征值为实数。因为本征值为实数，至少原则上可以拿厄米算符来表示物理量。量子力学的冯·诺伊曼理论就认为物理量的测量值（实数）为其对应算符的某个本征值。对物理系统的某个物理量进行测量时，若系统处于由该物理量对应算符的本征函数所表示的状态，测量结果为该本征函数对应的本征值。若系统处于某个状态，其状态函数（归一化的）为一些（归一化的）本征函数的线性组合，则测量结果随机地为该组合中出现的某个本征函数对应的本征值，出现的概率为展开（复）系数的模平方。

对于$i \neq j$的情形，假设$\lambda_j \neq \lambda_i$，则由式(8.9)有

$$\int_a^b \omega u_i u_j^* \mathrm{d}x = 0 \tag{8.11}$$

这就是说这两个本征函数是正交的。

对于特殊的情形，即$\lambda_j = \lambda_i$但对应不同的本征函数u_i, u_j，这就是简并的情形。在这种情形下，本征函数u_i, u_j一般不会自动地就是正交的，但总可以线性组合出相应数目的函数，具有同样的本征值且还是正交的。这样的将简并本征函数正交化的方案常见的有Gram-Schmidt正交化，是1883年发展出来的。

此处要关切的是自伴随算符之本征函数构成完备集的问题。关于完备性证明，为了简单起见，记$\mathcal{L}u_j=\lambda_j u_j$[*]，且$u_j$是归一的、相互正交的。所谓本征函数集$\{u_j\}$的完备性问题（completeness of the eigenfunctions），意思是说在算符$\mathcal{L}$的定义域D上的函数都可以用$\{u_j\}$来表示，集合$\{u_j\}$构成了希尔伯特空间的基。记

$$f_N=\sum_{j=1}^{N}a_j u_j \tag{8.12}$$

其中$a_j=\langle u_j, f\rangle=\int_a^b u_j^* f\,\mathrm{d}x$是展开系数。我们要证明的是，级数展开$\sum_{j=1}^{\infty}a_j u_j$收敛于函数$f$。

引入瑞利商（Rayleigh quotient）

$$R(u)=\frac{\langle u, \mathcal{L}u\rangle}{\langle u, u\rangle} \tag{8.13}$$

则有$\lambda_1=\min R(u)$。顺理成章地，在剔除了对应本征值λ_1的本征函数u_1这个基之后所余下的空间里，就有$\lambda_2=\min\{R(u)|\langle u_1, u\rangle=0\}$。依次有$\lambda_3=\min\{R(u)|\langle u_1, u\rangle=0, \langle u_2, u\rangle=0\}$……如此实现了一个对本征值的排序。引入空间记号，$W_1=Sp(u_1)$, $W_2=Sp(u_1, u_2)$, ……, $W_n=Sp(u_1, u_2, \cdots, u_n)$，则$V_n=W_n^{\perp}\cap D$的意思是剔除了前面几个本征函数（$u_1, u_2, \cdots, u_n$）作为基所张成的空间后所剩下的空间。

现在考察函数展开的偏差

$$\varepsilon_N=f-f_N \tag{8.14}$$

因为$\varepsilon_N\in V_n$，有

$$\lambda_{N+1}=\min_{u\in V_N}R(u)\leqslant R(\varepsilon_N)=\frac{\langle\varepsilon_N, \mathcal{L}\varepsilon_N\rangle}{\langle\varepsilon_N, \varepsilon_N\rangle} \tag{8.15}$$

也就是说

* 即令式(8.11)中的测度函数$\omega=1$。

$$\langle \varepsilon_N, \varepsilon_N \rangle \leqslant \frac{\langle \varepsilon_N, \mathcal{L}\varepsilon_N \rangle}{\lambda_{N+1}} \tag{8.16}$$

注意，$\lim_{n\to\infty} \lambda_n \to \infty$；那么，总有一个数$p$，从那以后本征值都是正的。当$N\to\infty$时，有

$$\langle \varepsilon_N, \varepsilon_N \rangle = \frac{1}{\lambda_{N+1}} \left(\langle f, \mathcal{L}f \rangle - \sum_{n=1}^{p} \lambda_n |\langle u_n, f \rangle|^2 \right) \to 0 \tag{8.17}$$

这就证明了自伴随算符本征函数集的完备性。这里的关键，是根据本征值的排序把子空间给分离出来，很酷。

8.3.2 完备正交归一基举例

最简单的二阶微分算符为$\frac{\mathrm{d}^2}{\mathrm{d}x^2}$。早在经典数学物理中，这个算符就是主角。当1925年约当在量子力学语境中引入了

$$p_x = -\mathrm{i}\hbar\partial_x \tag{8.18}$$

时，算符$\frac{\mathrm{d}^2}{\mathrm{d}x^2}$就对应重要的物理概念：动能

$$E_{\text{kin}} = \frac{p^2}{2m} = -\frac{\hbar^2}{2m}\frac{\mathrm{d}^2}{\mathrm{d}x^2} \tag{8.19a}$$

在三维空间中

$$E_{\text{kin}} = -\frac{\hbar^2}{2m}\left(\frac{\mathrm{d}^2}{\mathrm{d}x^2} + \frac{\mathrm{d}^2}{\mathrm{d}y^2} + \frac{\mathrm{d}^2}{\mathrm{d}z^2}\right) \tag{8.19b}$$

加入了势能项后，于是有了量子版的哈密顿量$H = -\frac{\hbar^2}{2m}\nabla^2 + V(r)$。从方程

$$\mathrm{i}\hbar\,\partial_t\psi = H\psi \tag{8.20}$$

即薛定谔方程，你应该看到了本征值问题的影子了——薛定谔1926年论文的原名就是《量子化是本征值问题》。接下来，不过就是求不同维度的空间中势能具有不同对称性之体系的本征函数和本征值，及利用变分法去猜解不出的本征函数、用有限数量的本征函数去近似表示某个态函数等等，量子力学的核心故事甚至一下子回到了哈密顿力学出现之前的城南旧事。围绕薛定谔方程的那部分量子力学的关键是假设$p_x = -i\hbar\partial_x$，而后再假设方程$i\hbar\ \partial_t\psi = H\psi$这个本征值问题里的本征函数$\psi$表示状态（张成表示状态函数的希尔伯特空间），而后再假设$\psi^*\psi\omega d\tau$表示粒子在体积元$\omega d\tau$中出现的概率。

考虑复希尔伯特空间$L_2[0, 2\pi]$以及微分算符$A = -d^2/dx^2$的本征值问题

$$\frac{d^2y}{dx^2} + n^2y = 0 \tag{8.21}$$

如果要求有限范围$[0, 2\pi]$上有边界条件$y(0) = y(2\pi)$，则上述方程中的n应选为整数（所谓的量子化）。方程(8.21)的本征函数为

$$y = \sin(nx), \cos(nx),\ \ n = 0, 1, 2, \cdots \tag{8.22}$$

容易证明这些函数的正交性，因为当$n \neq m$时，有

$$\begin{aligned}&\int_0^{2\pi} \sin(mx)\sin(nx)\ dx = 0\\&\int_0^{2\pi} \sin(mx)\cos(nx)\ dx = 0\\&\int_0^{2\pi} \cos(mx)\cos(nx)\ dx = 0\end{aligned} \tag{8.23}$$

因为有完备性，所以对于一类不太离谱的函数，比如分段连续的就行，可以表示为用$\sin(nx)$, $\cos(nx)$的展开，一般教科书中会写为如下形式

$$f(x) = \frac{a_0}{2} + \sum_{n=1}^{\infty} [a_n\cos(nx) + b_n\sin(nx)] \tag{8.24}$$

没错，这就是傅里叶分析，是傅里叶研究热传导问题时引入的[Joseph Fourier, Théorie analytique de la chaleur, Firmin Didot père et fils, 1822]。愚以

为，凡是把傅里叶分析写成(8.24)形式的，都是对完备性缺乏重视。傅里叶分析的展开式就能（应该）写成

$$f(x)=\sum_{n=0}^{\infty}[a_n\cos(nx)+b_n\sin(nx)] \tag{8.25}$$

的形式，那个对应$n=0$的本征函数$\sin(nx)$的值固然总为零，但这一项是存在的。存在恒为零的一项本征函数是个极端的特例。没有这一项的理论是不完备的。

熟悉物理的朋友可能已经想起一维弦振动问题和一维无限深势阱问题了。在这两个问题中，因为有边界条件$y(0)=y(2\pi)$，故本征函数只有

$$y=\sin(nx),\ n=0, 1, 2, \cdots \tag{8.26}$$

考察稍微复杂点儿的也是物理学中常见的本征值问题

$$\frac{\mathrm{d}}{\mathrm{d}x}\left[(1-x^2)\frac{\mathrm{d}}{\mathrm{d}x}\right]P(x)=-\lambda P(x) \tag{8.27a}$$

若要求函数在$x=\pm1$处是规则的（regular），则有$\lambda=n(n+1)$，n是整数，$n=0, 1, 2, \cdots$。注意算符$\frac{\mathrm{d}}{\mathrm{d}x}\left[(1-x^2)\frac{\mathrm{d}}{\mathrm{d}x}\right]$是厄米算符，方程

$$\frac{\mathrm{d}}{\mathrm{d}x}\left[(1-x^2)\frac{\mathrm{d}}{\mathrm{d}x}\right]P(x)=-n(n+1)P(x) \tag{8.27b}$$

的解是正交的

$$\int_{-1}^{1}P_n(x)P_m(x)\mathrm{d}x=\frac{1}{2n+1}\delta_{nm} \tag{8.28}$$

解的表示之一是

$$P_n(x)=\frac{1}{2^n n!}\frac{\mathrm{d}^n}{\mathrm{d}x^n}(x^2-1)^n \tag{8.29}$$

其前几项为

$$P_0(x) = 1$$

$$P_1(x) = x \tag{8.30}$$

$$P_2(x) = \frac{1}{2}(3x^2 - 1)$$

$$P_3(x) = \frac{1}{2}(5x^3 - 3x)$$

函数$P_n(x)$称为勒让德多项式。对，完备性要求$n = 0, 1, 2, \cdots$

关系式

$$\frac{1}{\sqrt{1 - 2xt + t^2}} = \sum_{n=0}^{\infty} P_n(x)\, t^n \tag{8.31}$$

常被当作勒让德函数$P_n(x)$的定义，$\frac{1}{\sqrt{1 - 2xt + t^2}}$是勒让德函数的生成函数。不妨换个角度看，式(8.31)就是函数$\frac{1}{\sqrt{1 - 2xt + t^2}}$的勒让德函数展开，表现的是完备性。参照式(8.31)，容易得到

$$\frac{1}{|r - r'|} = \frac{1}{r\sqrt{1 - 2r'\cos\theta/r + r'^2/r^2}} = \sum_{n=0}^{\infty} P_n(\cos\theta) r'^n / r^{n+1} \tag{8.32}$$

这是电磁学里经常用到的。我们要计算位置在$\boldsymbol{r}'$处的电荷在$\boldsymbol{r}$处所产生的电势，必然会出现$\frac{1}{|r - r'|}$。当考虑局域多电荷产生的电势时，展开式(8.32)提供了近似计算的起点。

在量子力学的语境中，上述本征函数以及函数用本征函数的完备正交归一基的展开问题，表述起来与具体的函数形式无关。为此，狄拉克引入了bra-ket记号（也称为狄拉克符号），集合$\{u_n\}$可以简记为$|n\rangle$，这样本征函数

集的完备性就表示为

$$\sum_n |n\rangle\langle n| = \boldsymbol{I} \tag{8.33}$$

其中的$\boldsymbol{I}$可以理解为单位矩阵。一般态函数的展开为

$$|\varphi\rangle = \sum_n |n\rangle\langle n|\varphi\rangle \tag{8.34}$$

一个算符，比如描述三维空间中一个电子绕质子运动的哈密顿量算符$H = -\dfrac{\hbar^2}{2m}\nabla^2 - \dfrac{k}{r}$，相应的本征值问题

$$H\psi = E\psi \tag{8.35}$$

中的能量本征值E和本征函数ψ是三个整数(n, l, m)的函数，其中

$$\begin{aligned} &n = 1, 2, 3, \cdots \\ &l = 0, 1, \cdots, n-1 \\ &m = -l, -l+1, \cdots, l-1, l \end{aligned} \tag{8.36}$$

这样的(n, l, m)称为量子数。本征函数ψ_{nlm}构成正交完备集。考虑到电子还有一个性质——自旋，$m_z = -\dfrac{1}{2}, \dfrac{1}{2}$，有两种可能，电子在原子中状态可用四量子数$(n, l, m; m_z)$表示。则对于给定的$n$，可能的排列组合数为$2n^2$。对于$n = 1, 2, 3, 4$，有$2n^2 = 2, 8, 18, 32$。注意，$18 = 8 + 10$，$32 = 18 + 14$。你看，元素周期表的奥秘都在$2n^2$中了。

一个函数的集合，如果是正交完备集，就能够将同样定义域上的一般函数展开。特别地，采用依本征值排列的前面不多的几项，就能够得到对函数的较好的近似。图8.1是用运动的圆上另一个圆的运动所画出的轨迹，几乎就是直线段和三角形。也就是说，只用傅里叶展开的前两项，也能够对直线段和三角形作较好的近似。正交完备集的表示威力由此可见一斑。

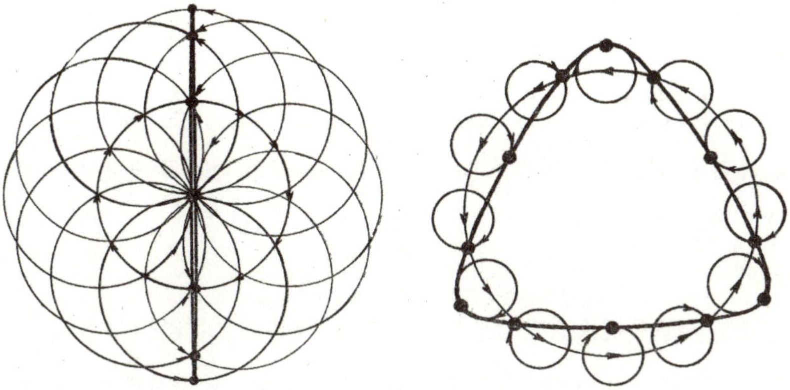

图8.1　完备正交集用于展开表示的威力。两个三角函数叠加可以逼近一条线段以及三角形[图取自Norwood Russell Hanson, The Mathematical Power of Epicyclical Astronomy, Isis, 1960, 51(2): 150-158]

8.4 非完备洛伦兹变换的笑话

我们所处的物理空间是三维的，这被当作物理学的第零定律。如果再加上时间，这就构成了3 + 1维时空，记为$(t; x, y, z)$，或者$(\mathrm{i}ct; x, y, z)$。3 + 1维时空坐标的$(\mathrm{i}ct; x, y, z)$记号代数上应作为双四元数对待。3 + 1维时空是非怪异物理学的舞台。

对狭义相对论的怪力乱神式的诠释很多，但其中有一个相当专业的错误似乎现在还在流行，可作为因看问题不完备闹出的专业笑话，即物体在运动方向上被压缩的讹传，根源在于对洛伦兹变换的非完备应用。

洛伦兹变换是狭义相对论的核心，一般文献中给出的是如下的简单形式

$$t' = \beta(t - vx/c^2)$$

$$x' = \beta(x - vt) \tag{8.37}$$

$$y' = y$$

$$z' = z$$

其中$\beta = 1/\sqrt{1 - v^2/c^2}$。得到这样的变换形式，是假设空间坐标系$(x', y', z')$和坐标系$(x, y, z)$的对应坐标轴在方向上是重合的，且相对运动速度$v$沿$x(x')$轴方向。这两条假设都不是必须的，这样做是为了尽可能得到一个比较简单的表达式。

然而，就是上式这么简单的形式，有人还嫌麻烦。既然有$y' = y$，$z' = z$，那干吗还要关切$y(y')$, $z(z')$轴方向上的事儿呢。于是，在很多的狭义相对论或专业或业余的文献中，洛伦兹变换变成了如下阉割的形式

$$t' = \beta(t - vx/c^2) \tag{8.38}$$

$$x' = \beta(x - vt)$$

其中$\beta = 1/\sqrt{1 - v^2/c^2}$。如此做法，完全忘却了我们是在谈论3 + 1维时空$(t; x, y, z)$的故事，而3 + 1维时空有特殊的几何与代数。3 + 1维时空的几何与代数有丰富得超出想象的内容，有完备性的问题。当我们只留下$(t; x)$这个不完备的物理时空并在这个基础上恣意发挥时，荒唐的结果就偷偷溜进了物理。

一个人们熟知的所谓相对论效应就是长度收缩，一个长为l的杆在运动观察者那里，或者运动的杆在静止观察者眼中，收缩变为l/β。于是乎，就有了一个运动的球会变扁，且当速度接近光速时变为圆盘的说法，这些都是想当然的说法。伽莫夫（George Gamow，1904—1968）的科普名著*Mr Tompkins in Wonderland*（汤普金斯先生身历奇境）把这个错误观念弄得家喻户晓。其实，一个三维有限大小的物体的相对论视觉（relativistic visualization）问题是个严肃的问题，要用全套的洛伦兹变换研究一个运动物体对静止观察者的视觉效果。相关问题可以方便地用几何代数的语言讨论[Chris Doran, Anthony Lasenby, Geometric Algebra for Physicists, Cambridge

University Press, 2003]。我们这里只说结论：一个球体，对于远处的某个静止观察者来说，其视觉效果为一个圆盘；对于运动的观察者的视觉效果依然为一个圆盘。一般表述是，运动观察者看到远处物体时发生了转动，而不是在相对运动方向上收缩了（图8.2）。这个结论是1959年特雷尔（James Edward Terrell，生辰年月不详）和彭罗斯分别得到的，现在称为Terrell转动或者Terrell-Penrose效应。

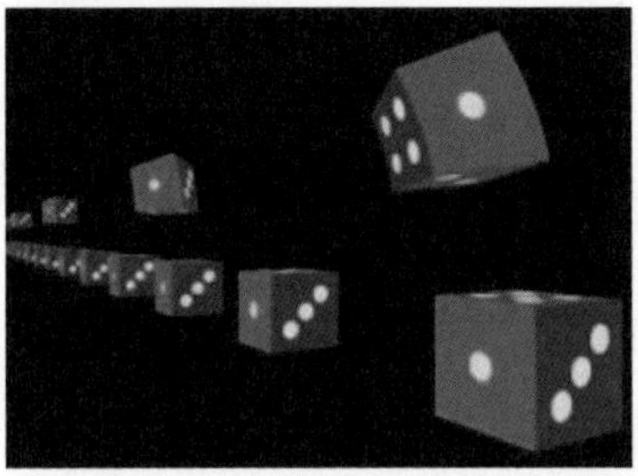

图8.2　用立方体演示的Terrell转动效应

以非完备的眼光看问题，会造成很多的困扰。此处举几个例子，不做深入讨论。两矢量之积有内积和外积两部分，$\boldsymbol{AB} = \boldsymbol{A} \cdot \boldsymbol{B} + \boldsymbol{A} \wedge \boldsymbol{B}$。将内积和外积（之共轭，即叉乘）当作截然不同的两个对象，我们学物理时，就会对力作用于物体上的做功和转动如何区分感到困惑，不知道内积$\boldsymbol{F} \cdot \mathrm{d}\boldsymbol{r}$和叉乘$\boldsymbol{r} \times \boldsymbol{F}$本就是同时存在的。又，对于一个运动物体，动量为$\boldsymbol{p}$，相应地有角动量$\boldsymbol{r} \times \boldsymbol{p}$和virial $\boldsymbol{p} \cdot \boldsymbol{r}$的问题。经典力学里有virial theorem，汉语就音译为维里定理。virial来自拉丁语的"力"，它随时间的变化的量纲为能量，见于著名的拉格朗日恒等式。只执内积一端的学问最后发展成了专门的内积空间问题，比如量子力学波函数可看作希尔伯特空间里的矢量，就只有内积而没有外积的问题。电磁学也把外积与内积分开，也是对完备性的破坏，在分开基础上的发挥有成功的部分，也捎带着混入了错误认识。一个有趣的现象是，许多教科书作者不知道梯度和旋度都是外积，只是作用的对象前者是标量（0-grade量）而后者是矢量（1-grade量）而已。又，比如谈论热力学体系要从能量和熵两个层次看问题。一般论述化学反应时，把能量守恒约化为了质量守恒却忘了伴随的光、热部分虽然换算为质量可以忽略不计，但它却是化学动力学的全部。至于熵的层面，则鲜有顾及或者鲜有能正确顾及的。

8.5 爱因斯坦与量子力学非完备性

爱因斯坦的众多名声中，坚持认为量子力学是不完备的也是其一。其后众多的证明“量子力学是完备的（或者量子力学是非局域的）”的论文，隐隐地都有证明了“爱因斯坦错了”的自得。Unvollkommentheit，不完备性，这是爱因斯坦对量子力学一直挑剔的地方——不完备性也一直是量子力学的弱点。不过，必须指出，爱因斯坦是看到物理学的不完备性，而不只是量子力学的不完备性。爱因斯坦曾写道：“Die Tatsache, daß man auf dem angedeuteten Wege nicht zu dem wahren Gesetz der Strahlung, sondern nur zu einem Grenzgesetz gelangt, scheint mir in einer elementaren Unvollkommentheit unserer physikalischen Anschauungen ihren Grund zu haben. [依据前述路径未能得到（黑体）辐射的正确分布而只是得到了其极限情形的事实，让我觉得有理由相信我们的物理观在基础层面是不完备的。]”你看，人家探讨的是我们的物理观，unsere physikalische Anschauungen。爱因斯坦要“为整个物理学找寻一个统一的基础（suchen nach einer einheitlichen Basis für die gesamte Physik）”，说明他是个把物理学当作一个整体的科学家。那些把爱因斯坦的量子力学不完备性观点看成是对量子力学挑剔的人，不妨记住爱因斯坦才是量子论最重要的奠基人。

8.5.1 EPR 1935

1935年3月，爱因斯坦与波多尔斯基（Boris Podolsky，1896—1966）和罗森（Nathan Rosen，1909—1995）两位合作发表了“Can Quantum-Mechanical Description of Physical Reality Be Considered Complete?”一文（图8.3），讨论“量子力学关于物理实在的描述能被看作完备的吗？”的问题，这就是量子力学史上著名的EPR论文，其中提到的例子被称为EPR悖论。此时离薛定谔给出量子力学波动方程快10年了，量子力学获得了很多成就但也争议不断，其中就有量子力学波函数描述物理是否完备的问题。薛定谔本人也于1935年发表过类似文章[Erwin Schrödinger, Die gegenwärtige Situation in der Quantenmechanik (量子力学的现状), Naturwissenschaften, 1935, 23: 807-812]，他打比方引入的模型被讹传成了一只又死又活的薛定谔的猫，完全不顾扭曲了薛定谔的本意。EPR论文不长，可简述如下。

考察物理理论，区分客观实在性与理论运作的物理概念。概念力图能同客观实在性相对应，我们用概念为自己描画客观实在性。一个理论是成功的，它应该是正确的且是完备的。所谓理论的完备性，乃是说物理实在的每一个元素必在物理理论中有一个对应。（Every element of the physical reality must have a counterpart in the physical theory.）此为完备性条件。关于物理实在，如下判据也许是合理的。如果不以任何方式扰动系统我们能够确切地，即以等于1的概率预言一个物理量的值，那就存在对应这个物理量的一个物理实在元素[if, without in any way disturbing a system, we can predict with certainty (i.e., with probability equal to unity) the value of a physical quantity,

MAY 15, 1935 PHYSICAL REVIEW VOLUME 47

Can Quantum-Mechanical Description of Physical Reality Be Considered Complete?

A. Einstein, B. Podolsky and N. Rosen, *Institute for Advanced Study, Princeton, New Jersey*

(Received March 25, 1935)

In a complete theory there is an element corresponding to each element of reality. A sufficient condition for the reality of a physical quantity is the possibility of predicting it with certainty, without disturbing the system. In quantum mechanics in the case of two physical quantities described by non-commuting operators, the knowledge of one precludes the knowledge of the other. Then either (1) the description of reality given by the wave function in quantum mechanics is not complete or (2) these two quantities cannot have simultaneous reality. Consideration of the problem of making predictions concerning a system on the basis of measurements made on another system that had previously interacted with it leads to the result that if (1) is false then (2) is also false. One is thus led to conclude that the description of reality as given by a wave function is not complete.

1.

ANY serious consideration of a physical theory must take into account the distinction between the objective reality, which is independent of any theory, and the physical concepts with which the theory operates. These concepts are intended to correspond with the objective reality, and by means of these concepts we picture this reality to ourselves.

In attempting to judge the success of a physical theory, we may ask ourselves two questions: (1) "Is the theory correct?" and (2) "Is the description given by the theory complete?" It is only in the case in which positive answers may be given to both of these questions, that the concepts of the theory may be said to be satisfactory. The correctness of the theory is judged by the degree of agreement between the conclusions of the theory and human experience. This experience, which alone enables us to make inferences about reality, in physics takes the form of experiment and measurement. It is the second question that we wish to consider here, as applied to quantum mechanics.

Whatever the meaning assigned to the term *complete*, the following requirement for a complete theory seems to be a necessary one: *every element of the physical reality must have a counterpart in the physical theory*. We shall call this the condition of completeness. The second question is thus easily answered, as soon as we are able to decide what are the elements of the physical reality.

The elements of the physical reality cannot be determined by *a priori* philosophical considerations, but must be found by an appeal to results of experiments and measurements. A comprehensive definition of reality is, however, unnecessary for our purpose. We shall be satisfied with the following criterion, which we regard as reasonable. *If, without in any way disturbing a system, we can predict with certainty (i.e., with probability equal to unity) the value of a physical quantity, then there exists an element of physical reality corresponding to this physical quantity.* It seems to us that this criterion, while far from exhausting all possible ways of recognizing a physical reality, at least provides us with one

图8.3 EPR论文首页

then there exists an element of physical reality corresponding to this physical quantity]。这个判据可看作是实在性的一个充分条件，与经典和量子力学的观念皆符合。这个完备性问题好回答，只要我们能够决定什么是物理实在的元素。

量子力学认为，粒子状态由波函数ψ完全表征（completely characterized），每一个物理可观测量（physically observable quantity）A对应一个（作用到波函数上的）算符*，同样记为A。若波函数ψ是算符A的本征值为a的本征函数，则只要系统处于这个状态就可以确定物理量具有值a。举例来说，$\psi = e^{ip_0x/\hbar}$，动量算符$p_x = -i\hbar\partial_x$作用于其上有本征值p_0，这被诠释为做粒子的动量测量会确切地得到动量值p_0。而位置呢？理论上，EPR给出的公式(6) $P(a, b) = \int_a^b \psi^*\psi\, dx = b - a$，用以说明（结果为）任何坐标值都是等概率的。关于$\psi = e^{ip_0x/\hbar}$这样的态，位置是理论上不得预测的。按量子力学的观点，当一个粒子动量已知时，其坐标没有物理实在性（when the momentum of a particle is known, its coordinate has no physical reality）。总的来说一句话，若对应两个物理量A, B的算符不对易（not commute）**，则对一者的精确知晓就排除了照样知晓它者的可能性（the precise knowledge of one of them precludes such a knowledge of the other）。

如何面对这个局面呢？有两种态度：

1) 量子力学波函数对实在的描述不是完备的（the quantum mechanical description of reality given by the wave function is not complete）；
2) 当对应两个物理量的算符非对易时，这两个量不能同样地具有实在性（when the operators corresponding to two physical quantities do not commute the two quantifies cannot have simultaneous reality）***。

量子力学认为波函数为处于其所对应的状态中的系统之物理实在提供了完备

* 算符A_1, A_2, …, A_n所决定的一组正交归一完备集一定是物理量算符B的作用对象吗？按说没理由不是，但笔者似乎没见到这方面的专门论述。

** commute，字面意思是共变。

*** 笔者读到这一句时不由得笑出声了。这是拿我们构思的数学事实（某些算符不对易）去难为物理存在（不一定能体现出我们以为这样的算符所对应的物理实在性），这胆儿有点儿大。此外，simultaneous，拉丁语字面是“同时”的意思，但请尽可能按照“都”，或者“既……又……”来理解，因为谈论非对易算符时，simultaneously可不是针对时间来说事儿的。

的描述，但这和物理实在性的判据是相抵触的。

设想有两个系统I, II，在$t = 0$，$t = T$之间有相互作用，其后不再有相互作用。进一步假设在$t = 0$之前两个系统的状态均是已知的，则可以根据薛定谔方程计算复合系统I + II在接下来任意时刻的状态，记为ψ。但是，我们不能计算作用发生后单个系统被带入了怎样的状态。设$a_1, a_2, \cdots$是从属于系统I的物理量A的本征值，相应的波函数为$u_1(x_1), u_2(x_1), \cdots$。复合系统I + II的波函数$\psi$，若当作坐标$x_1$的函数，可表示为$\psi(x_1, x_2) = \sum_{n=1}^{\infty} \psi_n(x_2)u_n(x_1)$[原文式(7)]，这里的$x_2$是系统II的变量，$\psi_n(x_2)$是展开系数。如果这时物理量$A$被测量，得到本征值$a_k$，结论是系统I被测量后坍缩入状态$u_k(x_1)$，相应地系统II的状态波函数为$\psi_k(x_2)$。这就是所谓的波包约化（reduction of wave packet），即上式中的$\psi(x_1, x_2)$被约化到了其中的一项$\psi_k(x_2)u_k(x_1)$。

如果选择物理量B，上述的故事略有改变。$b_1, b_2, \cdots$是从属于系统I的物理量B对应波函数$v_1(x_1), v_2(x_1), \cdots$的本征值。复合系统波函数$\psi$被当作坐标$x_1$的函数时，表示为$\psi(x_1, x_2) = \sum_{s=1}^{\infty} \varphi_s(x_2)v_s(x_1)$ [原文式(8)]，对物理量B的测量得到某个本征值b_r，系统II进入了状态$\varphi_r(x_2)$，波包约化的结果为$\varphi_r(x_2)v_r(x_1)$。

我们看到，取决于我们对第一个系统观测量的选择，第二个系统被带入了不同的状态。然而，测量时两个系统已经没有相互作用了，对系统I的测量不应该影响系统II，结果却是对一个物理实在（作用过后的系统II）我们赋予了两个不同的波函数。如果碰巧$\psi_k(x_2), \varphi_r(x_2)$分别是两个非对易算符$P, Q$的本征函数，这就麻烦了。EPR用$\psi(x_1, x_2) = \int_{-\infty}^{\infty} \mathrm{e}^{\mathrm{i}p(x_1 - x_2 + x_0)/\hbar}\mathrm{d}p$为例表明，对粒子1的动量和位置测量，波包约化的结果分别为$\psi_x(x_2) = 2\pi\hbar\delta(x - x_2 + x_0)$和$\varphi_p(x_2) = \mathrm{e}^{-\mathrm{i}p(x_2 - x_0)/\hbar}$，是一对非对易算符的本征函数。我们似乎是在不扰动系统II的前提下，确切地预言了一对非对易算符所代表的物理量的值。这样量P是实在的某个元素，量Q是实在的某个元素，但是此前我们已经确定波函数

$\psi_k(x_2)$, $\varphi_r(x_2)$属于同样的实在。从量子力学的描述是完备的假设出发，我们得出非对易算符可以同样地（simultaneously）拥有物理实在性的结论。此前，我们已表明，量子力学是非完备的与非对易物理量，这两者不能同时具有实在性（cannot have simultaneous reality），必是二者居其一。现在一者的否定导致了唯一备选的否定，我们被迫得出结论，量子力学对物理实在的波函数描述是非完备的。（We are thus forced to conclude that the quantum-mechanical description of physical reality given by wave functions is not complete.）

人们可以反驳，我们的实在性判据不具有足够的约束力。确实，如果人们坚持两个或多个物理量只有当它们可以被simultaneously测量或者预言时它们才可以看作是实在的simultaneous元素（two or more physical quantities can be regarded as simultaneous elements of reality only when they can be simultaneously measured or predicted），就不能得到上述结论。根据这种观点，当量P, Q只是其一可被预言时，它们就不是“同时是实在的（simultaneously real）”。这样，系统II的P, Q的实在性取决于不扰动它的在系统I上的测量过程？对实在性的合理定义应不会允许这样的情形。

EPR相信有可能存在关于客观实在的完备描述。

关于上述量子力学一般性问题以及EPR论文的观点，笔者斗胆评论几句，没敢指望我的评论是正确的。

首先，笔者想指出，量子力学用波函数来描述物理实在，薛定谔的单分量波函数，以及泡利的二分量和狄拉克的四分量波函数，都是复数，是二元数；而物理测量值，或者物理量对应的自伴随算符的本征值，是一元数。这恐怕才是量子力学从未认真思考过的问题。从复数到实数的坍缩，我这么不太确切地描述从状态函数得到物理量测量值的过程，不是一半的变量被保持而关于另一半的信息丢失的问题（薛定谔 1935），而是从二元数世界到一元数世界的退化（degradation），丢失的几乎是全部的信息。低维度空间在包含它的高维度空间中所占体积为零！低层次概念所包含的关于高层次世界的信息也是零！

EPR文中把表示$\psi(x_1, x_2)=\sum_{n=1}^{\infty}\psi_n(x_2)u_n(x_1)$当作坐标$x_1$的函数来讨论，从函数展开的角度来看未必是对的。集合$u_1(x_1)$, $u_2(x_1)$, …未必能提供描述系统I + II状态的正交完备集。

爱因斯坦举的例子也特殊。平面波$\psi=e^{ikx}$（写成$\psi=e^{ipx/h}$的形式，贴上标签，就算是量子力学的波函数了，意义也变了，但又时时被物理学家混用）碰巧是算符$p_x=-i\hbar\partial_x$的本征函数，但它不能归一以符合波函数的玻恩诠释，也即它不可以当作波函数。有限范围[0, L]内归一化然后让L趋于无穷大的做法是糊弄，也许对某个问题好使，但对于保障理论的正确性于事无补，是典型的把垃圾扫入地毯下的骚操作。EPR的式(6) $P(a, b)=\int_a^b\psi^*\psi\,dx=b-a$中的线段长度$b-a$根本无法转换为概率——对于任何有限长度的$b-a$，若粒子的波函数真是平面波，对应的粒子在任何有限区间中出现的概率总为0！

8.5.2 爱因斯坦1948

关于量子力学的非完备性，爱因斯坦一直是念念不忘。在1954年2月8日给德布罗意的一封信中，爱因斯坦还写道：“我跟个鸵鸟似的，总是把头埋入相对论的沙子，免得去面对邪恶的量子（I must seem like an ostrich who forever buries its head in the relativistic sand in order not to face the evil quanta）。”关于量子力学非完备性的阐述，爱因斯坦1948年在*Dialectica*（辩证法）杂志上的文章极有参考价值[Albert Einstein, Quanten-Mechanik und Wirklichkeit (量子力学与实在性), Dialectica, 1948, 2(3-4): 320-324]。兹简述如下。

量子力学的方法原则上不让人满意。我期望这个理论将来如同射线光学之于波动光学那样被一个更加广泛的量子理论所包含，“关系会保留，但基础将会被深化并被一个内涵更加广泛的替代（Die Beziehungen werden bleiben, die Grundlage aber wird vertieft bezw. durch eine umfassendere ersetzt werden）”。

设想一个自由粒子，用有限空间内的波函数ψ描述。按照量子力学的说法，这粒子既没有确定（scharf bestimmten）的动量也没有确定的位置。如何看待这种表述呢？有两种选择：

1) 虽然不可能同时通过测量予以确定，但粒子确实有确定的动量和确定的位置。波函数ψ是对真实物理情形的非完备表述（eine unvollstandige Beschreibung eines realen Sachverhaltes）。

2) 粒子既没有确定的动量也没有确定的位置，波函数ψ原则上是对真实物理情形的完备表述。通过位置测量得到的确切位置不可以诠释为测量之前粒子的位置。粒子的确切位置是由测量干预（Messungs-Eingriff）造成的。测量结果取决于真实的粒子情形和原则上无法完全知悉的测量机制的本性（prinzipiell unvollständig bekannten Natur des Mess-Mechanismus）。这大体是海森堡的不确定性*原理的精神。根据这种理解，就算波函数经测量过程导致相同的测量结果，两个不同的波函数也是描述两个不同的实际情形。

独立于量子理论的物理概念世界（physikalische Ideenwelt）的特征是，物理概念对应一个与感知主体无关的真实存在（reale Existenz）；此外，物

* 就不存在粒子位置越精确，粒子动量的不确定性就越大这回事儿。拿方势阱、谐振子模型给出的精确波函数计算会表明，粒子位置和粒子动量的涨落是同步变化的。参见刘家福，张昌芳，曹则贤，一维无限深势阱中粒子的位置 - 动量不确定关系：基于计算的讨论,《物理》, 2010, 38(7): 491-494。

理的存在是置于时空连续体上的。事物在确定的时刻有各自独立的存在，所以才可以说它们处于空间的不同部分。没有这个空间相隔的事物拥有独立存在的假设，物理规律是无法表述以及验证的。爱因斯坦这里所给的Prinzip der Nahewirkung，有英译the principle of contiguity，我猜测其它英文文献中的the principle of separation也是它的翻译，其意思是接近原理。这应该是超距作用（action-at-a-distance）的反面。

设想一个系统S_{12}，由两个分系统S_1和S_2组成，此前两者间有相互作用，而在此时刻t相互作用已经过去了（vorüber ist）。按照量子力学的说法，此系统由函数$\psi_{12}(q_1..., q_2...)$完全地描述（$\psi_{12}$形式上只能是$\psi_1(q_1...)\psi_2(q_2...)$之和的形式）*。在时刻t，两个子系统在空间上是分离的，即S_{12}只在q_1...和q_2...分属两个相隔的空间区域R_1, R_2内时才不为0。分系统S_1和S_2的波函数早先是不知道的，甚至是不存在的（sie existieren überhaupt nicht）。按照量子力学的说法，对子系统S_1的完全测量，能够确定子系统S_2的波函数ψ_2**。对子系统S_1做了何种量子测量于是具有了实质性意义。设若分系统S_1是单个粒子，我们有选择测量其位置还是动量的自由***，则量子力学的诠释意味着，根据对分系统S_1的完全测量的选择造成了关于分系统S_2的不同物理实在情形，由不同的波函数$\psi_2, \psi_2', \psi_2'', \cdots$描述。如果仅从量子力学的观点看，这一点也没有困难，因为这是造成了分系统S_2的不同实在情形而不是将它同时置于不同的波函数$\psi_2, \psi_2', \psi_2'', \cdots$之下。

* 所谓的量子纠缠，波函数不能简单地表示为单个粒子波函数的乘积，实质就是多变量函数的不能分离变量而已。

** 我是不理解。从数学的角度看，就算在q_1...处的一些操作得到一些测量值，这些值能够确定（如果！）此刻你也在q_2...处一通操作应该得到的其它测量值，但是一般地也还是不能确定纠缠波函数$\psi_{12}(q_1..., q_2...)$，没这个数学啊。所谓关于纠缠态的测量，一般是针对电子自旋和光的偏振（光子自旋？）进行，其策划和结果表述的文本中都透着对自旋数学（spin algebra, spin group, spin representation ...）的不屑一顾。

*** 位置、时间不是粒子的物理量?

不过，如果同时考察量子力学原理以及独立存在两个分开的空间区域R_1, R_2里的真实情形，那就是另一回事儿了。对分系统S_1的测量，只是发生在空间区域R_1内的物理干预，这样的干预不应对远处的空间区域R_2内的物理实在有直接影响。这样，关于分系统S_2的断言，不应该是由对分系统S_1的测量所引起的。坚持当前量子力学描述方式的物理学家可能这样反应：把不同空间区域的物理实在的独立存在这样的要求放弃好了，量子力学从来没有直言不讳地使用这个要求。

然而，不同空间区域的物理实在独立存在，这样的要求没理由放弃。（爱因斯坦）倾向于相信，量子力学的描述应看作是对实在的**非完备的、非直接的**描述，未来会被完备的、直接的表述所取代（... die Beschreibung der Quanten-Mechanik als eine **unvollständige und indirekte** Beschreibung der Realität anzusehen sei, die später wieder durch eine vollständige und direkte ersetzt werden wird）。

笔者研读爱因斯坦这篇论文的最大收获是认识到，相比于后来反复掰扯的量子力学是非完备的描述（unvollständige Beschreibung）的问题，它是非直接的描述（indirekte Beschreibung）才是量子力学更致命的弱点。波函数是复函数，连接实验（真实物理情形）的是所谓的玻恩诠释，$\rho = \psi^*\psi$是概率体积密度。二元数ψ到一元数$\rho = \psi^*\psi$的映射$\psi \rightarrow \rho = \psi^*\psi$是对复杂性的忽略，是维度的坍缩，是信息的丢失。但凡对复数相对于实数（一元数）的复杂性有丁点儿了解，就对$\psi \rightarrow \rho = \psi^*\psi$这样的诠释有本能的警觉。倘若$\psi$经过$\rho = \psi^*\psi$才和真实物理情形有联系，说它是非直接的描述就一点儿都不冤枉。不知道实数与复数所展现的世界之间的天渊之别，就对爱因斯坦的这个说法无感。当然，到了相对论量子力学，狄拉克用了四元数形式，想起因为波函数作为四元数作用对象因而有旋量（spinor）结构带来了多少实在的物理，你可以反过来想象映射$\psi \to \rho = \psi^* \psi$丢失了多少内容。后来的Berry（贝里）相概念是对这个映射的一些挽救，然而复数并不是只有$z = re^{i\theta}$这一种表示，缺乏唯一性让波函数相位的物理也显得底气不足。

顺便说一句，爱因斯坦的unvollständige Beschreibung eines realen Sachverhaltes（对真实情形的非完备描述）一句中的reales Sachverhalt，其英文摘要是译成real physical situation，法文摘要是译成comportement réel，感觉还是有区别的。德语的Sachverhalt由Sach（事情、事物）和Verhalt（举止，就是法语的comportement）构成，英文的situation来自拉丁语的situ，更多是和位置、处境有关。

8.6 量子力学非完备性之我见

关于量子力学非完备性的问题，笔者有一个由同其它物理理论相类比而来的浅见。先考察一个孤立的热力学系统。描述用气体作为工作介质的理想工作循环为卡诺循环，由两个等温过程和两个绝热过程构成，一般会用$P - V$空间中的一个闭合曲线表示。这注定了关于这样一个体系的描述，需要在两个层面上进行。实际情形是，热力学在两个层面上展开，即在能量与熵的层面上展开，分别为热力学第一定律和第二定律。对于孤立体系，体系的能量守恒，$E = \text{const.}$；且熵恒不减少，即$\mathrm{d}S \geqslant 0$。当系统达到平衡时，系统的熵S为绝对最大。黑体辐射研究就是严格按照这个路数进行的。给定能量E的空腔辐射，平衡态下（有温度T）熵的绝对最大意味着能量的谱分布为普朗克分布。此处的能量E和熵S之间的关系是非平凡的（参见拙著《黑体辐射》）。

现在来看关于运动物体的描述。一个物体的运动，似乎用速度矢量$\boldsymbol{v}$描述足够了。然而，事情并不是这样简单。当我们描述两个质点的弹性碰撞时，我们看到需要引入动量$\boldsymbol{p}=m\boldsymbol{v}$和动能$E=\frac{1}{2}m\boldsymbol{v}\cdot\boldsymbol{v}$这两个物理量，弹性碰撞过程（质点碰撞只有弹性过程）满足动能守恒和动量守恒。将动能守恒和动量守恒应用于X射线同电子之间的碰撞，为此假设光具有动量量子和动能（对于光量子，动能是其能量的全部）量子分别为$p=h/\lambda$和$E=h\upsilon$，用经典力学就解释了康普顿效应。此处，连接两个描述层面的是色散关系，对于质点是

$$E=\frac{\boldsymbol{p}\cdot\boldsymbol{p}}{2m} \tag{8.39}$$

对于光子是

$$E=\boldsymbol{p}c \tag{8.40}$$

式(8.40)不是一个合格的方程，左侧是标量而右侧是矢量。

现在来看量子力学，考察关于粒子状态的描述，唯一的物理量是波函数ψ。虽然波函数可以有单分量、二分量和四分量的形式，但它就是一个量而已。仅凭这一点，笔者就认为量子力学是非完备的。注意，关于波函数ψ，有所谓的玻恩诠释，$\rho=\psi^{*}\psi$为概率体积密度（对狄拉克方程波函数的诠释也是这样的），这是否能提供一些关于(ψ,ρ)的思考，是否可以为量子力学构造(ψ,ρ)两个层面的描述？注意，1925年的矩阵力学是完全用概率的语言（in terms of probability）而非波函数或者概率密度的语言的。明明作为动力学的主角是ψ，但描述物理过程（所谓的测量）的时候时刻提及的却是概率，$\rho_n=\int_{\Omega}\psi_n^{*}\psi_n\,\mathrm{d}\tau$。笔者以为，这种人格分裂是量子力学不完备性的自我供认。拿着测量的概率——甚至都不是概率密度——的关联函数，去讨论波函数的纠缠，似乎哪儿不对劲儿。

第8章

量子力学的不完备，是在相当宽泛的意义上的。关于量子力学非完备性的讨论，如同在EPR那里，基于对非对易物理量的讨论。但是，笔者想指出，非对易代数不是量子力学特有的，在经典力学里转动问题一样是非对易的代数。仅从数学的角度来看，仅凭波函数是复数是无法描述物理量非对易这个现实的，因为复数的乘法是交换的。是矩阵，它关联着两个波函数，才提供了描述非对易性的可能。此外，粒子的自旋是内禀自由度，它带来的是多分量波函数的结构问题，比如有旋量。矩阵这个介于物理量和波函数之间的对象——波函数对应矩阵的本征矢量——或许更值得量子力学理论的关注。量子力学有说法，你不能认定一个可观测量的值是事先存在的，是测量时才有的。2023年6月20日笔者忽然想到，如果一个物理量你把它描述为矩阵，你的意思是它的物理实在存在是以本征值的形式在游弋吗？测量时是系统的状态坍缩到本征态呢，还是本征值之一从虚无中冒出头来？后者在仪器中不是显得更合理吗？

说说对量子力学非局域性的实验证明。有趣的是，用纠缠态的量子行为去证明量子力学确实是非局域的，我有一种印象是人们会用电子的自旋态表示在纸面上讨论，而实验却是用的光（子）*。我希望这是我个人的错觉。电子不知道如何准备自旋等于0的自旋态，电子估计也传播不了多远，这不方便做实验。用光在空间的传播做实验，但用的是电子的那套话语讨论问题。请注意，光子不是物质粒子，它和自旋为1的有重粒子在数学、物理上都不是一回事儿。

用自旋$\frac{1}{2}$粒子做实验就需要对自旋$\frac{1}{2}$粒子准备总自旋为0的态。读这样的论文会觉得有人把自旋的加法当成实数加法了。这些放在一边不论，且说自

* 有观点认为光子是非局域的。如果是这样，那就不好办了。

旋是内禀自由度可能带来的麻烦。如同“东南西北”的说法是全局的，“前后左右”的说法是局域的。平直空间的空间坐标是全局性的，此处的z-方向同彼处的z-方向是一致的，此处的p_z-，是p-矢量的z-分量，一个实数值，同彼处的p_z-是一致的，是可加的。然而，自旋和动量最大的不同是，自旋是内禀自由度！即便在平直空间中，r_1点上某电子的自旋$\boldsymbol{\sigma}_z$同r_2点上的另一电子的自旋$\boldsymbol{\sigma}_z$之间并没有强制性的关系。我们对前者选择$\boldsymbol{\sigma}_z=\begin{bmatrix}1 & 0\\ 0 & -1\end{bmatrix}$，一点儿也不耽误我们对后者选择$\boldsymbol{\sigma}_z=\begin{bmatrix}0 & 1\\ 1 & 0\end{bmatrix}$或者别的值为$-1$的矩阵。那种对两点上两个电子的自旋的关联函数$\langle\boldsymbol{\sigma}_z\boldsymbol{\sigma}_z'\rangle$的计算是值得商榷的。不知道有没有基于电子纠缠态的对非定域性的验证，那里计算关联函数时是否直面了这个问题？

8.7 哥德尔的算术不完备性定理

1931年，奥地利逻辑学家哥德尔（Kurt Gödel，1906—1978）发表了一篇关于“数学原理”形式不确定定理（formal unentscheidbare Sätze）的论文，一石激起千重浪，也让哥德尔因此与亚里士多德和弗雷格（Gottlob Frege，1848—1925）一起并称历史上最重要的逻辑学家。哥德尔的不确定定理一般又称为不完备性定理，乃是其1929年博士学位论文的一部分，于1931年发表。

哥德尔1906年出生于奥匈帝国治下的捷克（图8.4）。哥德尔应该属于早慧型的，小时候因为问题不断而获得“为什么先生（Herr Warum）”的

图8.4　哥德尔

雅号，1916—1924年读中学期间各科全优，特别是在数学和语言*方面格外突出。1924年，哥德尔进入维也纳大学，在此期间接受了数学实在主义（mathematical realism）的思想。哥德尔一开始学习数论，认为数学会提供conceptual realism（概念实在性）的最强证据和最清晰的应用。在维也纳大学，哥德尔有机会接触到著名的维也纳圈子，在参加了德国哲学家、物理学家石里克（Moritz Schlick，1882—1936）主持的讲习班后对数学逻辑（mathematical logic）产生了浓厚的兴趣，因为数学逻辑拥有所有其它科学得以建立的思想与原则。这大约发生在1928年。

哥德尔对语言有兴趣却不善言辞。哥德尔认为虽然语言有着无限的能力，但它可以被证明是一种生硬而笨拙的工具。他的名言“我对语言思考得越多，越是对人们竟然能够相互理解感到不可思议（the more I think about language, the more it amazes me that people ever understand each other）”至今依然被随处引用。哥德尔似乎总是希望能够以数学的清晰来表述自己要说的话，而这显然是不可能的，由此也就可以理解哥德尔的沉默寡言。

哥德尔关于非完备性证明的原始文献有如下三篇：

1) Kurt Gödel, Die Vollständigkeit der Axiome des logischen Funktionenkalküls (逻辑函数计算公理的完备性), Monatshefte für Mathematik und Physik, 1930, 37: 349-360.

2) Kurt Gödel, Über formal unentscheidbare Sätze der Principia Mathematica

* 数学首先是一种语言。形式数学基本上会用语言学的一套表述。哥德尔的逻辑学成就一定程度上是语言学意义上的。

und verwandter Systeme, I. (论数学原理与应用系统的形式不确定性定律I), Monatshefte für Mathematik und Physik, 1931, 38: 173-198.

3) Kurt Gödel, Zum intuitionistischen Aussagenkalkül (关于直觉论断计算), Anzeiger der Akademie der Wissenschaften in Wien, 1932, 69: 65-66.

此处文章题目中的Principia Mathematica特指罗素、怀特海著《数学原理》一书。罗素和怀特海在《数学原理》一书里发展了一套新的表述算术真理的形式系统。那时他们已经知道了集合论会产生悖论的问题。逻辑体系中包含悖论，是一个令人啼笑皆非的事情，也很现实。为了保证一致性，他们引入专门的规则来约束集合的形成，即禁止所有“不是自身元素的所有集合所组成的集合（the set of all sets not members of themselves）”的产生。哥德尔将这本书中的算术公理化体系当作他的思考的出发点，在文章中将该书简称为PM。PM，可以理解为formalized calculus（形式计算）。哥德尔大概假设人们都读过罗素、怀特海的《数学原理》，实际上这本书总共也没卖出几本。

哥德尔的不完备性定理的证明以其格外难懂而著名。实际上，关于哥德尔不完备性定理的表述也略有出入。比如，可以简单地说那是谈论《数学原理》里的公理系统的非完备性（Unvollständigkeit des Systems der PM）的：算术不可能有完备性。如下是一些比较严肃的表述。

哥德尔第一不完备性定理：任何足以表示算术的一致形式系统必定会遗漏大量数学实在。

哥德尔第二不完备性定理：没有系统能证明自己的一致性。

又比如，根据*Encyclopedia of Philosophy*（哲学百科全书）的Gödel's Theorem词条：In any consistent formal system adequate for number theory there exists an undecidable formula — that is, a formula that is not provable and whose negation is not provable (Gödel's first theorem). The consistency of a formal system adequate for number theory cannot be proved within the system (Gödel's second theorem). 第二定理比第一定理有递进一层的意思，这几乎是物理定律的范式（力学中的能量接续动量、热力学中熵接续能量的物理定律表述。量子力学没有这种表述，量子力学是非完备的）。另一种稍显随意的不完备性定理表述为，一个形式算术系统不能从其内部证明其一致性（a formal arithmetical system could not be demonstrated to be consistent from within itself）。所谓的一致性，是指形式体系的公理之间不矛盾，故而德语会用 widerspruchfrei（免于矛盾）的说法。可以想见，非完备性的认识来自对一致性证明（Widerspruchfreiheitsbeweis）的努力中。

自从有了数学，数学就看起来是人类知识中最扎实、最靠谱的那种：一经证明便毋庸置疑。但问题是，数学如果有确定性，那它从何而来（whence the certainty of mathematics）？如何让数学知识变得是证明了的呢？如何去证明呢？我们发现，数学的证明也得从某个地方开始，实际上我们的数学也是从直觉的土壤中生长的。直觉可以理解为理解的直接形式（a direct form of apprehension）。然而，直觉并不可靠。显然，为了强化数学的可靠性，就有了将数学的各个分支公理化的努力。哥德尔的两个不完备性定理针对的就是数学的确定性、不可动摇性和先验性（the certainty, the incorrigibility, the aprioricity）。

什么是公理化体系，它又如何才能获得严谨性？公理化的思想是，某一数学领域的多姿多彩的真理（事实）可以归结为公理、推导规则和定理（axioms, rules of inference, and theorems）。从很少的直觉上显而易见的公理（平淡无奇）出发，采用严格的、保持真理为真的推导规则去得到不那么显而易见的定理、结论。公理体系是古希腊人尤其是欧几里得发明的。公理化背后的动机是通过尽可能少地运用直觉，即只局限于少数几个不可消除的公理，以最大化确定性。（The motive behind the axiomatic system is to maximize certainty by minimizing appeals to intuitions, restricting them to the few ineliminable axioms.）然而，19世纪数学的发展动摇了对公理化体系中的一些假设的信心。欧几里得的第五公设，即平行公设（parallels postulate），就是例子。可以构造平行公设为错但自洽的（self-consistent）*几何。此外，集合论也遭遇了悖论，见于“不是自身元素的所有集合所组成的集合（the set of all sets that are not members of themselves）”。

数学公理化的发展甚至有个追求，即在数学中追求一个自身完备的体系（in mathematics we must always strive after a system that is complete in itself）。这个追求走得足够远，最终走向了形式系统：形式系统是免除一切直觉诉求的公理体系（a formal system is an axiomatic system divested of all appeals to intuition）。把意义抽干的公理体系，剩下的就是形式系统，仿佛没有棋子而只有游戏规则的棋局。形式系统具有排除直觉的透明。形式主义的观点认为形式系统对于数学是最合适的，逻辑一致的形式系统适于用来证明所有数学真理。

形式系统完全由无意义的符号，以及规则设定的符号间的关系所构成（it is constructed entirely of meaningless signs, the relations of each to one another as set forth by the rules）。公理体系，关于数的，那是算术；关于集合的，那是集合论；关于空间的，那是几何。形式系统是无具体对象的公理系统。形式系统包括符号（字母），符号组合成语法构型wffs（well-formed formulas）的规则，以及从wffs到wffs的推导规则。The formalization of axiomatic systems was meant to offer the highest standard of certainty. The

* 在这里顺便提一句，consistent意思是一致的、无矛盾的；self-consistent才是自洽的。

stipulated rules constitute the whole truth of chess; according to formalism, the stipulated rules constitute the whole truth of mathematics. 公理系统的形式化旨在提供最高标准的确定性。约定的规则构成了棋局的全部真理，而根据形式主义，约定的规则也构成了数学的全部真理。

这时候，哥德尔出来了，悄没声儿地对世界说：No！哥德尔指出了任何内涵丰富到足以表达算术的形式系统的非完备性。也就是说，**从数学里剔除所有的直觉是不可行的。**形式系统不完备，那数学实在性（mathematical reality）就不能完全约化而为纯形式系统。哥德尔的证明具有数学的严格性和哲学高度（the reach of philosophy）。

数学形式化的鼓吹者是大数学家希尔伯特，他1921年在其此前工作的基础上提议将数学的分支从算术开始逐一用公理形式加以形式化（formalization in axiomatic form），且证明数学的公理化是一致的（axiomatization of mathematics is consistent），这就是著名的Hilbert Program（希尔伯特计划）。早在1899年在“Grundlagen der Geometrie”（《几何基础》，为庆贺高斯－韦伯塑像揭幕仪式所撰的献礼文，第90页）中，希尔伯特就证明了几何可以为形式化所把握，当然前提是如果算术可以形式化。

希尔伯特1900年在巴黎国际数学家大会上关于Mathematische Probleme（数学问题）的演讲，给出了23个数学需要解决的重要问题*。希尔伯特的前两个问题分别为：

1) Gibt es eine überabzählbare Teilmenge der reellen Zahlen, die in ihrer Mächtigkeit echt kleiner ist als die reellen Zahlen?

2) Sind die arithmetischen Axiome widerspruchsfrei?

* 一说24个，第24个问题在补缀中。第24个问题追问一个数学问题的证明是否是最简单证明的判据及其相应的证明（nach Kriterien beziehungsweise Beweisen dafür, ob ein Beweis der einfachste für ein mathematisches Problem ist）。

第一个问题是围绕康托的连续统假设。康托证明了自然数和实数都是无穷多，但实数比自然数多。康托接着问，是否有比自然数多但比实数少的无穷集合？第二个问题是，算术公理是一致的吗？这两个问题的答案都和哥德尔的工作有关。哥德尔和科恩（Paul Cohen，1934—2007）的工作证明了，连续统假设在当前的集合论框架下既不能证实也不能证伪[Kurt Gödel, The Consistency of the Continuum Hypothesis, Princeton University Press, 1940; Paul J. Cohen, The Independence of the Continuum Hypothesis (part I), Proceedings of the National Academy of Sciences of the United States of America, 1963, 50(6): 1143-1148]。也就是说，这是一个不可知的论断。

至于算术公理的一致性问题，因为没有独立的实在保证公理的一致性，数学形式化要想消除直觉的成分还要提供确定性，那一致性的形式化证明就非常有必要了。证明算术形式系统的一致性是必要的第一步。幸好，罗素和怀特海的《数学原理》中所表述的公理体系足以表述所有算术真理。欲补充算术公理体系知识，皮亚诺（Giuseppe Peano，1858—1932）1889年把算术约化为五个公理，相关内容请参阅皮亚诺的著作*。如果能证明算术形式公理是完备的、一致的，则希尔伯特的计划，或者叫纲领，就有保证了。

希尔伯特1928年关于数学系统的完备性和一致性问题的系列讲座改变了哥德尔的人生。那一年，希尔伯特和阿克曼（Wilhelm Ackermann，1896—1962）发表了"Grundzüge der theoretischen Logik（理论逻辑基础）"一文，这是关于一阶逻辑的介绍，从而带出了完备性的问题：一个形式系统的公理足以得出系统所有模型中全部为真的陈述吗？（Are the axioms of a formal system sufficient to derive every statement that is true in all models of the

* 比如Aritmetica Generale E Algebra Elementare (普通算术与基础代数), Paravia, 1902。

system?）哥德尔注意到，众所周知，数学朝向更精确方向的发展要求更广泛的领域要形式化。形式化，即证明要全部建立在不多的几个机械规则上。（Die Entwicklung der Mathematik in der Richtung zu größerer Exaktheit hat bekanntlich dazu geführt, daß weite Gebiete von ihr formalisiert wurden，in der Art，daß das Beweisen nach einigen wenigen mechanischen Regeln vollzogen warden kann.）哥德尔选择了这个方向。1929年哥德尔在哈恩（Hans Hahn，1879—1934）指导下做博士论文，给出了关于一阶谓词计算（first-order predicate calculus）的完备性定理。

哥德尔在1930年10月的柯尼斯堡（今俄罗斯加里宁格勒）数学会议上的20分钟报告并没有引起什么反响。报告是关于谓词计算（predicate calculus）的，也称为清晰逻辑（limpid logic），针对的是完备性而不是非完备性。哥德尔的完备性定理证明了“所有逻辑为真的命题在清晰逻辑的形式系统中都可证”，即the truths that follow from the rules of the system (the syntactic truths) yield all the logically true propositions expressible within the system。完备性问题针对一致的系统：形式句法规则允许证明任何想要证明的吗？允许证明在系统框架内表达的一切真理吗？完备性是数学家们希望形式逻辑系统具备的品质，人们也相信肯定是这样的。在前述清晰逻辑的完备性证明——格外困难、繁杂——的过程中，哥德尔认识到，在算术形式系统中存在为真但不可证的命题。在柯尼斯堡会议的最后一天，哥德尔提到可能在古典数学的形式系统里都能给出不可证命题的例子。非完备性的证明被描述为策略简单、细节复杂（diabolical details），其中有用哥德尔赋数（Gödel numbering）将元数学转化为数学的惊人技巧。

哥德尔的宣布几乎没有引起任何反响，但有一个人，冯·诺伊曼表现出来极大的兴趣。冯·诺伊曼发现，哥德尔的证明是条件式的：if a formal system S of arithmetic is consistent, then it's possible to construct a proposition, call it G, that's true but unprovable in that system（如果一个算术的形式系统S是一致的，则可以构造一个命题，称之为G，其在该系统中为真却不可证明）。而关于这个结论的证明确实可以在算术系统里进行（借助Gödel numbering）。实际是，a formal system cannot be formally proved to be consistent within the system of arithmetic（一个形式系统不能在算术的系统里被形式地证明是一致的），故有第二不完备性定理（引理），it is impossible to formally prove the consistency of a system of arithmetic within that system of arithmetic。哥德尔对希尔伯特的第二问题给了坚定的判决：there would never be a finitary formal proof of the consistency of the axioms of arithmetic within the system of arithmetic（绝不可能有在一个算术系统中的关于算术公理的一致性的有限形式证明）。

哥德尔的这篇论文，以及后来其他人对（不）完备性定理证明的表达，都因这个逻辑问题的复杂本质而格外难读。哥德尔1931年的证明共26页，上来就有关于函数，也即关系的预备定义46条，关键是这些关系定义是递归的，外加7个重要的预备性命题，讨论是分层嵌套的（a hierarchy of interconnected levels of discourse），为此哥德尔不得不随时加注解，全文注解达68个。再强调一遍，其中的定义是回归的，用的函数是recursive function（递归函数）$F(F(\ldots F(x)))$，理清那么多回归的关系属非易事。为了给读者一点儿感觉，兹摘录预备定义长、短各一条照录如下：

15. x *Gen* y $\equiv R(x) * R(9) * R(y)$.

x *Gen* y ist die Generalisation von y mittels der Variablen x (vorausgesetzt, daß x eine Variable ist).

$$40.\ R \cdot Ax(x) \equiv (Eu, v, y, n)[u, v, y, n \leq x \ \&\ n\ Var\ v\ \&]$$
$$(n+1) Var\ u\ \&\ u\ Fr\ y\ \&\ Form\ (y)\ \&$$
$$z = u\ Ex\{v\ Gen\ [[R(u) * E(R(v))] Aeq\ y]\}]$$

实际上，即便对于专业的数学、逻辑学人士，介绍（不）完备性定理证明一般也要先给个证明步骤的**大纲**。面对上述类似第40条这样的逻辑关系，笔者由衷感慨，学问哪有什么简单明了，只不过普通的大学者都拒绝深入思考*。要求别人把学问讲得深入浅出，属于不讲理。

按维基百科中的Kurt Gödel条目："The first incompleteness theorem states that for any ω-consistent recursive axiomatic system powerful enough to describe the arithmetic of the natural numbers (for example, Peano arithmetic), there are true propositions about the natural numbers that can be neither proved nor disproved from the axioms. [第一不完备定理表明，对于任何强大到足以描述自然数算术（比如，Peano算术）的ω-consistent递归公理系统，存在关于自然数的命题，其从那些公理出发既不能证实也不能证伪。]"为了理解什么是ω-consistent，按照哥德尔1931年论文的原文，ω sei die Satzformel, durch welche in P $wid(\chi)$ ausgedrückt wird；你看为了理解什么是ω，得理解什么是$wid(\chi)$，记住Wid是德语Widerspruch（矛盾）的缩写。按哥德尔的定义，$wid(\chi) \rightarrow \overline{Bew_\chi}(17\ Gen\ r)$，而这里的$Bew$是德语Beweis, beweisbar（证明，可证明的）的缩写，而加上逻辑运算符号的$\overline{Bew}$，意思是不可证明的。至于17 $Gen\ r$的意思，请参见上文的关系定义举例15，由此可见阅读哥德尔之困难，以及转述之混乱，因为涉及的这些递归关系如果不是从头学起的话，很容易读着读着就迷路了。

* 哪有什么岁月静好，只不过有人能负重前行，而我却是只草鸡。

证明一些为真的算术命题是不可证的（proving that there are true arithmetical propositions that are not provable），不是哥德尔那种行为古怪的、内涵为真的科学家都想不出来去干这事儿。证明的提纲大致分三步。

1) 设定一个形式系统，包括字符表；组合成wffs，一组称为公理的wffs；a deductive apparatus（演绎推导工具）用于从wffs得到别的wffs（这是一个逻辑序列，logical consequence）。a wff is a sequence of the symbols, a proof is a sequence of wffs（wff是一个字符序列，证明是一个wffs序列），结论就是序列的最后一条。

2) 哥德尔赋数。设计一个机械方法给系统的每一个命题赋予一个唯一的数，这样一个算术陈述也同时是一个元数学陈述。这实际上是一种编码，它给了我们一种算术。其关键是哥德尔赋数是确保唯一的。哥德尔的编码系统使用了素数的幂积（exponential products of prime numbers），且利用了素数分解定理（prime factorization theorem，每一个数可以唯一地分解成素数积的形式）。给定哥德尔赋数，我们就知道它代表系统中的怎样的formal object（形式对象）。当然，这太不容易了。There would be nothing simple about the encoding.

对字符表中的原初字符赋予一个数；字符有了数，则按照规则wffs就被赋予了数。如果每个wff都有了一个哥德尔赋数，可以按照规则给sequences of wffs（也就是证明）赋数。

如果每个wff都已经被赋数了，则可以通过分析相应的数的算术关系分析命题间的结构关系。算术描述，即描述可在形式系统中表述的数之间的关系，同描述wff间的逻辑关系的元描述，合二为一了。可证明性的元句法关系变成了算术关系。

3) 构造一个命题，它为真因为它说它不可证！

一个不算复杂的赋值方式是给基本符号赋予最简单的自然数。这总是可行的，因为formal system of arithmetic has a model in the natural numbers（算术形式系统在自然数中有模型）。比如，记逻辑非“~”为1，如果……就……“→”为2，变量“x”为3，等号“=”为4，左括号“(”为7，右括号“)”为8，等等。一个wff表达式的赋值就是把这些数字直接排列构成一个大数，比如$(x) = \sim x$，意思是“任意x等于其非”，可以赋数为738413。如果是一个命题序列，就可以将各命题的哥德尔数连起来得到一个更大的哥德尔数。为了能把命题序列给提取出来，可以在不同命题的哥德尔数之间加“0”予以标记，类似回车键换行。哥德尔此处的发明之天才之处在于形式系统的命题之间的逻辑关系对应系统本身的算术语言可以表达的算术关系。比如，如果wff1逻辑地蕴含wff2，则GN(wff2)是GN(wff1)的因子。我们知道，证明是建立在逻辑蕴含（logical entailment）关系之上的。

一个略微复杂一些的算术形式系统包括图8.5的12个常算符。那里有我们在小学算术里学到的“+”“×”“=”等符号。此外，0和算符s（immediate successor，紧跟算符）用于产生自然数，$s(0) = 1$, $s(s(0)) = 2$。这样，$1 + 1 = 2$这个极为重要的算术式子就有了形式化的表述$s(0) + s(0) = s(s(0))$，而命题“$2 + 2 = 3$为假”的表示为$\sim (s(s(0)) + s(s(0)) = s(s(s(0))))$。除了上述12个常符号以外，还有三类变量：

1) 数字变量，可用数字替换；哥德尔数为大于12的质数；

2) 语句变量（sentential variable），可用公式/句子替换；哥德尔数为大于12的质数的平方；

3) 谓词变量（predicative variable），可用谓词（“为质数”“大于”

Constant sign	Gödel number	Usual meaning
$\sim$	1	not
$\vee$	2	or
$\supset$	3	if ... then ...
$\exists$	4	there is an ...
=	5	equals
0	6	zero
s	7	the immediate successor of
(	8	punctuation mark
)	9	punctuation mark
,	10	punctuation mark
+	11	plus
×	12	times

图8.5　一种拥有12个常符号的算术形式系统[取自Ernest Nagel, James R. Newman, Gödel's Proof, NYU Press, 2001]

等）替换；哥德尔数为大于12的质数的立方。

现在大家回头去看哥德尔的原文，就知道17, 19怎么来的啦。这些形式计算（formal calculus）是空洞的符号（empty signs）。

接下来需要找到"可证明性"这个元句法关系成为算术关系的那种赋值。记住，系统中的属性是用单变量命题函数（propositional function）$F(x)$表示的。哥德尔要召唤（conjure）出一个称为可证明性的算术性质，记为Pr。形式系统中的每个wff都被赋予了一个哥德尔数，定理是系统的wff中的一个特定子集，即可证命题。对于任意给定的自然数n，它可能对应形式系统的某个定理但更可能不是这样的。对于任意给定的自然数n，如果它对应某个定理p，也即有$n = GN(p)$，则函数$Pr(n)$为真。哥德尔证明这个函数$Pr(x)$是可以形式化表示的算术性质。一个自然数n对应形式系统中的一个定理就说它具有属性$Pr(x)$。

哥德尔数具有如下神奇性质，对于任意单变量命题函数$F(x)$，$F(n)$的意思是将n代入后得到的命题，有关系式

$$n = GN(F(n)) \tag{8.41a}$$

哥德尔数n对应的命题$F(n)$声称它具有性质F。这就是对角线引理（diagonal lemma）。

考察哥德尔引进的函数$Pr(x)$，其只对所有的定理的哥德尔数为真。或者说，一个数，当且仅当它对应一个可证命题的哥德尔数时，它才具有算术性质Pr。相应地，考察函数$\sim Pr(x)$，其只对非定理（不可证命题）的哥德尔数为真，即

$$\sim Pr(GN(p)) \text{ 当且仅当}p\text{不可证时为真} \tag{8.41b}$$

针对函数$F(x) = \sim Pr(x)$应用对角线引理，存在数g，满足

$$g = GN(\sim Pr(g)) \tag{8.41c}$$

现在构造那个命题G，即令

$$G = \sim Pr(g) \tag{8.41d}$$

这个命题G断言，数g不具有性质Pr。但是，结合(8.41c)、(8.41d)，有$GN(G) = g$。用G替代(8.41b)中的p，有

$$\sim Pr(g) \text{ 当且仅当}G\text{不可证时为真} \tag{8.41e}$$

结合(8.41d)/(8.41e)，这意思是**当且仅当G不可证时G为真**。

这就有趣了。命题G这个纯算术陈述也在同时谈论它自身，**它说它不可证！**G是那种不可证的、为真的命题。这个论断几乎不可能是假的，除非你能证明，而它说了它不可证。为了更好地理解这一点，读者可参详著名的说谎者悖论。说谎者悖论是个古老的悖论，可回溯到古希腊。这是一类自指的论断（self-referential sentence），可用“这句话是假的”来代表。一个句

子，可以为真或为假。然而“这句话是假的”却是paradox（字面意思是同为正统，汉译悖论）。你说它为假吧，它确实承认是假的，所以它应为真；你说它为真吧，但它断言它是假的，所以它应该是假的。

哥德尔还展示了如何在任何包含算术的形式系统中构造为真但不可证的命题。太绕，最终会走入这个领域的读者请阅读相关专业文献。

哥德尔的工作不可以误解为排除了PM一致性的元数学证明的可能性，而是说这个一致性证明不能够映射到PM的内部。不是算术的一致性遭受了怀疑，是一致性如何在算术形式体系内证明遭到了质疑！

多余的话

历史是不完备的（history is incomplete），因此历史的结论往往不是那么靠得住，这也是没办法的事情。学物理的人关切物理学的历史，最好顺着学问自身的逻辑去求索。

完备性是一种严谨的道德纯洁（moral purity）。对于需要表现出完备性的体系，几乎完备就是对非完备性的承认。普通人也许可以说他一辈子几乎没做过亏心事儿，但圣人不行——圣人要有道德完备性。完备、完美是罕有的品质，吃五谷杂粮的俗人被挂上道德完人的标签，大抵是经不住推敲的。求全责备，对人对己都是不道德的，但它是拓扑学的洁癖。一个圆环哪怕有一点点儿缝隙，它也不再是圆而是一个开放的线段；球面上但凡有一个小缝，它在拓扑上就等价于平面而不再是球面。谈论完备性是数学的奢侈。

1871年，门捷列夫系统地检查了他所排布的元素周期表，发现有些地方为空而他认为那里应该有对应的元素存在。据此，门捷列夫预言了镓（gallium）、钪（scandium）和锗（germanium）等元素。完备性强行导致了新元素的发现。

从完备性出发，可以解决一个长期争议的问题，即自然数是从0还是从1开始的问题。笔者倾向于认为自然数是从0开始的，缺少0的自然数其代数不成立，因为0是加法的单位元。还有更多的支持自然数从0开始的数学和物理学论据，参见拙著《零的智慧密码》。

你不追求学全，那就别打算学懂。

理解一个事物最好的方式是深入理解一个该事物缺席的世界。

一个以需要用理论自身诠释的实验为基础的理论，是非完备的。

就相对论是从原理出发的完备纯粹理论而量子力学是拼凑的努力而言，我相信，即便量子力学真能证明什么非局域的表现，那可能更多地是停留在诠释层面上的artifact（人为的东西），对相对论也是无害的。

虽然被某些学者认定是对客观性和理性（objectivity and rationality）的叛逆，爱因斯坦和哥德尔却是客观性的忠实信徒（staunch believers in objectivity）。他们被对他们的事业完全不能理解的学者冠以科学或者思想革命者的名号，那得算是诬蔑了。有趣的是，这些人甚至不可能理解非交换算子代数，故而对着“海森堡的不确定性”故作深沉。

哥德尔的非完备性证明产生了深远、广泛的影响，后世著名的有些哲学倾向的科学家大体上都会有所论述。按Rebecca Goldstein的说法，彭罗斯对不完备性定理的诠释是，“有着合理数学证明规则的形式系统永远不足以产生出普通算术的所有真命题”。彭罗斯声称，从哥德尔第一不完备性定理得出的心智的非极性本性应当将我们的思想引向如量子力学所暗示的那种非力学物理定理。2023年6月1日，在读到这句所谓

“量子力学所暗示的那种非力学物理定理”时，笔者脑海里愤然涌出如下这句话：“Quantum mechanics is not only quantum，it is first of all a mechanics.”量子力学（quantum mechanics）中的quantum nature（量子特性）不足以也无意让quantum mechanics跳出（经典、统计）力学的圈子。对于彭罗斯一直强调的quantum/classical borderline（量子/经典边界），笔者不以为然——量子力学是实打实的经典力学，只是更多地强调算子谱之不连续部分的一个不完备理论而已。

哥德尔证明的一个伟大功用是告诉人们直觉不可靠。与哥德尔证明大约同时代、理解不了数学而又想凑量子力学这门新学问热闹的人会津津乐道海森堡的物理直觉。没有玻恩和约当，特别是约当的非凡数学能力，海森堡的物理直觉恐怕更多是岩块而非宝石（being rock rather than gem）。当然，这个不妨碍海森堡后来成为一流的物理学家。

实现崇高事业的人，必有崇高的境界，这一点在哥德尔身上体现得淋漓尽致。据说有一次语言学家乔姆斯基问哥德尔忙啥呢，作为回答他得到了自莱布尼茨之后没有第二个人敢说出的豪言：“我在努力证明自然定律是先验的。（I am trying to prove that the laws of nature are *a priori.*）”爱因斯坦对哥德尔极为看重。晚年的爱因斯坦在普林斯顿高等研究院，他说他每天到研究院上班“只是为了有不得不和哥德尔一起步行回家的特权（um das Privileg zu haben, mit Gödel zu Fuss nach Hause gehen zu dürfen）”。

我这里费劲介绍这个，是希望大家尽管可能无需理解它，但也应该知道有这样的人类智力高峰。哥德尔的这个证明是广受误解的。不能指望所有人都能理解哥德尔的免于矛盾证明的困难（Schwierigkeit des Widerspruchfreiheitsbeweises）！你不用问我也会告诉你，笔者确实不懂。

第 8 章

建议阅读

[1] Daniel M. Siegel. Completeness as a Goal in Maxwell's Electromagnetic Theory. Isis, 1975, 66(3): 361-368.

[2] Yuri I. Manin. Mathematics as Metaphor: Selected Essays of Yuri I. Manin. The American Mathematical Society, 2007.

[3] J. R. Higgins. Completeness and Basic Properties of Sets of Special Functions. Cambridge University Press, 1977.

[4] Martin Carrier. The Completeness of Scientific Theories: On the Derivation of Empirical Indicators within a Theoretical Framework: The Case of Physical Geometry. Kluwer Academic Publishers, 1994.

[5] Carsten Held. Einstein's Boxes: Incompleteness of Quantum Mechanics Without a Separation Principle. Foundations of Physics, 2014, 45(9): 1002-1018.

[6] Douglas R. Hofstadter. Gödel, Escher, Bach: An Eternal Golden Braid. Basic Books, 1999. 有中文版《GEB——一条永恒的金带》

[7] Rebecca Goldstein. Incompleteness: The Proof and Paradox of Kurt Gödel (不完备性——哥德尔的证明与悖论). W. W. Norton & Company, 2005.

[8] Richard W. Kaye. The Mathematics of Logic：A Guide to Completeness Theorems and Their Applications. Cambridge University Press, 2007.

跋

《得一见机》一书完稿，笔者的科学教育“一”字系列四部曲算是终于微功告成。这四本书神聚而形散，形虽散而旨趣专一，为了方便读者记忆，2022年1月26日我将这个四部曲的书名揉入如下绝句：

一念何以铸**非凡**？

蓦然**得一见**玄**机**；

几回**惊艳一击**破，

巨擘**磅礴**归**为一**。

这里试图传达的问学方法与境界，你请品，你请细品。

写书对于才学浅薄之人如笔者，确实是一种折磨。从2013年着手撰写《一念非凡》算起，倏忽之间10年过去，这期间的痛苦彷徨不足为外人道。唐朝诗人贾岛得“独行潭底影，数息树边身”一句后，作《题诗后》感慨道：

两句三年得，

一吟双泪流。

知音如不赏，

归卧故山秋。

此诗或是一切作者在作品杀青时的心态写照。初为文时或有作品被人赏识的奢望，等到千辛万苦后勉强成稿，他人赏不赏的有什么要紧，找个地方喘口气才是当务之急。

一部作品的命运，是否有人赏识不好说，会遭人贬损却是笃定无疑的。牛顿在《自然哲学的数学原理》一书的序言中最后写道："... and that my labors in a subject so difficult may be examined, not so much with the view to censure, as to remedy their defects [······（我希望尔等）品评我在那么艰难的主题上所付出的辛劳更多地是为了弥补缺陷而非仅仅带着刁难的目光]。"原来我心目中的神在推出自己的著作时竟然也是这样地惴惴不安。牛顿尚且有如此的顾虑，则我此刻心中的贬损恐惧绝对是凡人可原谅的懦弱。唯愿本书纰漏谬误之处不至于多到掩盖章句本义就好。

若这套四部曲有点滴益于社会处，那都是社会对作者所付出努力的赏赐。

曹则贤

2023年9月14日于北京

图书在版编目（CIP）数据

得一见机 ：抱一的原则性意义 / 曹则贤著. -- 北京 ：外语教学与研究出版社，2024. 7. -- ISBN 978-7-5213-5573-4

I. G40-05

中国国家版本馆 CIP 数据核字第 2024GY6353 号

出 版 人　王　芳
项目负责　刘晓楠
项目策划　何　铭
责任编辑　何　铭
责任校对　刘晓楠
装帧设计　梧桐影
出版发行　外语教学与研究出版社
社　　址　北京市西三环北路 19 号（100089）
网　　址　https://www.fltrp.com
印　　刷　北京捷迅佳彩印刷有限公司
开　　本　710×1000　1/16
印　　张　17.5
字　　数　229 千字
版　　次　2024 年 7 月第 1 版
印　　次　2024 年 7 月第 1 次印刷
书　　号　ISBN 978-7-5213-5573-4
定　　价　99.00 元

如有图书采购需求，图书内容或印刷装订等问题，侵权、盗版书籍等线索，请拨打以下电话或关注官方服务号：
客服电话：400 898 7008
官方服务号：微信搜索并关注公众号“外研社官方服务号”
外研社购书网址：https://fltrp.tmall.com

物料号：355730001